20 世纪中国图书馆学文库·92

电子图书馆理论与实践研究

汪冰 著

图 國家圖書館出版社

本书据北京图书馆出版社 1997 年 12 月第 1 版排印

目　　录

3

序

信息技术的飞速发展和不断突破是人类在 20 世纪取得的最伟大的科技成就之一。得益于信息技术的进步，人类的图书馆事业也在 20 世纪 60 年代以后呈现出崭新的面貌。1969 年美国国会图书馆正式向图书馆界发行 MARC Ⅱ机读目录，拉开了图书馆界大规模自动化建设的帷幕。其后，联机情报检索系统、联机书目服务系统、电子出版技术与电子出版物、CD－ROM 产品、大规模全文数据库、电子文献传递、网络化信息检索等逐渐发展，推动着图书馆信息技术应用水平和信息服务能力的提高，带动了图书馆事业的进步。90 年代以后，图书馆自动化和网络化的深入发展，国际计算机互联网 INTERNET 的迅速普及应用以及全球信息高速公路建设热潮的兴起，推动着部分发达国家信息技术应用水平较高的图书馆向着更高阶段的电子图书馆方向演进。正是在这样的背景下，电子图书馆成为 90 年代以来国内外图书情报界众人瞩目的热点之一。

研究电子图书馆的重要意义是不言而喻的。由于它涉及到图书馆历史形态的变迁和图书馆未来的走向，因而对于当前乃至下个世纪初图书馆事业的影响，虽然目前尚难以完全明了，但无疑是巨大和深远的；它对于图书馆学学科内容的充实、更新和提高，对于图书馆学教育的改革与进步，都具有不可估量的影响，这是从图书馆的角度来说的。电子图书馆的研究、建设和发展，对于人类文

1

化、政治经济活动、社会生产率、法律、知识产权、教育与终身学习等的影响,将构成一个汇集多种学科研究者的新领域,图书馆学研究者在其中将扮演主要角色。

电子图书馆这一论题虽然是热门,但国外的研究多是集中在技术系统的设计、开发、实验上,比较完整系统的专著很鲜见,国内则是刚刚起步,谈不上有什么深入研究。几年来我根据培养计划,安排几位硕士、博士研究生分别以电子出版物、电子文献和电子图书馆为题撰写毕业论文。眼前的这部著作即是我的第一个博士研究生汪冰同志经过努力完成的博士论文。

这部在博士论文基础上写就的专著无疑是国内在电子图书馆方面的第一部专著。本书的选题既有重大的现实意义,又有长远价值,其难度也是可想而知的。但作者不畏艰难,勤奋研读和思考,交出的这份答卷还是令人满意的。应该说,它是一部选题新颖、观点明确、论证清楚、资料翔实丰富、理论上有不少创见可圈可点的专著,阅后能让人获得很多新知和启发。通观全书,我觉得它有以下几个特点:

其一,对电子图书馆的若干基础理论做了深入的开拓性研究,取得了富有积极意义的成果。电子图书馆的基本概念至今未达成共识,本书作者另辟蹊径,在将电子图书馆与数字图书馆、虚拟图书馆、无墙图书馆等概念的比较中梳理出作者从图书馆学研究者角度对电子图书馆的理解,不仅比较方法应用得当,而且论述条理分明,自成一家之言,全书也紧紧围绕着这一基本理解展开。作者对电子图书馆思想积累历程的追溯和分析,史料丰富,立论有据,令人信服,具有理论创新价值。

本书第5章是理论研究的一个重点,作者以4万多字的篇幅主次分明地对电子图书馆和传统图书馆进行了对比,系统全面地探讨了电子图书馆的发展对传统图书馆的馆藏发展、文献选择与采访、分类编目、参考咨询、用户教育等的影响,以及对图书馆员的心理、综合素质、人力资源结构、图书馆员的社会角色等的影响。这种研究的广度和深度在国内外专业文献中都是少见的,是本书在理论上的一大成绩。

其二,实践研究方面,首次系统全面地总结了80年代末90年代初以来美国、日本、英国、法国、荷兰、澳大利亚、新加坡等在电子图书馆方面的实验、技术开发活动。可以看出作者下了很大功夫搜集整理了大量外文文献,并将它们融汇在自己的比较分析和思考中,既为我们从整体上描绘了当前世界电子图书馆实践的图景,又细致入微地从实践中抽离出可资借鉴的经验。作者还把实践研究上升到理论高度,分析了电子图书馆的五大基本特征、结构功能、综合理论模型和内部与外部资源模型,较好地把理论和实践结合起来,并使理论充分地依托于实践又适度地超前于实践。

其三,作为本书另一重点的应用研究,以4万余字篇幅详细讨论了中国发展电子图书馆的现实问题。这充分体现出作者写作时的清晰思路,实践经验的借鉴、理论问题的探讨分析最终都要落脚于我们自己实际的国情。作者对国内发展电子图书馆基础条件的分析、对国内电子图书馆试验有关规划和准备工作的归纳、对我们应持态度的论证以及所提出的建议等等,不仅在学术上有重要意义,而且对领导机关、图书馆界领导层人士都有重要的借鉴和参考价值。

其四,本书不仅在理论和实践结合上着力良多,力求理论有所创新、实践研究系统全面,而且史料翔实丰富是本书之另一大特色。总共7章的书稿中列出了数百篇引用参考文献(据我所知,作者浏览和精读的外文文献达近千篇,也做了数千张卡片),实际上为读者开列了一份相对完整的电子图书馆研究书目,其参考价值不可谓不大。在大量占有研究资料的基础上潜心钻研、勤于思索,既是我多年来培养研究生时对他们的一个基本要求,也可以算作我对图书馆学界青年学子们的建议。

汪冰同志随我攻读硕士、博士学位已历六载。他对图书馆学情报学研究兴趣极大、充满感情，数年来潜心学术、勤于探索，取得了一定的成绩。我对他充满期望。值此北京图书馆出版社出版汪冰同志的专著之际，我感到由衷的高兴和欣慰。我相信这一重要的学术成果必将对我国发展电子图书馆、深化图书馆学研究、推动图书馆事业的进步产生积极影响。我一直相信图书情报领域是大有可为的，殷切期望汪冰同志能再接再厉，为我国图书馆学情报学的发展做出更多的贡献。

孟广均

中国科学院文献情报中心

研究员　教授　博士生导师

1997 年 6 月

第1章 绪论

1.1 研究的提出

当我们在21世纪即将到来的前夜回顾人类在20世纪走过的历程时,会清楚地发现,最大幅度、最快速度、最为深刻地改写人类生活面貌和社会景观的,莫过于贯穿整个20世纪、至今仍在跃动不已的信息技术革命。的确,本世纪以来人类在信息、新材料、新能源、生物、空间和海洋等六大高技术领域取得了重大突破和进展,而其中以信息技术的飞速发展尤为突出:差不多每十年都有与信息技术相关的、影响深远的技术创新出现,如40年代以前的电话、电报、载波机、无线电广播和通信,以及40年代以后的电子管、晶体管、计算机、雷达、激光、集成电路、微处理机、卫星通信、移动通信、智能计算机、神经计算机、综合业务数字网、ATM网等等。这场以电话——电视——电脑为主导、以卫星——光纤为辅翼、由电子学——通讯科学——材料科学等的发展而推动起来的信息技术革命浪潮,不仅具有改天换地般的巨大技术能量,而且在现代人的心灵深处产生了巨大的震荡,使身处20世纪末的人们无不深切地感受到他们正经历着社会、政治、经济、科技、文化、思想和价值观念等诸多方面的急剧变革。

图书馆和图书馆人同样也在经历着信息技术革命浪潮的冲击,而且从历史上看,信息技术的发展程度往往是判断图书馆发展阶段的重要参照。作为人类历史最悠久的信息机构之一的图书馆,虽然学术界对其起源的确切年代尚有争议,但人们比较普遍地倾向于认为4000年前书写发明后不久图书馆的原型就已存在[1]。以泥板、莎草纸、甲骨、竹简、缣帛等为信息记录载体,以手书抄写为记录手段的时代,自然只能造就以收藏保管为主的古代藏书楼式图书馆。而造纸和印刷术的发明与发展促使古代藏书楼走向解体并孕育了近代的公共图书馆运动,奠定了现代图书馆事业的基础。20世纪的60年代是现代图书馆事业发展中的一个分水岭,60年代初计算机在图书馆中的应用揭开了图书馆进入自动化发展阶段的序幕。在一部以轶事史为基调的著作《图书馆中的技术创新:1860—1960》中,Klaus Musmann研究了1960年前一百年间信息技术在图书馆中的应用历史[2],涉及器具、机械装置、照相复制、电话、唱片、无线电广播、电视等方面。他指出1960年以前信息技术在图书馆中的应用是非常有限的,其影响也是非本质性的。尽管这种应用和影响非常有限,但也足以激起那些岁月里不少人对图书馆未来面貌的无尽遐想。例如,1935年时,基于当时电话和电视技术的发展,就有一位德国图书馆员Water Schurmeyer预测道:"也许说不定哪一天阅览室会人影无踪,成了一个为电话借书的目的而堆放图书的、不吸引人的地方,读者是通过家里的电视屏幕来阅读图书馆的书的。"[3]

从总体上看,20世纪60年代以前的图书馆是以收藏印刷文献为主的传统纸介质图书馆,通过卡片目录和检索刊物反映馆藏信息,图书馆业务的开展方式是以手工作业为主。60年代以后,以计算机、通讯、网络等为核心的现代信息技术开始全面渗入图书馆领域,推动着图书馆进入自动化发展的新阶段。1969年美国国会图书馆开始正式向图书馆界发行MARC Ⅱ机读目录,不仅为图书馆大部分业务工作的自动化奠定了基础,而且开创了世界机读目录正式使用的新时期,为图书馆文献资源共享创造了条件。70年代计算机与通信技术的发展及其融合,促进了图书馆联机网络的发展,出现了一批联机编目网络(如 OCLC、RLIN、WLN、Utlas等)和一些商业性联机信息检索系统(如 DIALOG、ORBIT、BRS等)。80年代图书馆自动化的显著特点是图书馆联机网络进一步发展并与图书馆界先后建立的自动化集成系统联成一体。处于自动化阶段的图书馆较为普遍地采用计算机和自动化集成管理系统辅助采购、编目、流通、检索、内部管理等业务,而且建立了机读目录数据库和二次文献数据库,用户可以通过图书馆联机公共检索目录(OPAC)和联机信息检索系统查询书目与二次文献信息。从图书馆自动化的发展历程来看,它一直强调的是图书馆内部业务工作的自动化和图书馆书目工具,如目录、索引及其它查找工具的计算机化,而不是图书馆馆藏中书刊等各类文献本身存储与检索的计算机化。而到了80年代末90年代初,得益于计算机技术、通讯和网络技术、高密度存储技术、多媒体技术等的高速发展、不断突破和有机结合,图书馆自动化进入了高级发展阶段,向着高度自动化、电子化、网络化、虚拟化的深度和广度进军。

进入90年代以来,随着信息技术的长足进步和国际计算机互联网 Internet 的广泛应用,在全球建设信息高速公路热潮的直接带动下,国际图书馆界对电子图书馆(electronic library)、数字图书馆(digital library)、虚拟图书馆(virtual library)、无墙图书馆(library without walls)、多元媒体图书馆(poly media library)、多媒体图书馆(multimedia library)、虚拟实在图书馆(virtual reality library)、全球图书馆(global library)等新名词、新术语、新图书馆系统表现出极大的热情和兴趣。电子图书馆等这类主题成为众多报章杂志、研讨会、研究班和各类国际会议上的热门话题。1994年,有关组织分别在德国的埃森(Essen)和美国的奥斯汀(Austin)举办了第一届电子图书馆和第一届数字图书馆国际会议[4,5]；美国计算机协会（ACM）和美国信息科学学会（ASIS）及其它一些知名学（协）会的会刊都出版了数字图书馆等方面的专辑[6,7]。1996年3月美国的 ACM SIGIR、ACM LINK、IEEE、ASIS 等几大组织联合在 Bethesda 举办了规模甚大的"首届 ACM 数字图书馆国际会议"；1994年10月在日本东京召开的第47届国际文献联合会（FID）大会上，本不是大会正式主题的电子图书馆似乎更具有吸引力；1995年8月在土耳其伊斯坦布尔召开的第61届国际图联（IFLA）大会上，国际图书馆界人士围绕大会主题"未来的图书馆"，热烈讨论了电子图书馆对传统的以印刷文献为主的图书馆在馆藏发展、技术服务、读者服务、组织管理、人力资源等方面的挑战。本书作者有幸参加了这次盛会，深深感受到新的信息技术、新的信息环境和新的社会信息需求对传统的图书馆发起新的冲击，使其面临着严峻的挑战。国外有不少学者甚至声称：电子图书馆等的发展，意味着图书馆在信息时代的重大转型；传统图书馆如果不能正视并紧跟信息技术的前进步伐，作为人类文明象征的传统意义上的图书馆将面临消亡的危险[8]。

在美国、日本和欧洲国家等于90年代初推出的信息高速公路建设计划中，电子图书馆系统的开发与应用占有相当重要的地位，并被视为未来信息高速公路的重要信息源之一。1995年2月欧洲联盟提出的"信息社会"建设计划中，"电子图书馆"被列为11项行动计划之一[9]。电子图书馆建设已得到了许多国家的政府、企业界、图书馆界、信息技术界和出版界等方面的高度重视，电子图书馆、数字图书馆方面的一些试验性研究和建设已经开始进行，并取得了初步成果。中国图书情报界对电子图书馆等论题也产生了浓厚的兴趣，一些专业刊物发表了若干译文和专门介绍国外此方面动态的文章，北京、上海、广东等经济相对发达地区的一些图书馆也在积极跟踪国外动向并准备着手进行试验性研究，美国

IBM公司中国研究中心对在中国发展电子图书馆不仅兴趣大、热情高,而且正在同清华大学、中国石油天然气总公司和复旦大学等国内单位分别合作开发实用的数字图书馆系统。此外,国内还有一些单位和图书馆也提出了类似的计划或构想。种种情况表明,电子图书馆等方面的问题将成为我国图书情报界的一大研究热点。

但就国内图书情报界开展电子图书馆研究的情况而言,应该说是刚刚起步,其现状很难尽如人意:诸如针对国外电子图书馆试验进行的跟踪性研究比较零散,既不全面,又缺乏比较系统、深入的总结和理论研究;对电子图书馆及其相关概念的认识还比较模糊;对电子图书馆的发展可能给传统图书馆带来的各方面影响缺乏比较深入的分析和探讨;囿于国情和国内图书馆信息技术应用的水平与现状,国内一些图书馆提出的电子图书馆建设项目,在技术路线和内涵等方面与国际先进水平相比仍有不小的差距,反映出跟踪研究的不充分和理论研究的滞后,等等。当然,我们无意指责这种状况,因为我们深知即使是在信息技术最为发达、电子图书馆试验和原型创建进展最快的美国,这也是一个新的带有很大挑战性的课题,涉及众多的研究领域,还存在很多的不确定因素。但对我国图书馆界来说,应该充分认识到开展有关电子图书馆等方面的探索绝非赶时髦式的研究,而是事关我国图书馆事业未来发展、图书馆学研究改革与进步之大局的重大课题。有鉴于此,本书选择了这一颇具难度的研究课题,试图围绕电子图书馆的若干基本问题进行较为系统深入的理论研究和探讨,对电子图书馆及其相关概念进行比较和分析,初步明确其概念内涵;仔细地对电子图书馆产生的思想基础进行历史的分析和考察,并对其产生的现实背景和发展要素进行论述;比较全面地对目前国外电子图书馆方面的试验性建设进行归纳,提取其共同的经验并上升到理论高度,在此基础上提出电子图书馆的特征、基本结构和功能及其一般技术基础;从理论上重点考察电子图书馆与传统图书馆的关系及其对传统图书馆和图书馆员的影响、所带来的各方面的变化;针对我国发展电子图书馆的现实问题,本书将以严肃的态度、翔实的数据资料认真分析我国在此方面具备的基本条件、存在的主要问题和差距以及可采取的基本对策。

1.2　电子图书馆及其相关概念

1.2.1　电子图书馆研究的跨学科特征

从目前电子图书馆在国外的发展和研究情况来看,它涉及到众多的领域,其中有很大一部分是由图书馆界以外的人士进行的,如计算机科学家、软件工程专家、专家系统研究人员、图像处理和语言处理人员、网络专业人员、教育界人士、出版界人士、知识产权专家等等。文献[10]在对电子图书馆和数字图书馆方面的一些文献进行综合归纳与分析后,用表列出了电子图书馆领域所涉及的一些学科关键词和主题(见表1-1),从中可以看出对电子图书馆的研究不仅是信息技术专家和图书馆学研究人员的兴趣,而且引起了人文社会科学研究人员及其他方面的注意。电子图书馆这一课题实际上是一个与信息技术密切相关的跨学科、多层面的新兴领域。每一领域的探索都从不同的角度丰富了电子图书馆研究的内涵,而且对电子图书馆问题、甚至字眼本身都具有不同的理解。如,对于普通图书馆用户来说,电子图书馆只不过意味着传统图书馆的计算机化,而对于当代 WWW 的用户而言,他们感觉效率、组织、功能和可用性日益增强的 3W 就是所谓的电子图书馆或数字图书馆(一部分图书馆界人士也持这种观点);对于计算机专业人员来说,电子图书馆只不过是一个分布式的基于文本和图像的信息系统、分布式信息服务的一个集合,是一个网络化的多媒体信息系统或者叫一种分布式的互连信息空间;而研究合作技术(collaboration technology)的人士则把电子图书馆视为人们交流、共享知识产品和产生新知识的空间;教育界人士则把电子图书馆视为融合正式学习、非正式学习、职业性学习的学习支持手段和工具,甚至认为数字图书馆就是数字化学校,将专门技巧、专业知识以及综合浏览等进行组装以用于创新性发现、自我指导和非正式学习[11]。而对于图书馆学情报学研究者来说,电子图书馆将以一种新的方式执行图书馆的功能,包括新型的信息资源、新的采访和馆藏发展方式(包括更多的资源共享和电子订购服务)、新的存储和保存方法、新的分类和标引方式、与用户新的交互模式、对电子系统和网络的更多的依赖性,以及图书馆在人员智力构成、组织、经济等方面的显著变化。

表1-1　电子图书馆研究涉及的主题和关键词

做文摘	按学科归类的图书馆	中介
可存取性	分布式处理	多语种
代理	文献分析	多媒体系统
注释	文献模型	多模态
档案	经济研究	国家图书馆
付账、收费	社会学研究	导航
浏览	教育支持	面向对象
目录	电子出版	光学字符识别
分类	人类文化学研究	面向对象的数据库
聚类	过滤	个人化
商业性服务	地理信息系统	保存
内容转换	超媒体	隐私
版权结算	超文本	出版商图书馆
课件	图像处理	贮藏地
数据库	标引	规模可扩充性

（续表）

图形（如 CAD）	信息检索	安全
数字视频	知识产权	存储
交互性	智能机器人	标准
知识库	图书馆学	订购
可持续性	教育培训	可用性
虚拟（整合）	可视化	环球网（3W）

电子图书馆研究涉及如此众多的领域,使我们在试图明确电子图书馆这一概念的具体定义时遇到了很大困难。为了展开本书研究的内容,也为了研究的方便,我们把对电子图书馆的理解主要限制在图书馆学情报学的研究视野中,并且首先从电子图书馆与其相关概念的区分入手。

1.2.2 电子图书馆及其相关概念

早在1975年 R. W. Christian 就出版了"Electronic Library:Bibliographic Databases:1975—76"这一著作。书中虽只谈到以电子形式出版的资料库,但首次提出了 electronic library 这个名词。这个时期可以说是电子图书馆概念刚开始萌芽,但尚未引起广泛讨论的阶段[12]。

70年代末80年代初,美国著名图书馆学情报学家 F. W. Lancaster 在其引起人们广泛注意的专著《通向无纸情报系统》和《电子时代的图书馆与图书馆员》中描绘了电子时代图书馆的面貌与前景,但他本人并未明确提出电子图书馆这一术语并确定其内涵。1983年美国人 Hugh F. Cline 和 Loraine T. Sinnott 在其专著《电子图书馆——自动化对学术图书馆的影响》中使用了 electronic library 这一术语,但正如书名副标题所反映的那样,这是一部关于图书馆自动化在芝加哥大学、斯坦福大学、西北大学、华盛顿大学等四所大学图书馆中应用和开展情况的专著[13]。根据对所掌握的资料的分析,我们认为首次对 electronic library 这一概念给出明确定义的是美国人 Kenneth E. Dowlin,他在 1984 年出版的《电子图书馆:前景与进程》一书中写到:"所谓电子图书馆是一个提供存取信息的最大可能性并使用电子技术增加和管理信息资源的机构。"[14]

人们普遍认为电子图书馆的含义(定义)还难以确定,没有一个共同的规范和界定基础。我们认为这是由于电子图书馆领域具有明显的跨学科特征(表 1 – 1 支持了这一认识),"这一复杂的跨学科体系中每一部分都有自己具体的特点、要求和问题"。[15] 因此,目前所见的文献经常把电子图书馆、数字图书馆、虚拟图书馆等概念混同使用,认为它们意义接近,可以互相替换。当前世界许多国家开始试验和建设的电子图书馆原型也经常冠以数字图书馆或虚拟图书馆的名称。

英文中"图书馆"一词是 library,根据 Philip Baker 的研究,library 的内涵通常包括 5 个方面:[16]

1. 存放和收藏图书及其它文字资料的场所;

2. 文字资料、电影、磁带、唱片、儿童玩具等的集合(收藏),收藏起来供出借或参考;

3. 存放这类收藏品的建筑或机构,如公共图书馆;

4. 一套连续出版的图书,通常有相似的格式;

5. 计算机技术术语,供即时使用的标准程序和子程序的集合,通常存贮在磁盘或其它一些存储装置上。

其中的第 5 种内涵引起了我们的注意,显然它是在计算机系统中的含义。《英汉计算机技术辞典》对 library 一词的解释更为详尽,可摘录如下:[17] "library(程序)库;资料集。①一个或一组相关的文件;②一种可装卸记录媒体(如磁盘组或磁带)的存储仓库;③磁盘上可存储程序和有关信息(不是文件)的一种有名字的区域;④在某些操作系统中,存储在磁盘上子库中的一种数据的集合;⑤在某些操作系统中的任一分区数据集;⑥在某些中小型计算机系统中,一种存储在直接存取存储设备上的程序、过程和例行程序的集合;⑦在某些中小型计算机系统中,磁盘上存储过程成员、源程序成员、装入程序成员和子例程成员的一种区域,以及系统控制程序所需要的某些区域;⑧在某些中小型计算机中的一种对象,它作为另一些对象的目录;⑨为某一产品出版的所有资料的集合。"

显然上文的引述完全是计算机领域的解释,和图书馆界自身的认识完全不同。library 一词前面缀上 electronic 或 digital 这样的字词,其意义自然多样,从而显示出非图书馆领域和图书馆界两种不同认识的分野。

广义地说,电子图书馆或数字图书馆可以描述为计算机可处理信息的集合或贮藏这类信息的"仓库"(repository)。在非图书馆领域中,电子图书馆或数字图书馆一直被广泛地用于描述计算机程序或机读数据的集中贮藏地(centralized repositories)。这种用法已经有较长的历史,例如 1977 年 Gerstenberg 曾描述了美国国家标准局的光核子数据方面的一个 digital library[18];1994 年 Schatz 讨论了 C. elegans(分子生物学中充当典型有机体的一种线虫)方面科学信息的一个 digital library[19]。还有人讨论了美国国家存贮系统基金会(NSSF)在发展作为国家信息财富贮藏所的 digital library 中的作用[20]。很多的信息管理专家、政策制定人员、政治活动家等都把这一贮藏国家信息财富的仓库(repositories)视为正在出现的国家信息基础设施中的重要组成部分。也有一些文献把 digital library 等同于大量信息的存贮地,各种联机数据库和 CD - ROM 信息产品、特别是有多媒体或交互视频内容的,也经常被其生产者称为"digital library"。从上面两类认识可以看出,"digital library"被认为是意味着信息仓库(information repositories)所附着的计算机存贮设备,如光盘自动存取装置(optical diskjukeboxes)和磁带自动装载机(magnetic tape autoloaders),有时候就被意指为 digital libraries 或 electronic libraries。

从狭义的观点看,在图书馆领域中对电子图书馆或数字图书馆的定义也较广,存在一个由表及里、由浅入深的认识过程。有将电子图书馆等同于计算机化、网络化的图书馆系统的,如文献[21];也有使用电子图书馆一词来描述可通过 Internet 或 NREN 进行存取的、包括图书馆目录在内的数据库[22];而 Samuelson 等人则把某些 CD – ROM 信息产品、特别是那些包含文献全文的 CD – ROM 称为电子图书馆[23]。Garrett 和 Lyons 则认为一个电子图书馆的构成应包括:个人的和组织的图书馆系统、本地的和远程的数据库、处理远程请求的数据库服务器,以及负责协调和管理一系列登录与检索的系统功能[24]。从上述定义和描述可以看出,数字或电子图书馆的重要性似乎并不在于计算机化信息的数量或特性,于是一种简单化的倾向就产生了——只要拥有联机目录或 CD – ROM 数据库就可以认为是数字图书馆。显然,这类定义方式不能区分作为计算机可处理信息的集合的 digital library 和作为维护与提供这类信息的机构(组织)的 digital library,它也不能将图书馆同其它提供机读信息的机构,如商业联机服务公司区分开来。因而,这类定义方式是不足取的。

本书试图从以下几个方面的比较中初步界定电子图书馆、数字图书馆的基本范畴:

1. 电子图书馆与传统的图书馆自动化(library automation)。图书馆界数十年来一直在创建、维护和使用着能用计算机进行信息处理的系统。70 年代以后成千上万的图书馆开发并用联机目录来逐渐取代手工生产的目录卡片。通过联机信息检索服务和书目利用机构,图书馆通常都能分时存取大量的书目引文数据库、机读版的百科全书、指南和其它参考工具书以及大量的非书目型数据库;通过日益普及的 Internet,能够检索政府机构、专业协会、大

11

学、公司及其它图书馆的计算机中存储的海量信息;许多图书馆都购买了以磁带、CD – ROM 或其它形式销售的书目型和非书目型信息产品,并装配在它们自己的计算机系统中供使用。但是,仔细思考一下图书馆自动化的发展历程,可以发现,传统的图书馆自动化一直强调的是目录、索引等书目信息和查找工具的计算机化,并不强调图书馆馆藏中图书、期刊及其它种类文献本身存储、管理、检索的计算机化。既然帮助确定馆藏的查找工具不断地计算机化,那么作为图书馆自动化发展的逻辑顺序,下一步就是馆藏存储与检索的计算机化(数字化)——这正是电子图书馆的一个重要特点,"电子图书馆可以被认为是联机传递全文文献的一种新策略"。[25]所以我们认为,图书馆传统意义上的自动化是内部业务操作的自动化,而联机 OPAC 和图书馆资料内容的数字化则是电子图书馆的重要内容。

2.电子图书馆与网络化信息检索系统(networked informa – tion retrieval system)。网络化信息检索系统同以往联机检索系统中主机和用户的主从关系不同,是客户和服务器的对等关系。Internet 上的 WWW、WAIS 和 Gopher 都是网络化信息检索系统,其主要特点是:主要存储公共领域的信息;提供查询和浏览功能;机构和个人都可自由进入网络进行检索;有很多免费的信息,希望用户尽可能多等。而电子图书馆是"一个特定组织为自己的需要用电子方式存贮图书、杂志的全文内容并提供存取、检索、浏览和传递的信息系统,执行自己的存取与管理政策(版权管理与收费办法等),主要面向组织内部共享有价值的信息"。[26]从这种电子图书馆定义中,一方面可以看出,电子图书馆中存储的资料可能有版权限制或主要服务于一个特定组织,存取其中的资料要经过许可(执行一套组织管理政策),这点与只采用很简单的管理办法、允许尽可能广泛存取的网络信息检索系统不同;另一方面,电子图书馆与网络化信息检索系统具有类似的查询与浏览功能、使用类似的客户机/服务器技术和自由文本检索技术等。因此，网络化信息检索系统具备了电子图书馆某些方面的要素，虽不能等同于电子图书馆，但可作为电子图书馆中的一些基础设施[27]。

3. 电子图书馆与虚拟图书馆(virtual library)。在很多场合人们将二者等同使用，称虚拟图书馆"就是图书馆的服务不局限于物理意义上的馆藏，而是通过通信网络联结各地区、全国甚至全球信息资源的逻辑意义上的馆藏，用户可以在其中检索比本馆馆藏多得多的信息"。[28]有人称虚拟图书馆的概念最早是1990年提出的，但也有称它是1980年提出的。1980年时英国图书馆外借部计算机与数据通讯工作负责人 A. J. Harley 提出了"虚拟图书馆"的概念[29]。关于虚拟图书馆还有些不同的认识和定义，有代表性的如：

(1)Gapen 观点[30]。虚拟图书馆指的是一种环境，其各种组成部分协同作用，提供智能化的、实实在在的信息存取途径，其价值在于它完全从每一个用户的独特视点出发构建系统的框架以满足用户的信息需求。虚拟图书馆有时也定义成远程存取图书馆和其它信息源的信息内容与服务，把本地常用的馆藏(印刷型、缩微型和电子型)与通过电子网络提供的世界各地图书馆的服务以及商业性的信息、知识资源结合起来。

(2)Poutler 观点[31]。虚拟图书馆不一定非得基于一个实际的图书馆，它可以是存贮在由网络连在一起的许多图书馆中的资源和服务的混合物。

(3)Oppenheim 观点[32]。虚拟图书馆能够使用远程通信网络(如 Internet 和英国的 JANET)将大容量的文章全文和图像等数据从图书馆传输到远程用户。

(4)Saunders 观点[33]。虚拟图书馆是一个系统，通过使用本地图书馆的联机目录、一所大学或网络计算机的网关，用户可以透明地连接远程的图书馆和数据库。

13

（5）Jajko 观点[34]。虚拟图书馆是一种知识管理实体（entity），它将传统图书馆范畴与远程通信和计算机技术的应用有效地结合起来，通过将图书馆自身拥有的资源、图书馆母体机构专有的信息、外部的世界范围内的信息资源无缝地整合，促进每个用户快速地存取和有效地使用信息。

（6）Beiser 观点[35]。认为虚拟图书馆即没有围墙的图书馆。它以电子方式将世界范围内的图书馆、个人、机构及商业公司连接起来，并提供检索其存贮的学术信息资源。这些资源不仅包括正式的图书馆信息，还包括数据库、电子文本、多媒体对象，以及数以百万计的相互作用的人类智力（因素）。

无论是把虚拟图书馆理解为一种抽象意义上的环境、视为一种先进的信息系统或一种众多资源的混合物，还是像 Jajko 理解的那样是一个知识管理实体，它们强调的共同点都是信息的网络化传输、资源的广泛可得性和用户的感受。信息传输的网络特征当然是我们所理解的电子图书馆的内涵之一；而资源的广泛可得性在虚拟图书馆概念中虽然极为重要，但它似乎并未突出实际的图书馆馆藏资源本身的数字化和网络传输。这点使 Charles Oppenheim 认为"目前虚拟图书馆在很大程度上还是一个大骗局，Internet 这类网络服务所允许存取的图书馆方面的信息大部分都是书目型的，通讯网络的带宽问题和致命的版权问题使能传递的全文和图像信息少之又少。"[36] 我们认为，既然从图书馆的角度来认识虚拟图书馆，那么仅强调外部信息资源（可能会有一些全文、图像、多媒体信息等）、图书馆馆藏查找工具（书目等）的电子化和网络传递则是必要却是不充分的。这点是我们区分电子图书馆与虚拟图书馆的关键所在。从用户的感受来说，他们在图书馆（真实意义上的）、办公室、教室、实验室、家里都可以利用联网终端查询一个或多个数据库，这些数据库中既有电子目录信息（如联机 OPAC）又有图像、声音、计算机文件、电子书刊等信息，用户感觉

14

他们可以任意调用信息而不必关注信息存放在何处,好像他们自己拥有一座信息量无比巨大的图书馆。因此从这个角度看,virtual library 是用户感觉意义上的,实质上是一个无比巨大的信息库,但用户可以根据他获得的信息量来描述这个虚拟的"图书馆"的规模。因此,用户感觉中的"虚拟图书馆"应该是无所不包的"信息宇宙"(相对于用户有限的信息吸收能力和感知范围而言)。

4. 电子图书馆与虚拟实在图书馆(virtual reality library)。如果说电子图书馆与虚拟图书馆在含义上有一定程度上的相似性,那么虚拟实在图书馆则是完全不同的概念。虚拟实在图书馆是建立在虚拟实在(VR)这一问世于 20 世纪下半叶的高新技术基础之上的系统[37]。

虚拟实在系统是具有复杂的人机接口的计算机系统,使用户在计算机产生的环境中有一种参与和投入的感觉[38]。可能 Joshua Eddings 的描述更为简洁一些,更便于我们初步认识 VR:"虚拟实在是一种计算机工具,它可以把人们的想象力和思想变成空想东西的仿真、虚拟境界和虚拟存在,而给我们的感觉就像真的客观存在一样"。[39]虚拟实在技术是在计算机图形学、计算机仿真、传感技术、显示技术等多种学科结合的基础上发展起来的一种计算机应用新领域。浸入性(immersion)和交互性(interactivity)是 VR技术的基本特点。由于 VR 采用目前计算机领域发展的最新技术,以虚拟的方式描述事物内部真实的作用与变化,从而不仅缩短了用户与计算机之间的距离,改善了用户与所在环境的相互信息交流方式,更重要的是使用户直接观察到事物内在的变化,并可直接参与到其内部相互作用中去。正基于此,目前 VR 技术和系统已广泛地使用在医学、建筑和工程、军事、科学、金融分析、娱乐、艺术、教育、残疾人问题解决等诸多方面。比如在建筑工程领域,建筑师用 CAD(计算机辅助设计)工具对建筑物进行设计和建模,然后将产生的数据变换成一个虚拟实在系统。用户可以利用头盔式显示器或六自由度设备(这些是 VR 系统必备的)进入该建筑物的虚拟环境中,体味新居的感受。

VR 技术在图书馆领域中的可能应用也引起了人们的兴趣,有些文章进行了概略性的探讨,如文献[40,41,42,43,44,45],但对于怎样应用尚无明确的认识。有的提出可以在信息检索的用户界面设计上引入虚拟实在技术[46],有的认为图书馆应注意收集各种虚拟实在媒介去赢得下一代图书馆用户——目前沉浸于虚拟实在游戏之中的孩子[47]。Alan Poulter 在此方面的工作称得上真正具有突破性,他正在努力创建一个可浏览的虚拟实在图书馆[48]。他给虚拟实在图书馆下过一个定义:"能够通过一种界面存取某个典型图书馆馆藏的书目数据,这个显示在计算机屏幕上的界面看起来像一满屋子的书架,通过使用诸如三维鼠标(3D mouse)这样的装置,用户可航行于其中进行浏览并实施控制。"在文献[49]中他又说:"虚拟实在图书馆是在虚拟实在技术基础上建立的,在功能上是一种新形式的 OPAC。"Poulter 提出 virtual reality library 的直接原因是目前的联机目录不能满足用户对如何查找信息的期望,他认为浏览目前的联机目录令人"既不舒服又不愉快",无法体现一般人更喜欢在图书馆书架之间徜徉和穿行的习惯。为了模拟人们习惯上的浏览书架,并基于对联机公共检索目录主要是以查询为基础,存在复杂性、多样性,缺乏连续性的认识,他试图利用 VR 技术开发这种新形式的 OPAC,或者如他所称的"虚拟实在图书馆"。

显然,"虚拟实在图书馆"同人们一般理解的"虚拟图书馆"——提供用户通过网络广泛存取计算机化的信息资源是完全不同的。有些学者认为"虚拟图书馆"是"建立在 VR 技术基础之上、拥有二维或三维人机界面并能使用户任意浏览和存取信息的图书馆系统"[50],这显然是失当的。造成这种情形的原因,可能一是对 VR 技术不够了解;二是"虚拟"一词使人容易产生误解。在"虚拟图书馆"概念范畴内,用户可在家中、办公室或其它图书馆中远程获取全文资料,但用户很清楚他是在使用计算机进行浏览和查询,没有人会蠢到认为自己是真的在一个图书馆里完成这些操作;而完全基于 VR 的"虚拟实在图书馆"则使用户完全融入(借助设备)一个由计算机产生的真实的模拟图书馆的环境。显然两者是不同的。

不过,在电子图书馆中完全可以应用 VR 技术来产生如 Poulter 所设计的新形式 OPAC。关于这一点不再做多的阐述。

5. 电子图书馆与无墙图书馆(library without walls)。"无墙图书馆"这一概念也从用户感觉的角度刻划了电子图书馆的部分特征,即其网络化特征。如信息资源的网络化传递打破了获取信息时的地理障碍和时间限制,使用户觉得利用 Internet 这类信息网络就像在使用一个没有围墙、没有借阅时间限制的图书馆一样。日本学者 Kimio Hosono 认为可以把 Internet 这样的信息资源网络称作"无墙的图书馆"[51]。我们觉得把电子图书馆等同于无墙图书馆似欠妥当。

6. 电子图书馆与数字图书馆(digital library)。这两个概念在含义上最为接近。美国密执安大学的研究者认为数字图书馆可定义为电子图书馆。而据 Fox 的说法,1991—1993 年间"电子图书馆"这一术语逐渐向"数字图书馆"转变,"人们似乎更愿意使用后者,可能是人们对数字网络、数字音频、与电子出版有关的数字视频等的兴趣越来越大的缘故"。[52]上海交通大学杨宗英教授在'96全国图书馆自动化研讨会上发言时也指出:"电子图书馆是数字图书馆的早期提法,1992 年前人们多用电子图书馆,1992—1994 年间多数并行使用电子图书馆和数字图书馆这两个术语,1994 年后使用数字图书馆的逐渐多了起来。"

美国密执安大学的研究人员给出了一个较为抽象的数字图书

馆定义："一个'数字图书馆'是若干联合结构(federated structure)的总称,它使人们能够智能地(intellectually)和实实在在地(physically)存取全球网络上以多媒体数字化格式存在的、为数巨大的且仍在不断增多的信息。"[53]显然这种定义范围十分宽广,使我们多少有一种数字图书馆即信息高速公路的错觉。而 Fox 则更为实际地认为"数字图书馆是一种有纸基(paper – based)图书馆外观和感觉的图书馆,但在这里图书馆资料都已被数字化并存储起来,而且能在网络化的环境中被本地和远程用户存取,还能通过复杂和一体化的自动控制系统为用户提供先进的、自动化的电子服务。"[54]

也有部分学者认为数字图书馆中只存在数字化电子格式的信息而不包括任何传统的文献[55],或者认为"所谓数字图书馆是这样一种图书馆,其全部或大部分馆藏都是以计算机可处理的形式存在的,以此来补充并逐渐替代构成当前图书馆馆藏主体的传统印本文献或缩微资料。"[56]可以看出这种局限于常规图书馆中的狭义观点,把数字图书馆的概念理解为传统图书馆的数字化和通过网络提供服务。比如美国国会图书馆已经将其 21 万件馆藏进行了数字化转换,而且准备到 2000 年其 200 周年馆庆时完成 500 万件历史馆藏的数字化转换,该馆的这一项目就称为"数字图书馆"计划;再如日本国立国会图书馆于 1994 年开始的名为"电子图书馆实践试验"的项目,已经将部分馆藏经数字化转换为 1000 万幅图像,存储在 6 组 CD – ROM 转换器(共 3000 张可擦写光盘)中。

本书对数字图书馆取狭义理解,认为狭义上的传统图书馆馆藏的数字化可以包容在电子图书馆的概念内涵中。我们试图用一种统合的思维方式将上述从不同层面描述电子图书馆局部特征的概念整合起来,并给出一个较为完整的电子图书馆的概念:

所谓电子图书馆,是建立在图书馆内部业务高度自动化基础之上,不仅能使本地和远程用户联机存取其 OPAC 以查寻传统图书馆馆藏(非数字化的和数字化的),而且也能使用户通过网络联机存取图书馆内外的其它电子信息资源的现代化图书馆。

表1-2反映了本书所界定的电子图书馆的概念构成。

表1-2 电子图书馆概念构成

电子图书
馆概念
$\begin{cases}$ 图书馆业务高度自动化→OPAC→更先进的 OPAC(虚拟实在图书馆)
图书馆馆藏部分数字化→馆藏全部数字化(数字图书馆)
网络信息检索系统(无墙图书馆)
通过网络联接并传递广泛的信息源(虚拟图书馆)$\end{cases}$

我们给出的此一整合的电子图书馆概念可以较好地解决这些相关概念何时可等同使用的问题,也有助于理解其它范围或大或小的电子图书馆定义。例如"电子图书馆是组织电子信息及其技术进入图书馆并供有效服务"[57],这是一种非本质性(缺乏特定内涵)的定义;再如"电子图书馆是指把现有的文献变成计算机能够阅读的电子文献并通过计算机网络实现文献传递的图书馆"[58],这是仅从数字化和网络传递角度来理解的。

第1章引用和参考文献

1 Gordon R. Williams. The function and methods of libraries in the diffusion of knowledge. In:The Role of Libraries in the Growth of Knowledge(ed. Don R. Swanson). Chicago:University of Chicago Press,1980. 58

2 Klaus Musmann. Technological Innovations in Libraries:1980－1960. Westport,Conneticut:Greenwood Press,1993. 211

3 Michael K. Buckland. Redesigning Library Services:A Manifesto. Chicago:American Library Association,1992. 16

4 Proceedings of the 15th Essen Symposium:Opportunity 2000, Understanding and Serving Users in an Electronic Library. Essen, Germany:Universitatsbibliothek Essen,1993

5   Proceedings of the 1st Annual Conference on the Theory and Practice of Digital Libraries: Digital Libraries'94. Texas A& M University, College Station, Texas, USA. 1994

6   E. A. Fox, R. M. Akscyn et al. Digital libraries. Communications of ACM, 1995, 38(4)

7   E. A. Fox, L. Lunin. Introduction and overview to perspectives on digital libraries. JASIS, 1993, 44(8)

8   R. M. Dougherty et al. The academic library: a time of crisis, change and opportunity. Journal of Academic Librarianship, 1993, 18(6): 342 ~ 346

9   李肇东. 七国勾画全球构想, 欧盟信息社会上路. 光明日报, 1995 年 2 月 28 日第 3 版

10 同 6, 25 页

11 Gary Marchionini, Hermann Manrer. The roles of digital libraries in teach - ing and learning. Communications of ACM, 1995, 38(4): 67

12 R. W. Christian. Electronic Library: Bibliographic Databases: 1975 - 76. White Plains, N. Y.: Knowledge Industry Publications, 1975

13 Hugh F. Cline, Loraine T. Sinnott. The Electronic Library: The Impact of Automation on Academic Libraries. Lexington, Mass: D. C. Heath and Company, 1983: Preface

14 Kenneth E. Dowlin. The Electronic Library: The Promise and the Process. New York: Neal - Schuman Publishers, Inc. 1984: 27. 上海交通大学杨宗英教授于 1996 年 5 月在北京举行的全国图书馆自动化研讨会上发言时亦曾指出电子图书馆最早是在 1984 年提出的。

15 Zhao Dianguo et al. The technical challenges of the electronic library. In: Proceedings of On - Line Information'93: 17th International Online Information Meeting(London 7 - 9 December, 1993). 563 ~ 571

16 Philip Barker. Electronic libraries - visions of the future. The Electronic Library, 1994, 12(4): 221 ~ 229

17 该辞典编委会编. 英汉计算机技术辞典. 北京: 电子工业出版社, 1992: 533

18 H. Gerstenberg. Computer - assisted data evaluation in a small data centre.

20

In: Proceedings of the Biennial International Conference on Codata. Washington: National Bureau of Standards, 1977: 515 ~ 519

19 B. Schatz. Electronic libraries and electronic librarians: who does what in a national electronic community. In: Proceedings of the Clinic on Library Applications of Data Processing. Urbana – Champaign: Graduate School of Library and Information Science, University of Illinois, 1994: 264 ~ 274

20 R. Coyne, H. Hulen. Towards a digital library strategy for a national infor – mation infrastructure. In: Proceedings of Third NASA Goddard Conference on Mass Storage Systems and Technologies. Washington: NASA, 1993: 15 ~ 18

21 同 7, 441 ~ 445

22 J. Garrett. Digital libraries: the grand challenges. EDUCOM Review, 1993, 28 (4): 17 ~ 21

23 P. Samuelson, R. Glushko. Intellectual property rights for digital library and hypertext publishing systems: an analysis of Xanadu. In: Proceedings of Hypertext'91. New York: ACM, 1991: 39 ~ 50

24 J. Garrett, P. Lyons. Legal, marketplace and social considerations in online 以 network environments. In: Proceedings of the 14th National Online Meeting. Medford, N. J.: Learned Information, 1993: 153 ~ 157

25 Monica Landoin, Nadia Catenazzi. Hyper – books and Visual – books in an e- lectronic library. The Electronic Library, 1993, 11(3): 175 ~ 186

26 Zhao Dianguo et al. An overview of the electronic library and networked infor- mation retrieval system. In: Proceedings of the 4th Beijing International sym- posium on Computer – Based Information Management, 1994: 29 – 1 ~ 29 – 11

27 傅守灿. 电子图书馆及其相关技术与问题. 现代图书情报技术, 1996 (3): 3 ~ 6, 19

28 孙承鉴. 电子图书馆的雏形. 中国电子出版, 1996(1): 30 ~ 33

29 张晓娟. 论数字图书馆. 图书情报知识, 1996(1): 2 ~ 7

30 D. K. Gapen. Development of discipline – based virtual libraries. In: Pro – ceedings of the International Seminar on Information Technologies and In – formation Services(ed. Meng Guangjun). Shanghai, 1994: 140

31 Alan Poulter. Towards a virtual reality library. Aslib Proceedings, 1993, 45

  (1):11~17

32 Charles Oppenheim. Virtual reality and the virtual library. Information Services & Use,1993,13:215~217

33 L. M. Saunders. The virtual library today. Library Administration & Management,1992,6(2):66~70

34 Pamela Jajko. Planning the virtual library. Medical Reference Services Quarterly,1993,12(4):51~67

35 Ken Beiser. The virtual library. Computers in Libraries,1992,12(6):26

36 同32

37 Alan Poulter. Building a browsable virtual reality library. Aslib Proceed – ings,1994,46(6):151~155

  关于 Virtual Reality 的中文译法,早期有人建议译为"灵境",有人译为 "虚拟现实",如《计算机世界》报、《未来之路》(比尔·盖茨著作中译 本)、《信息高速公路透视》(迈克尔 – 沙利文 – 特雷纳著作中译本)等 均是如此;中国社会科学院金吾伦经过综合比较论证后提出应译为"虚 拟实在"(参见《光明日报》1996 年 10 月 28 日第 2 版),本书采用金氏的 译法,不做具体解释。

38 M. B. Spring, Hanhwe Kim. Virtual reality. In:Encyclopedia of Library and Information Science (ed. Allen Kent), Vol. 52, Marcel Dekker, Inc. , 1993:366~376

39 Joshua Eddings. How Virtual Reality Works. Ziff – Davis Press,1994:Preface. 参见石祥生译中译本. 虚拟现实半月通. 北京:电子工业出版社, 1994 年:前言

40 同31

41 同37

42 George B. Newby. Virtual reality. In:Annual Review of Information Sci – ence and Technology (ARIST),Vol. 28, 1993:187~229

43 Charles Oppenheim."Virtual reality". Information Management Report, 1993(11):1~3

44 William R. Nugent. Virtual reality:advanced imaging special effects. let you roam in cyberspace. JASIS, 1991,42(8):609~617

45 杜元清. 虚拟现实技术在图书情报领域中的应用. 情报理论与实践,1995
    (3):41~43

46 同 42

47 同 44

48 同 37

49 同 31

50 Philip Barker. Electronic libraries – visions of the future. The Electronic Li-
    brary,1994,12(4):221~229

51 Kimio Hosono. Current state of research and development on digital libraries
    in Japan. In:Proceedings of '96 Beijing IFLA General Conference(Booklet
    7),Beijing,China,August 25 – 31,1996:13~20

52 同 7

53 John. W. Berry. Digital libraries:new initiatives with world – wide implica –
    tions. In:Proceedings of IFLA'95(Booklet 0),Istanbul,Turkey,August 20~
    26,1995:53~66

54 E. A. Fox,D. Hix et al. Users,user interfaces and objects:Envision,a digital
    library. JASIS,1993,44(8):468~473

55 同 50

56 William Saffady. Digital library concepts and technologies for the manage –
    ment of library collections:an analysis of methods and costs. Library Technol-
    ogy Reports,1995,31(3):224

57 杨宗英. 电子图书馆的崛起. 大学图书馆学报,1993(1):5~9

58 黄纯元. 新的信息环境下的图书馆和图书馆情报学(下). 上海高校图书
    情报学刊,1995(2):8~12

第 2 章　电子图书馆产生的
思想基础与现实背景

　　电子图书馆是 90 年代技术条件和社会需求的直接产物,从这一点来说,它的产生有其现实背景;而从历史上来看,它的诞生也有其深厚的思想基础和历史渊源。本章将探讨电子图书馆产生的思想基础和现实背景。

2.1　电子图书馆产生的思想基础

　　在研究电子图书馆思想演变的过程中,我们明显地感觉到电子图书馆的思想发展史一方面同图书馆界内外对图书馆未来的预期和展望交织在一起,另一方面又同图书馆界在不同时代的技术条件下对机械化、自动化图书馆的追求紧密相连。

2.1.1　基于缩微技术的微型图书馆(microlibrary)

　　1900—1939 年是人类技术发展史上的一个黄金时代,也是信息技术迅速发展的时代[1]。在这种环境中,与文献和图书馆工作有关的技术在此期间发展也十分迅速,尤其是缩微复制技术。使用缩微胶卷来存贮和传递文献的设想最早出现于 19 世纪中叶的欧洲[2],1906 年比利时文献学家、国际目录学会(HB)创始人 Paul

Otlet 提出使用标准化的缩微平片这一新型的多功能载体。到了20 世纪 20 年代,缩微复制技术吸引了美国和欧洲许多富有创造力的图书馆员、学者、科学家和工程师。他们认为缩微技术和缩微胶卷是 15 世纪印刷术发明以后出版领域里最重大的创新,将对图书馆服务产生革命性的影响:缩微胶卷将把学者从印刷文本的限制中解放出来,并可克服由于印刷资料收藏地理分散性所造成的障碍。图书和期刊不再是传播知识记录的唯一载体。他们甚至还预期缩微技术变革将导致文化上的革命[3]。

许多日后在图书馆学情报学史中熠熠闪光的人物,包括 Watson Davis、Vannevar Bush 和 Fremont Rider,一直在努力用缩微技术创建微型图书馆。我们认为这种基于缩微技术的微型图书馆是电子图书馆思想的最早期形态。1935 年,美国土木工程师 Watson Davis 编制了"科学出版与科学文献计划",建议改变文献载体的形态并迅速推广缩微胶片[4]。30 年代,将缩微胶卷的存储能力与某种工作站加以结合提供存取具体文献的设想已非常普遍,有些人已经打算设计一种缩微胶卷文献的"快速选择器"。1932 年 W. Davis 与 V. Bush(时任美国 MIT 的副院长兼工程学院院长)会面,Davis 希望 Bush 能对用于文献检索的缩微照相设备的发展做出贡献。1933 年时 Bush 发表了一篇文章,描述了他所构想的一种占地仅几立方尺,但能容纳一座大学图书馆所有馆藏的机器[5]。Davis 等人为促进基于缩微技术的图书馆新服务的发展可谓不遗余力,Davis 还设想用缩微胶卷进行馆际互借并把研究结果直接传递给科学家——这些设想无疑为日后的定题情报服务(SDI)和文献传递服务奠定了基础。作为 Davis 努力的结果,美国农业部图书馆于 1934 年正式开始将缩微文献直接传递给研究人员使用。Davis 还于 1937 年组织成立了美国文献工作协会(ADI),虽然当时 ADI 并未准确界定"文献工作"的内涵,但它的重点显然是存取信息,而并不关注信息的载体和格式。

在构想微型图书馆的人中 Fremont Rider 是非常突出的一位,他一直关注着如何用缩微照相技术处理大量出版物。作为美国 Wesleyan 大学图书馆的馆长,他探讨了与图书馆资料采集、编目、存储有关的费用上涨情况及其降低措施,并根据统计数字提出了"研究图书馆的馆藏规模大约每16年翻一番"这一著名论断。他的这些思想集中体现在其现已堪称经典之作的《学术与研究图书馆的未来》一书中[6]。为了降低图书馆的有关费用并让读者更好地存取研究资料,Rider 提出了微型目录(microcatalog)这一结合了卡片目录和缩微照相两方面的概念——把图书和期刊的缩微胶卷置于目录卡片背面,这样就可把书目记录和文献自身有机结合起来。Rider 认为,通过他构想的这种 microcatalog,每位学者在自己的办公室中就可以拥有一个微型图书馆(microlibrary),学生及其他用户可以用分散在校园里的缩微阅读器(microreader machines)存取目录,将各处资料集合起来即可满足学者和专业团体的具体需要。Rider 相信,缩微技术的发展标志着"微卡时代"(microcard era)的开始,第一次为图书馆提供了重新起步的机会,然而图书馆员不应像对待图书那样再来处理缩微文本,图书馆员应该探索缩微文本作为促进存取研究记录新方式的更大潜力[7]。他甚至觉得在图书馆实践中仅做适当的变通是不够的,需要采用诸如缩微目录这样的根本性措施来帮助人们存取数量不断增多的资料。

当我们比照第一章对电子图书馆概念所做的描述,会惊讶地发现,尽管90年代的技术条件和半个世纪以前完全不可同日而语,但是 Rider 的一些设想竟然和今日电子图书馆的情形有不少相似之处:每个学者的办公室都有微型图书馆,校园内遍布缩微阅读器等便于存取资料的装置⋯⋯。当然,受限于40年代连计算机还未问世的技术条件,他不可能先知先觉地构想出网络、通讯等信息技术在图书馆中的应用,也不能将其微型图书馆简单地等同于高度技术化的电子图书馆。

2.1.2 电子图书馆之父——Vannevar Bush

在电子图书馆思想发展史上,乃至在整个一部情报科学史中,美国学者 Vannevar Bush 都占有显赫的地位。他作为美国总统的科学顾问和研究发展局局长,于 1945 年在《大西洋月刊》上发表了日后被广泛引用、转载、重印的著名论文"如我们所能想像的"(As We May Think),文中提出了用名为 Memex 的桌面机械以类似于人脑行为的方式将文献加以存储、连接和检索的构想[8]。Bush 被后人誉为"具有非凡想像力与创新精神的技术设计者和管理者"[9],他所设想的 Memex 成为日后几乎所有信息检索项目的试金石,并被尊为超文本技术(hypertext)的先驱[10]。我们认为,可以将 Bush 称为电子图书馆之父。F. W. Lancaster 在 1995 年撰写的一篇书评中曾指出:"将电子图书馆的最早思想来源追溯至 V. Bush 显然是恰当的。"[11]另外,我们还注意到,约半个世纪以后,在美国加州大学 Chico 分校成立了一家用 Memex 命名的机构"Memex Research Institute",该研究所称其宗旨即为"开发电子图书馆,实现 Bush 博士的梦想"。[12]

按照 Bush 的观点,堆积如山的研究成果加上学科的不断分化,使传递研究结果的传统方式,包括图书馆在内都显得过时了。他在"As We May Think"一文中对"Memex"做了精彩的描述:"Memex,一种机械化的个人文件图书馆,使个人能将其所有图书、记录和通信都存贮起来。"[13]Bush 构想 Memex 仅是一种能够实现远程存取的桌面设备,其组成为一个键盘、几组按钮和操纵杆以及供显示以缩微胶卷方式存储的信息的屏幕。Memex 的用户可以直接在半透明的台板上输入普通写法的笔记、备忘录以及照片。用户键入一个索引词后,Memex 将自动地把它与相关词连接起来,从而提供一系列相互关联的研究成果和思想。在 Bush 看来,连接相关索引词的能力是 Memex 的主要特色;而在今日超文本研究人员看来,Memex 的重要性不仅在于其所能存贮的信息的数量,还在于系统有能力自动选择相关信息并能立即把信息连接起来,这种信息连接的完成具有与人脑连接特定事件时相同的方式。对照一下今日人们给超文本下的定义"以节点(nodes)的形式把相关信息聚集起来,这些节点通过链接(links)彼此关联,在超文本情形中这些节点包含文本和图像等信息"[14],不难发现 Bush 的设想给后人的启发有多么大。

在我们看来,Bush 观点的重要之处不在于他所称的"机械和装置",而是他的两个构想:首先必须有能及时得到所需信息的设备;其次是读者自己就能检索这些信息。要想便于个人查找信息,就得使用户在其办公室、实验室或家中能接收到。可见,Bush 的"Memex"对个人用户的信息存取来说是一种理想的模型。

作为帮助查找缩微文献的工具,Memex 是机助检索系统(computer – assisted retrieval system,CAR)的前身。CAR 是结合了计算机和缩微技术的信息检索系统。考虑到 40 年代中期计算机存贮技术的原始性,完全基于计算机存贮与检索的电子图书馆是不可能出现的。因为实用的可直接存取的存贮设备直到 50 年代才开始商业化,而且最早期型号的这些设备的存储能力,同存贮图书馆资料内容所需要的容量相比,实在是太小了。但毫无疑问,Bush 的"Memex"点燃了当时和后来许多图书馆员、文献学家、工程技术人员的智慧火花[15],一大批人从事着基于缩微技术的文献存贮和检索系统的设计、研究与开发工作,为日后实现计算机化的文献存贮和检索奠定了基础。

2.1.3　电子图书馆思想的积累:50 年代～70 年代末

从 50 年代初至 70 年代末,图书馆自动化先后经历了起步、试验、单系统、联机网络等不同发展阶段。这 30 年不仅是电子图书馆思想逐渐积累的 30 年,也是人们逐渐将电子图书馆的早期相关技术(如字符编码存贮与全文标引、检索技术)在图书馆中加以试验和应用的 30 年。

1950 年,L. N. Ridenour 在芝加哥大学图书馆学院发表了一篇题为"科学时代的书目"的演讲。作为信奉技术能解决图书馆一切问题的实证论者,他对电子图书馆思想积累的贡献可归纳为他的以下几个观点[16]:①联合目录及其它合作办法对解决图书馆的问题来说太温和了,需要对图书馆方法所依托的基本假设进行质疑;②由于图书馆方法论在处理越来越多的资料时效用锐减而且力不从心,唯一的希望是借助科学家与工程师的力量,在执行图书馆的每一功能中更多地应用新技术;③通过合作建设"通讯网络"减少图书馆复本量,这种"通讯网络"能够把资料从一个地方迅速地传递到另一个地方;④他一直提倡寻找图书的替代品,甚至展望了用"计算机械"和磁带来更经济地存储信息的可能性;⑤能够阅读文本、识别关键符号并给出恰当编目记录的"电子编目员"(electronic cataloguer)的出现只是一个时间问题,因为"技术能做任何事情";⑥效率和费用将是评价图书馆运转好坏的主要标准;⑦图书馆不应该再被视为仅是存放图书的一个场所,可能它将是"第一流的通讯中心"。与 Ridenour 同时受邀的 A. G. Hill 则在其演讲"信息的存储、处理与交流"中强调[17]:①为了实现"自动化的图书馆",首先必须由称职的工程师对图书馆方法进行彻底的运筹分析;②目前的技术已使一种新的图书馆系统有可能出现,即是基于缩微胶片存储信息的,或是可通过二进制代码系统加以存取的。其实,Hill 的构想基本上可以体现在 Ralph Shaw 所开发的"快速选择器"上。

60 年代,计算机开始进入图书馆领域,人们广泛探讨了计算机信息处理在图书馆中应用的潜力。与此同时图书馆界内外充满了指责图书馆"庞大笨拙而无法利用"和图书馆员"孤僻保守"的言论。如美国 Dartmout 学院数学系系主任 J. G. Kemeny 曾预测"到2000年时大学图书馆将被废弃"。他同时指出"如果有什么因应之道的话,那么首先需要把技术作为解决问题的根本办法,图书馆的未来将依存于自动化;其次必须认识到尽管图书很方便,但它们不适于机器处理,需要某种类型的磁带来进行小型化处理;应该通过网络提供信息存取,其最上层为国家的研究图书馆。"[18]

在整个60、70年代对电子图书馆思想贡献最大者莫过于 J. C. R. Licklider。他是一位具有声学和信息论知识背景的心理学家。受美国图书馆资源理事会(CLR)委托,Licklider 于1965年完成并出版了图书馆学史中的经典之作《未来的图书馆》[19]。以下我们对 Licklider 的主要思想做一概括分析。

Licklider 在展望2000年时,认为图书不再是适宜的信息贮藏物,图书不仅沉重、笨拙,而且包含的信息量大大超过了读者在特定时间段中的理解和吸收能力,不易揭示它们内含的信息;另外它们也过于昂贵而且流通速度又很慢,限制了对信息的快速存取。他认为,既然就信息的存储、组织和检索而言图书难以让人满意,那么收藏图书的图书馆就自然让人无法接受。像 Bush 一样,Licklider 强调信息查询者与信息本身之间的动态交互。Licklider 还预见了图书馆的非物质化(dematerialization):既然图书的物理特性决定了有形图书馆的基本形象,那么一旦我们拒绝承认图书还是一种有效的信息传输机制,那么我们就拒绝了图书馆。他提出要将图书馆与计算机"融合"起来,并用其它词来替换"library"这个字眼。Licklider 设想了一种可以形成"新图书馆网络"的"预知系统"(precognitive system):用户可以通过名为"共生者"(symbiont)的机器进行存取(symbiont 意指用户与信息之间的共生关系)。"共生者"的键盘和显示部件允许用户观察文献、图形和书目引文,并可执行书目查寻及其它功能。

Licklider 对电子图书馆思想的贡献不仅在于他对图书馆未来

的展望令人深思,而且更在于他敏锐地认识到在图书馆馆藏中使用数字存储技术的优越性;他提出的"关联索引"(associative in - dexing)及其它富有创新性的计算机检索概念,成为 60 年代中后期一些试验性示范项目探索的重点之一。这些项目重点考察了在图书馆资料检索中应用数字存储技术和全文检索技术的可能性及其潜力,它们一般把期刊论文、报告以及其它文献转换为机读形式的、适于计算机存储的字符编码,但总体而言,这些示范项目仅是局部试验,涉及的文献数量非常有限,而且严格控制环境和用户人数。

虽然 Ridenour、Hill、Shaw、Kemeny 和 Licklider 等人限于当时的技术条件和认识水平,不可能构想出我们在第一章初步确定电子图书馆概念时所分析的各个方面,但他们的某些思想,如 Ri - denour 建议"通过合作建设通讯网络削减图书馆复本,通过通讯网络使资料能在不同地方传递","用计算机械和磁带更经济地存取信息";Kemeny 提出"通过网络提供存取";Licklider 强调"用数字存储技术和全文检索技术处理图书馆馆藏"等,都隐含着日后电子图书馆试验的某些思想要素,如面向终端用户,联机联网存取,用基于字符编码的文本存储与检索技术(80 年代中后期又发展了电子文献图像技术)转换图书馆馆藏等。也正是基于这个原因,我们认为他们对电子图书馆思想的形成和发展有所贡献。此外,这些人普遍强调技术的重要性,认为技术能解决图书馆所面临的困难;他们觉得传统图书馆的形象过于稳健,而他们预想的未来图书馆则坚实地依托技术;他们多抱怨图书馆员在面对日益增多的信息时反应太慢,尤其对技术发展的潜力认识不足,显得保守。他们的这些立场鲜明的观点对图书馆界影响很大,尤其是 Licklid-er。90 年代电子图书馆的雏形出现以后,有些人宣称电子图书馆将取代传统图书馆,究其思想根源,恐怕与历史上这些人以及随后的 F. W. Lancaster、K. E. Dowlin 等人的影响不无关系。

60—70 年代,计算机在图书馆中的应用也获得了长足进步。继 1969 年美国国会图书馆正式发行 MARC Ⅱ机读目录从而为图书馆业务的自动化打下基础之后,70 年代又出现了一批联机编目中心和大型文摘社、商业联机检索系统。图书馆自动化在 70 年代末已发展到以联机协作编目为主要特征的联机网络阶段。在这一期间,美国政府先后发表了一批探讨信息技术、主要是计算机在图书馆中应用潜力以及建立新型信息机构(如技术信息中心、区域信息中心、信息库、信息交换站等)问题的报告,如知名的 Baker 报告(1958)、Weinberg 报告(1963)、CLR 报告(1972)等[20]。这些报告,尤其是 CLR 报告("图书馆与信息技术:国家系统挑战")明确指出:"为了满足技术社会的信息需求,图书馆必须紧紧依靠计算机与远程通信系统,通过不断扩大的服务为国家的'记录信息系统'做出贡献。"

此外,70 年代中后期计算机和远程通信技术的长足进步及两者的结合,已经预示着一个技术驱动下的信息社会的到来。拥有信息已成为国家经济发展与社会进步的先决条件之一,成为社会、经济、政治等决策过程中的决定性因素。信息处理、信息经济、信息革命、信息社会等概念和术语一时间纷纷涌现,一批颇有影响的经济学家、社会学家、管理学家、未来学家,如 F. Machlup、P. Drucker、D. Bell、M. McLuhan、A. Tofler、J. Naisbit 等,从不同角度对技术环境中的信息处理问题进行了研究。在这种情况下,基于图书馆自动化的进步和信息技术的发展,F. W. Lancaster 在 1978 年和 1982 年分别发表了《通向无纸情报系统》和《电子时代的图书馆与图书馆员》两部专著,成为电子图书馆思想发展史中的关键人物之一。

2.1.4　F. W. Lancaster 对电子图书馆思想的贡献

在讨论 Lancaster 对电子图书馆思想的贡献之前,有必要交待一件史实：即美国学者 Robert Taylor 于 1975 年首次提出了"无墙图书馆"（libraries without walls）这一概念。这一概念对 Lancaster 的观点产生了一定的影响，我们可以在《情报检索系统》、《通向无纸情报系统》和《电子时代的图书馆和图书馆员》等书中看到他经常引述 Taylor 的文章，而且"无墙图书馆"概念在今天也被频繁地当作电子图书馆的同义语使用。

Robert Taylor 指出："传统上人们把图书馆视为一个场所（place），四周围墙环绕的图书馆负责收藏、组织和借还印本资料，有时还有非印本资料。"[21] 他反对把图书馆仅视为一个场所（place），认为"图书馆是一个过程（process），简单地收藏书刊并据以服务仅是此过程中的第一步。图书馆应是渗透于校园中的一个过程。技术已允许出现一种新机构，这个机构将迈出围墙。"在借鉴 70 年代中后期西方一度流行的"没有围墙的大学"这一概念的基础上，Taylor 预测图书馆将成为"信息网络中的一个转接中心（switching centre），向人们提供存取被称为'图书馆'的这座建筑物围墙内外的信息，它将是'无墙图书馆'"。

显然 Taylor 提出的"无墙图书馆"是对图书馆更为抽象的描述和概括。他的许多认识，如"图书馆是一个过程，应成为信息网络中的一个转接中心，提供存取图书馆内外的信息"等等，对后人描述电子图书馆的网络传递特征、广泛可存取性等影响很大。如 James Govan 在 1987 年的一篇文章中对 Taylor 的远见卓识给予了高度评价，指出："那种认为图书馆是一个场所的观念应该而且将让位给'图书馆是一个信息的网络'的认识。"[22]

F. W. Lancaster 继承了 Bush、Licklider、Taylor 等人的思想并受 Bell、Tofler、Drucker 等未来学家和社会学家观点的影响，根据他在美国国防部门和中央情报局开发无纸信息系统的经验，以及他在参与包括 MEDLARS 在内的计算机信息检索系统开发中取得的经验，提出了他对图书馆未来的判断和预测，这些预测集中体现在前述的两部著作中。

Lancaster 在两部书中虽没有明确指出"电子图书馆"是什么样子,但他预见了"电子图书馆员"(electronic librarian)的出现。他的主要思想可归纳为两点:一是机读文本的大量产生将使无纸社会的出现成为可能;二是图书馆作为一个场所将因脱离现实(disembodiment)而逐渐消失。Lancaster 认为,出版商已能使许多计算机数据库直接通过联机存取,而同时个人计算机也得到广泛应用,通讯技术的发展速度也很快,这一切将有可能形成完全电子化的出版系统:"原始文献"将在研究人员的工作站上产生、传递给"电子期刊"中心并按用户的需要发行。Lancaster 觉得"图书馆员将会欢迎这一技术,因为通讯系统将有能力对付科技出版物数量的激增和日益高昂的费用"。他建议图书馆员必须放弃"图书是神圣不可侵犯的"观念,没有理由或证据能使人相信图书应当继续存在下去,但同时承认"消遣性读物可能是个例外"。[23] Lancaster 进一步阐述道:"没有必要再把图书馆作为收藏了大量印刷馆藏的建筑物来对待。图书馆的目标是使信息可以存取,而不管信息在哪里。由于人们已建立了复杂先进的电子网络并连接了图书馆目录、参考工具书、咨询问答文档和越来越多的全文信息源,当多数人能在他们的'电子村庄'里进行终端检索时,就不再需要图书馆了。"

Lancaster 对未来的图书馆的预测可归结为如下几方面[24]:①图书馆提供的服务类型与现在的大致相似。但缩微胶卷存贮和计算机技术等的应用,使其内部功能大大改进,而且图书馆处理的资料的种类日益增多。②用计算机和通信设备装备起来的信息网络,普遍改善了图书馆服务的成本——效益和效率,并使每一个图书馆都能高效率地利用庞大的国家图书馆资源。③图书馆减少、甚至消除了对纸印刷品的依赖性,主要处理机读形式的信息资源。④现代化技术使图书馆能把服务直接传递到办公室和家庭,所以读者亲自到图书馆的需要减少了。⑤地方图书馆的重要性大大降低，甚至可以消失。因为不管信息源在哪里，人们都可以直接通过通信设备存取，并可按电子形式建立和贮存自己的信息档案。⑥个人成为联机"智能社区"（intellectual communities）的成员。正式通信与非正式通信之间的差别消失了，因为联机网络除提供存取原文形式的和其它形式的信息源外，也为私人提供信息存取服务（如电子邮件、计算机会谈）。⑦出现了新的信息服务功能，数据库对所询问的问题能直接作出答复（而不是指导用户去查询另一信息源），甚至能推导出问题的答案。

Lancaster 的思想十分丰富，远不止上文所引述的论断和观点。更重要的是，他的未来图书馆观在整个世界图书馆界都引起了强烈震撼，褒贬不一。在 90 年代中后期的今天，回顾 15 年前 Lancaster 的预测，虽然作为场所的图书馆（library as a place）并没有消失而且远未出现消失的迹象，但我们的确注意到他的很多预测在今天已成为现实，如：图书馆功能大大增强；处理的资料的类型不仅有印刷品、缩微品、机读型、光盘型，甚至多媒体信息也成为电子图书馆建设者们关注的焦点；信息网络在图书馆和读者的办公室、实验室甚至家中架起了桥梁等等。如果我们仔细考察今日各国正在试验的电子图书馆，会觉察到 Lancaster 15 年前不经意设计的技术发展路向，在性能价格比更高的计算机和更先进的网络通讯系统的支撑下，似乎一直在引导着今日的电子图书馆试验者们去逐个地实现他的预测："虚拟图书馆"——通过联机网络存取图书馆内外的信息资源并直接传送到用户家中、办公室中；"数字图书馆"——日益增多的电子出版物、电子杂志、联机数据库、全文、图像数据库以及图书馆馆藏本身的数字化存储与检索；"无墙图书馆"——Internet 上众多网络信息检索系统使用户足不出户、不用踏进图书馆的大门即可获得大量信息；"全球图书馆"——世界各国图书馆的广泛联网和联机存取使图书馆界梦想多年的资源共享即将成为现实……。当然,将90年代高技术条件下电子图书馆的各个要素等同于Lancaster 15年前的预测是可笑的,但我们不得不承认,Lancaster关于电子时代图书馆的论断对今天电子图书馆的建设产生了深远的影响。从这个角度看,将Lancaster视为电子图书馆思想史上堪与Bush比肩的人物当不为过。

顺便需要提及的是,Lancaster在1984年指出"现实中的无墙图书馆已经存在"[25],但1986年时又对早期著作中部分过于激进的表述做了保留[26,27]。Lancaster在1993年主编了一本名为《图书馆与未来》的文集,其中收有他本人的一篇论文《人工智能与专家系统:它们将怎样发挥作用》[28]。他在该书前言中坦陈:"我不打算就未来的图书馆发表个人见解,我想展望一下人工智能和专家系统在图书馆中的应用。我知道这些技术在某种专门情形下会有作用,但把它们当做解决与图书馆有关的多数问题的完整方案是不现实的。"显然,Lancaster在着手解决他15年前7项预测中的最后一项(参见前文),而且其态度也更加现实。

2.1.5　K.E. Dowlin 的电子图书馆框架

K.E. Dowlin是电子图书馆思想发展史中第一位明确电子图书馆的含义、特点和功能的学者。1984年,时任美国科罗拉多州Colorado Springs市Pikes Peak Library District馆长的Dowlin出版了《电子图书馆:前景与进程》一书[29],集中展示了他对电子图书馆的看法。他的思想也典型地反映出80年代图书馆自动化的发展水平及人们对电子图书馆认识的逐步清晰化。

80年代信息产业的崛起和功能日益强大的信息技术,对图书馆事业既提出了挑战又提供了进一步发展的机会。基于这一认识,Dowlin认为,为了迎接挑战,图书馆事业必须经历一个范式的转移和变革。Dowlin提出的新范式——电子图书馆——强调通过电子通讯系统提供迅速的信息存取。他认为图书馆将继续收集印本资料,但它需要变成社区的信息中心,收集未发表的信息并在适当的情况下自己出版;图书馆需要提供本地开发的社区信息数据库、社区服务与资源数据库;图书馆要充当信息网络中的一个节点,推进远程会议和电子邮件的发展,并提供联机存取图书馆的馆藏。Dowlin 指出,如果图书馆员能富有进取心地采纳这种电子图书馆范式,那么他们将能获得较高的地位和较大的政治影响,否则图书馆和图书馆员都将与这个时代不相关。

Dowlin 对电子图书馆的含义作了如下描述:"电子图书馆是承诺以下两条基本原则的一种机构:最大可能地存取信息;使用电子技术增加和管理信息资源。"[30] 他设计的电子图书馆框架如图 2-1 所示:

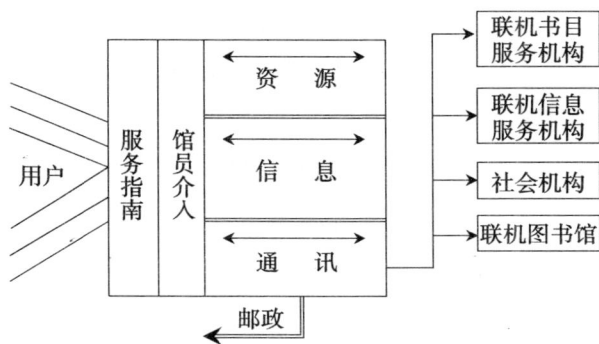

图2-1 Dowlin的电子图书馆框架

Dowlin 电子图书馆框架的一个前提是用户将使用电子通讯系统选择所需信息,而且信息可以随后传送给用户。在这种电子图书馆中,用户首先碰到的就是指南系统,它可以提供服务选择,包括对服务项目和怎样使用它们的重要说明。而介入功能则可以把用户自动地指引给信息专家。例如连到联机书目利用机构(如

OCLC)的用户如果在检索中遇到障碍,他们可以在不中断检索的情况下请求信息专家帮助。系统可以监控已经完成的查寻活动并向信息专家报告查寻情况。总之,在使用不同电子信息系统时,受过培训并富有经验的信息专家能够介入通讯过程以帮助用户。

除了服务指南功能和专家介入功能外,电子图书馆还将完成三项重要的功能,即图2-1中所示的资源、信息和通讯功能。

1.资源功能:允许用户检索非电子形式出版物的目录,并以手工方式传递资料。包括图书、期刊、档案资料、胶卷等一次信息源,此外还包括计算机硬件和软件、音像制作设备、视像盘等。如图2-2所示:

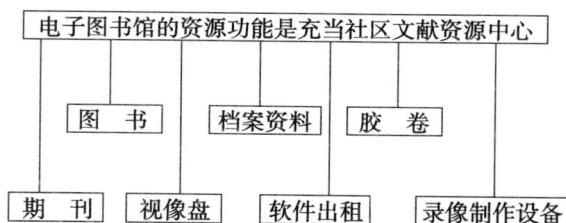

图2-2 电子图书馆的资源功能

2.信息功能:包括可用电子形式加以存取和传递的所有数据、信息和知识。电子图书馆内可供利用的电子文档有:

(1)社区信息系统产生的社区信息文档;

(2)所有非电子形式信息的联机目录;

(3)电子通信系统中咨询业务涉及的问题与答案;

(4)有关社区的数据文档(如人口数据、消费者数据);

(5)市售的各种电子形式的百科全书;

(6)本地的联机百科全书(通过计算机将问题和答案加以组织并附有索引)[31]。

图2-3 显示了电子图书馆的信息功能:

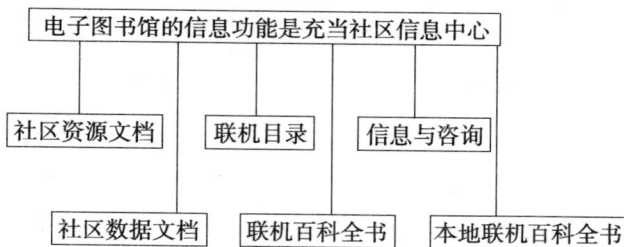

图2-3　电子图书馆的信息功能

3. 通讯功能：用户可以把电子图书馆作为一个结点，进入其它电子图书馆或数据库提供者的网络。通讯功能所提供的服务包括：

（1）利用电子图书馆中的会议室，会议程序可通过计算机进行安排；个人可通过电话拨号方式进入计算机系统安排会议；

（2）电子图书馆可以作为本地有线电视系统的起始点，向用户提供有关电视节目发行、存取和演播的设备；

（3）图书馆或大众团体可利用电子图书馆的远程会议系统召开电视会议；

（4）连接联机书目服务机构、联机信息系统、社区机构、联机图书馆网络等；

（5）在电子图书馆的通讯系统上可以联机出版地方报纸或期刊；

（6）电子化的社区公告板可以为整个社区服务；

（7）图书馆与用户之间、社区成员与政府机构之间的通信联络可借助电子图书馆的通讯系统进行。

Dowlin 还粗略归纳了电子图书馆的四个主要特征：①利用计算机管理各种资源；②可通过电子渠道将信息提供者与信息查询者连接起来；③在信息查询者需要的时候，能使信息专家介入电子

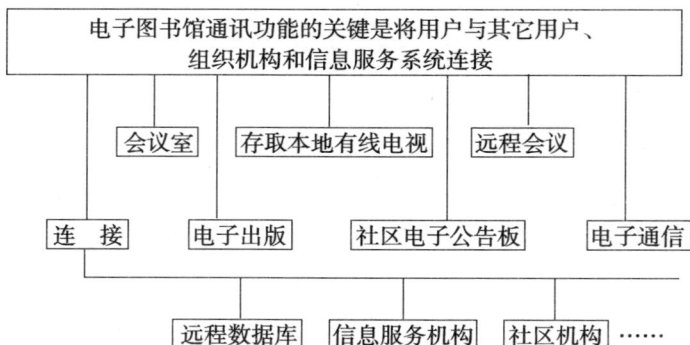

图2-4　电子图书馆的通讯功能

处理过程;④能以电子方式存贮、组织和传送信息。为了提高效率和效益,电子图书馆把电子信息技术广泛地应用于机构之中,所有业务都是联机完成的,包括书目查询、采访、编目、流通、公共目录、社区资源文档、网络、期刊和连续出版物控制、字处理、电子邮件和决策支持系统等[32];通过公用通讯系统,如电话和有线电视,电子图书馆可以把联机资源直接传递到用户家中,可以每天 24 小时服务;除了拥有自动化的资源管理系统并允许用户从家里联机存取信息以外,电子图书馆还可使用电视、视像盘、缩微胶片等存贮和检索信息、事件和文本;电子图书馆还应有卫星接收装置,接收社区感兴趣,但通过商业渠道无法得到的节目。接收到的节目可用电子图书馆会议室中的大屏幕投影系统放映,以帮助人们接受继续教育或进行娱乐。

　　仅就目前掌握的资料来看,Dowlin 首次明确、系统地提出了电子图书馆的基本框架,虽然他所列出的电子图书馆功能并不完善,而且主要是面向地方公共图书馆所服务的社区,但他的思想和理论无疑具有启发和导向意义。1987 年他离开 Pikes Peak Library District 就任美国旧金山公共图书馆馆长[33],但 Pikes Peak Library

District 依然在朝着电子图书馆的方向前进,1989 年时该馆的 OPAC 系统 Maggie Ⅲ已能为馆内用户和家庭用户提供多种联机数据库检索服务,如:公共检索目录、日程表、机构名录、俱乐部名录、课程目录、地方文献数据库、地方作者库、资料与事实库、老年人护理设施名录、CARL 系统以及科罗拉多州 17 个西部图书馆的联机目录等[34]。

严格说来,基于缩微技术的微型图书馆、V. Bush 所构想的 Memex、Licklider 对图书馆应用数字存储技术和全文检索技术的推崇、F. W. Lancaster 对无纸信息系统和电子时代图书馆的描述、K. E. Dowlin 构想的电子图书馆模型,都是不同技术条件下人们对未来图书馆进行预测的结果,都打下了明显的时代烙印,有很大的局限性。但同时不能否认,他们确实天才般地预见到了今日电子图书馆的某些特点,如:①仅仅作为一个场所的传统图书馆无法满足人们日益多样化的信息需求,传统图书馆在不断演变的信息环境中需要进行变革;②他们预见的图书馆将坚实地依托于技术(先是缩微技术,再是计算机技术,后发展至计算机 + 通讯等多种信息技术……),而利用计算机增加和管理信息资源已成为今日电子图书馆最普遍的特点;③"无墙图书馆",图书馆应成为信息网络中的一个转接中心,提供存取图书馆内外的信息;④图书馆的重点从收藏转向快速的存取(显然他们都非常强调更经济地存贮和快速传递信息);⑤以用户为中心,强调把信息直接传递到用户的办公室、实验室或家中,等等。关于他们的贡献,孟广均教授的论断颇有说服力:"……令人惊讶地对我们现在所构想的 21 世纪电子图书馆所具有的特征——高密度存贮、容易再生产、可远程获取全文本和超文本、有在复杂的索引系统中进行查找的设备支持能力等,都做了预见和讨论,至少具有导向意义。"[35]

如果说 80 年代中期以前人们对电子图书馆的认识还很朦胧,只能停留在预测、想象的思想积累阶段的话,那么这种情形在 80

年代后半期已发生了很大变化。高性能低价格的微机大量普及，局域网和广域网技术不断成熟，光盘等光学存贮设备迅速商业化，电子图像处理技术进入实用化阶段，这一切使得人们有能力和技术条件来开始初步试验电子图书馆。

1985年，日本邮政省提出了电子图书馆的构想，计划在东京和大阪等大城市建立电子图书馆中心，将书刊和图片及录相带中的图像信息存贮在电子图书馆中心的数据库中，并附上易于查找的索引。大学、研究机构、家庭等各类用户通过与光缆通信网连接的终端调用电子图书馆的数据库，所需文献资料或录像信息可显示在终端上[36]。据我国《人民日报》1985年5月31日报道，日本邮政省计划在21世纪到来之际，将电子图书馆的服务普及到一般家庭[37]。

1985年10月，日本40家主要新闻出版单位共同发起成立了"电子图书馆研究会"，该会构想的电子图书馆能利用图像处理技术建立一个包括剪报资料原文、图片及复杂的图表和画面等在内的，同时能对各新闻出版单位报刊中的记事情报进行横断式检索的综合数据库，并向用户提供高附加值的信息服务[38]。为此，在一些计算机、电信公司的支持下，18家新闻出版单位建立了一个企业化的、股份公司性质的电子图书馆——"株式会社Electronic Library"。其宗旨是：通过计算机网络和传真设备向用户提供各报社、通讯社、出版社及其它企业团体发行的、以数据库方式存贮在计算机系统中的信息。该电子图书馆将报刊消息的原文经图像扫描处理后存贮在光盘数据库中，标注了关键词和分类号的题录数据键入计算机后形成各种检索文档，电子图书馆的计算机系统通过调制解调器和电话网与用户PC相连，光盘数据库通过电话网和传真发送机与用户的传真机相连。电子图书馆年处理和传送的报刊文献原文达50万件，提供晨报综览、定题情报服务、数据库联机检索等服务。

另据有关资料报道，美国等一些发达国家80年代在大城市报社就建立起"电子图书馆",如 1985 年约有 50 多家报社使用电子系统存储和检索报纸内容,1987 年时有 100 多家建立了"电子图书馆"。[39]据文献[40]介绍,1990 年时美国专门图书馆协会曾对 105 家报社做过是否建立"电子图书馆"的调查,结果表明 70 家已有电子图书馆,30 家当时虽没有,但正打算建起电子图书馆系统。

其实,从内涵和功能角度来看,这些所谓的"电子图书馆"并不是真正的电子图书馆,因为它们的系统构成一般只包括带光驱的计算机、CD 数据库和通信系统,充其量只能算是可通过通信网络加以存取利用的电子报刊信息数据库。它们可以作为功能比较全面的电子图书馆能够加以存取利用的外部信息源。但不管如何,这些项目体现了新闻出版界对电子图书馆系统的兴趣和迫切要求,也体现出 80 年代中后期人们在电子图书馆系统构成方面认识的局限性。

总之,在 80 年代中后期电子图书馆已经从想象、预见、构想发展到初步的试验,尽管存在着这样或那样的片面性、局限和不足,但毕竟为 80 年代末、90 年代初开始的大规模电子图书馆试验奠定了思想基础。进入 90 年代以来,信息高速公路热潮的兴起、Internet 等计算机网络的迅速推广和普及、电子出版物等新型电子信息资源的大量涌现、各种相关信息技术的进一步发展和成熟,使电子图书馆构想得以实现的可能性进一步加大了。

2.2　电子图书馆产生的现实背景

从宏观和整体角度来看,图书馆事业的发展和图书馆形态的演变,是在图书馆系统内部驱动力和外部推动力的双重作用下得以发生和实现的。内部驱动力主要是图书馆因无法充分及时地满足社会需要和广大用户需求而产生的自我变革动力,外部推动力量主要来自于图书馆所赖以存在的信息环境的变化。社会经济结构、技术结构、文化结构等的变动与相互作用推动了信息环境的变化，进而对图书馆发生作用、产生影响，推动着图书馆的演进。

认识电子图书馆的产生背景，也要从其产生的内在驱动力和外部推动力两个角度考虑。我们试图用图2-5简单地概括出电子图书馆的产生动力。

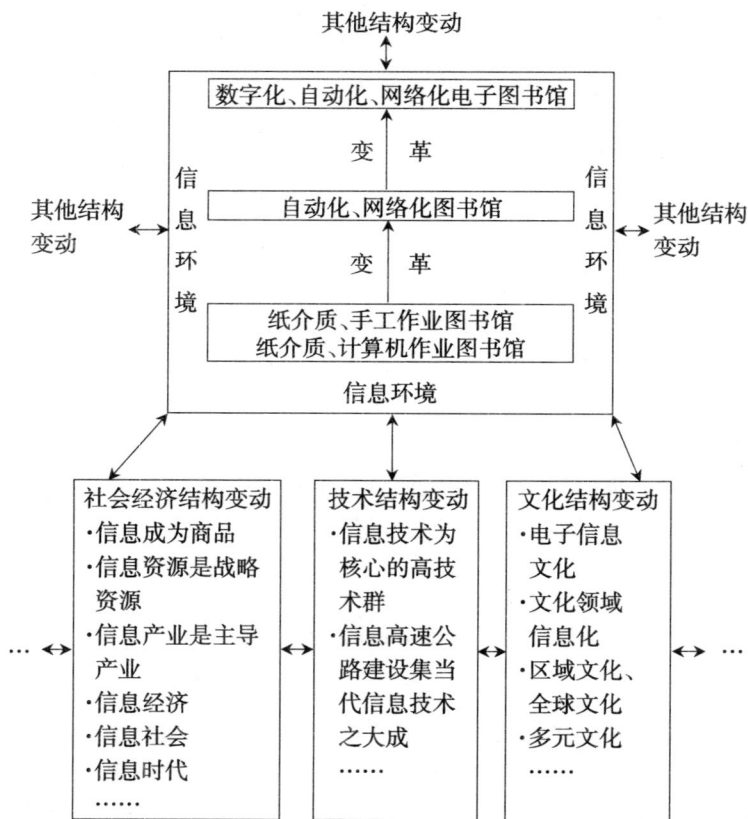

图2-5 电子图书馆的产生动力示意图

图 2 – 5 只是一个宏观示意图,但也足以显示出电子图书馆出现雏形的时代背景——适应信息时代和信息社会需要的现代化(自动化、网络化、数字化……)图书馆;技术基础——90 年代建设信息高速公路需要集当代先进信息技术之大成,也为电子图书馆的试验提供了充分的技术准备;文化适应性——适应电子信息文化时代和文化领域信息化要求的必然是以电子信息资源为收藏主体和重点服务模式的电子图书馆。而当前的图书馆不仅无法适应新的信息环境,而且由于众多原因陷入了困境,处于"举步维艰"阶段。国内外图书馆界都在积极探讨如何使图书馆摆脱困境,如何适应新的信息环境。人们普遍认识到图书馆处在一个大变革的十字路口,而变革的方向和趋势可能就是电子图书馆。以上是我们认识电子图书馆产生的现实背景的基本观察角度。

2.2.1 信息高速公路建设中的电子图书馆

进入 90 年代以来,全球范围内掀起了新一轮的信息化浪潮,这就是以美国为策源地、波及世界许多国家和地区的国家信息基础设施(NII,俗称信息高速公路)建设热潮。信息基础设施的建设,是图书馆所处信息环境发生变化的重要原因,也是电子图书馆可能得以实现的重要推动因素,因为信息基础设施建设中将图书馆文献信息资源放在显著的重要位置,从而对图书馆提出了更高的要求;信息基础设施建设中需要应用大量的高新信息技术,可以说是集现代信息技术之大成,而电子图书馆建设所需的信息技术大部分都可以包容于其中,从而为电子图书馆的开发和试验进行了技术储备;另外,电子图书馆示范项目已被列入全球信息基础设施(GII)建设规划中,各国和地区也都相应地重视建设适合本国信息高速公路需要的电子图书馆,从这个角度看,电子图书馆产生的背后有政策驱动因素存在。

1. 全球信息高速公路建设的热潮。1993 年 9 月美国宣布实施为期 20 年、耗资 4000 亿美元,"将永久改变美国人生活、工作和相互沟通方式"的 NII 计划后,包括中国在内的许多国家和地区都做出了积极反应,纷纷出台了各自相应的计划。表 2 - 1、2 - 2 概括反映了这一情况:

表 2 - 1　有关国家和地区的"信息高速公路"建设计划(1993 - 1994)

国家和地区	计划名称	完成期限	投资强度
美国	信息高速公路建设计划	20 年	4000 亿美元
日本	省际研究信息新干线	不详	9500 万美元
	Mandara 计划	5 年	1 万亿日元
	全国光纤网	15 年	不详
欧共体	泛欧信息传输网络	10 年	4680 亿美元
英国	信息高速公路计划	10 年	380 亿英镑
加拿大	信息高速公路计划	10 年	7.5 亿加元
韩国	信息高速公路计划	20 年	553 亿美元
新加坡	"智慧岛"建设计划	15 年	12.5 亿美元
中国台湾	亚太智能信息服务中心	6 年	上百亿美元
南锥体国家	连接美国的海底电缆工程	3 年	不详
	地区性光纤传输网络工程	3 年	7500 万美元

资料来源:文献[41]、[42]。

表 2 - 2　1995 年部分国家(地区)信息化建设的重要举措(1995)

国家(地区)	时间	项　目
美国	1995	草拟"高性能计算与通信计划"指导新方案
波兰	1995.3	正式实施"科学信息基础设施发展规划"
丹麦	1995	实施"丹麦 2000 年信息社会"计划
芬兰	1995.1	批准"芬兰信息社会国家战略"
荷兰	1995	实施"国家电子高速公路行动计划"
瑞典	1995.1	改组信息技术委员会

国家(地区)	时间	项　　目
日本	1995.2	确定"面向高度信息通信社会的基本方针"
欧委会	1995.7	实施"信息2000年计划"

资料来源:国家科委国际科技司编《1995年世界科学技术发展年度述评》。

2.信息高速公路中图书馆的重要性。这方面国内外都有大量的专题文章加以讨论,勿需多加介绍。需要指出的是,电子图书馆是NII五大要素(信息资源、信息设施、信息系统、信息网络、信息主体)中信息资源要素极其重要的组成部分,同时也是重要的应用信息系统。这种地位和作用,反映了NII对电子图书馆的需要,也反映了社会整体的信息需求。

3.作为GII重要示范项目之一的电子图书馆。1995年,广受重视的国家信息基础设施(NII)出现了向区域信息基础设施(RII)和全球信息基础设施(GII)发展的重大趋势。这种趋势首先源于1995年2月西方七国(G7)经济高峰会议,会议提出正式在全球启动NII,并扩展成GII,而在1995年5月召开的亚太经济合作会议(APEC)上许多政府首脑又提出合作兴建区域信息基础设施(RII),这样就形成了从NII→RII→GII的趋势,详见图2-6。

图2-6右半边列出了G7会议上提出的11项GII重点示范计划,其中第4项即电子图书馆项目,这充分显示出各国政府高层人士对电子图书馆的重视,反映了电子图书馆有可能成为正在兴起的NII、RII、GII中最广泛的资料(数字化的)来源。此外,在已见诸报道的资料中,美国、日本、韩国、新加坡等国政府都把电子图书馆作为重要的试验内容。看来,电子图书馆的产生已具备了政策基础。

4.信息高速公路建设及其最终实现将最大限度地利用当前及未来众多的信息技术,而建设电子图书馆可以直接利用这些信息

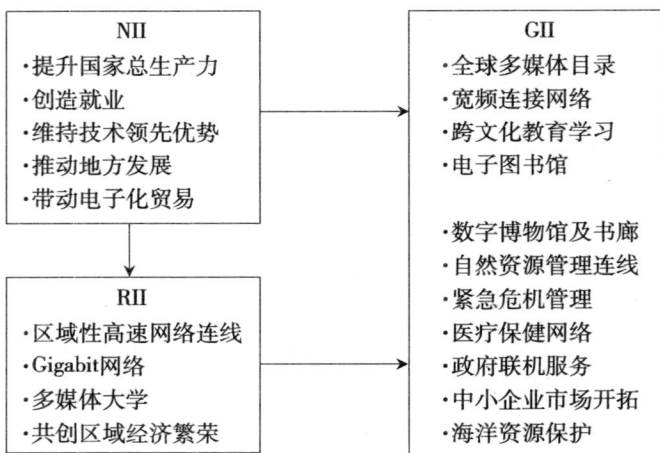

NII	GII
·提升国家总生产力	·全球多媒体目录
·创造就业	·宽频连接网络
·维持技术领先优势	·跨文化教育学习
·推动地方发展	·电子图书馆
·带动电子化贸易	
	·数字博物馆及书廊
RII	·自然资源管理连线
·区域性高速网络连线	·紧急危机管理
·Gigabit网络	·医疗保健网络
·多媒体大学	·政府联机服务
·共创区域经济繁荣	·中小企业市场开拓
	·海洋资源保护

图2-6　NII、RII、GII示意图

技术成就。这就是说,信息高速公路建设所需的技术奠定了电子图书馆建设的技术基础。

　　信息高速公路是以计算机技术、网络通讯技术、多媒体技术等先进的信息技术为基础,以光导纤维、数字卫星系统等为主要信息传输载体,以最快速度传递和处理信息、最大限度地实现全社会信息资源共享和高度社会经济信息化为目的,运用遍及各个地区的大容量、高速交互式信息网络把政府机构、科研单位、公司企业、医疗部门、图书馆、学校、家庭等的信息终端连接起来,从而奠定面向未来的社会基础设施。因此,信息高速公路建设所涉及的信息技术是极其广泛的。见图2-7的初步概括。

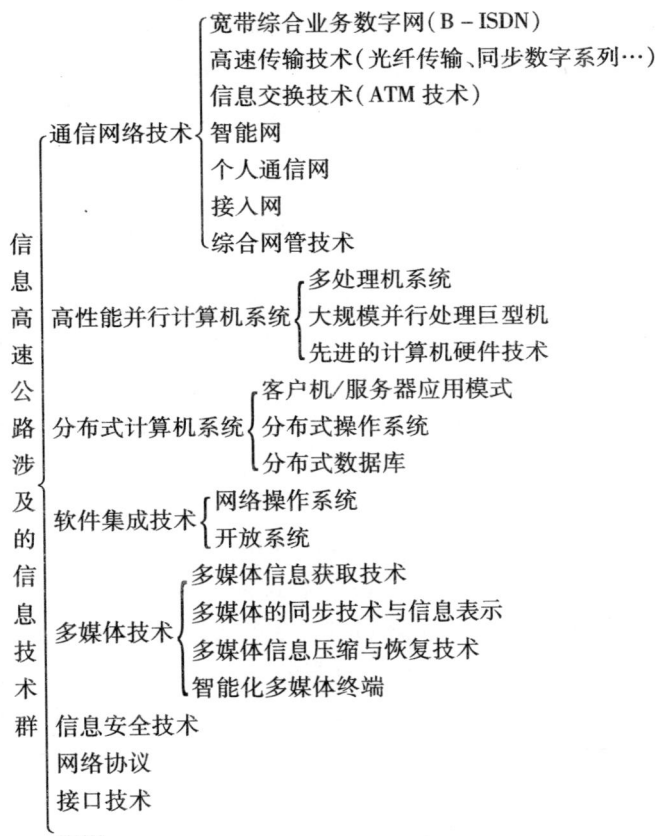

$$
\text{信息高速公路涉及的信息技术群}
\begin{cases}
\text{通信网络技术}
\begin{cases}
\text{宽带综合业务数字网(B-ISDN)} \\
\text{高速传输技术(光纤传输、同步数字系列\cdots)} \\
\text{信息交换技术(ATM技术)} \\
\text{智能网} \\
\text{个人通信网} \\
\text{接入网} \\
\text{综合网管技术}
\end{cases} \\
\text{高性能并行计算机系统}
\begin{cases}
\text{多处理机系统} \\
\text{大规模并行处理巨型机} \\
\text{先进的计算机硬件技术}
\end{cases} \\
\text{分布式计算机系统}
\begin{cases}
\text{客户机/服务器应用模式} \\
\text{分布式操作系统} \\
\text{分布式数据库}
\end{cases} \\
\text{软件集成技术}
\begin{cases}
\text{网络操作系统} \\
\text{开放系统}
\end{cases} \\
\text{多媒体技术}
\begin{cases}
\text{多媒体信息获取技术} \\
\text{多媒体的同步技术与信息表示} \\
\text{多媒体信息压缩与恢复技术} \\
\text{智能化多媒体终端}
\end{cases} \\
\text{信息安全技术} \\
\text{网络协议} \\
\text{接口技术} \\
\cdots\cdots
\end{cases}
$$

图2-7　信息高速公路建设的部分关键技术

资料来源:根据文献[43]、[44]整理。

　　图2-7只列举了信息高速公路建设中将予以应用的大量高新信息技术中的一部分。其中有些技术已经成熟,有些正处于试验阶段,有些已试制成功但未商品化。信息高速公路的建设既有赖于这些技术的发展,同时又将推动计算机技术、通讯技术、网络技术、多媒体技术、分布式数据库技术等的发展,而这些技术正是

发展电子图书馆所需要的。可以说,信息高速公路的建设使电子图书馆的实现不再遥远。

2.2.2 Internet 网络的迅速推广与普及

Internet 计算机网络的迅速推广与普及构成了现代信息环境的第二个重要变化面。它为电子图书馆雏形的出现提供了现实的网络环境和丰富的电子信息资源。

Internet 最早起源于美国国防部高级研究项目局(ARPA)资助建立的 ARPANET。80 年代初,美国国家科学基金会(NSF)对 ARPANET 进行了重建,同时将大量的学术、教育、研究和非营利机构并入网内,并将网络改称为 NSFnet。随着计算机、远程通信技术的发展和社会对信息交流与共享需求的增长,大批各种各样的网络联接到 NSFnet 上,人们将这个以 NSFnet 为主干并联接了大量具有不同软硬件的计算机网络称为 Internet。可见 Internet 是网络的网络,是以广域网把无数的局域网互相连接起来(利用 TCP/IP 协议)的网络。Internet 以其灵活的入网方式、丰富的信息资源、低廉的费用、种类繁多的信息服务方式和广阔的发展前景吸引了全球众多的用户。就全世界范围而言,尚无法准确统计 Internet 的规模,但有些数字可以初步说明 Internet 的爆炸性增长趋势(见表 2-3)。有专家估计,由于 Internet 正以高达 162% 的年增长率在全球扩展,到 1998 年其用户数将达到 1 亿,到 2000 年时 Internet 在全球将会普及,用户超过 2 亿。

表 2-3 Internet 增长简况

年份	覆盖国家	连接网络数	上网计算机数	用户数
1993.12.31[①]	137	15000 多个	220 万台	2500 万
1995.2.1[②]	168	48514 个	314 万台	4000 万—7000 万

①资料来源:据文献[45]整理。

②资料来源:据文献[46]整理,另据《中国电子报》1996.11.26. 第 2 版

文章介绍,Internet 网络上的上网计算机超过了 1000 万台。

  Internet 为电子图书馆的产生提供了现实的网络环境。本书第一章确定电子图书馆概念时曾强调网络环境对于电子图书馆的重要性,而网络通信系统也是电子图书馆的重要基础设施,使用户能通过网络联机存取图书馆内外的信息资源是电子图书馆的目标之一。用户在图书馆内的终端,或在家中、办公室、实验室等与电子图书馆网关相连的终端前,经过局域网和广域网的连接与 Internet 相连,即可即时存取国际互联网上浩瀚的信息。Internet 在网络技术、网络化信息资源、网络服务应用等方面都堪称现代化信息服务的典范,所以电子图书馆的建立和实现当以 Internet 为依托,并要充分利用 Internet 所提供的网络环境、网络化信息资源与服务。

  Internet 是一座巨大的信息资源宝库,曾民族教授称之为"世界第一流的信息超级市场"。[47] 既有美国白宫、国防部、NASA 等政府机构和美国国会图书馆(LC)、美国国立医学图书馆(NLM)、美国国立农业图书馆(NAL)等国家图书馆提供的信息资源,又有 OCLC、RLIN 等联机图书馆网络提供的信息资源,还有 DIALOG、Compuserve、American Online、Prodigy 等商业信息服务机构提供的信息资源;全文文本有杂志论文、电子报刊、电子杂志、电子快讯、研究报告、政府出版物和议会资料等,二进制信息有从 PC 机到大型机的各种软件资料、图像文件和音频文件等,数据库信息有从 OPAC 到各种商业性数据库等。有人估计,Internet 上数据库总量不会少于 1 万个,不仅有大量的科技数据库,还有大量的时事评论、社会科学、文学艺术等方面的数据库。据不完全统计,全世界已有包括 LC 在内的 600 多所图书馆及 400 多个学术机构将其 OPAC 数据库通过 Internet 免费对外开放。由于 Internet 的用户群不断扩大,而且大量用户不停地加入各种信息(文字、图片、声像等均可),Internet 事实上已成为目前世界上资料最多、门类最全、规模最大的全球信息库。电子图书馆不仅需要 Internet 这样的网络环境,而且要为用户提供连接 Internet 的可能性,使网络信息资源成为电子图书馆的重要外部信息源。

图书馆可以利用 Internet 网上的应用服务系统开发专门的应用服务,这样不仅可以从 Internet 检索信息,还能向 Internet 贡献自己拥有的信息资源。电子邮件(E - mail)、远程登录(Telnet)、文件传送(FTP)是 Internet 网络提供的最基本的三种信息服务应用工具,近年来又有许多建立在上述三种应用协议上的高级应用服务问世,如 Archie、Gopher、WAIS、WWW 等。它们为图书馆开展网络化信息服务提供了有利条件。现在很多图书馆都在 Internet 上建立了本馆的 Gopher 系统,如美国国会图书馆通过自建的 Gopher 系统为广大用户提供美国政府出版物和珍本资料的全文和影像,同时还以专业化的信息分类方法收集网络信息,国会图书馆还准备到 2000 年时将馆藏 500 万件历史文献数字化转换后通过 Internet 供全球共享。有些图书馆还以 Internet 为基础,开发了多种基于网络的电子文献传递系统,包括利用 Internet 的 FTP 传送电子与非电子文献系统、利用 Internet 检索联机数据库和 OPAC 并传递文献的系统、直接检索 Internet 资源并对其进行传递的系统等。著名的如美国研究图书馆组织(RLG)的 Ariel 文献传递系统、美国科罗拉多州研究图书馆联盟(CARL)的 UNCOVER 电子文献传递系统等。

由于 Internet 通过计算机网络互连而连接了庞大的信息资源,目前网上已出现了"虚拟图书馆"的框架。其基本构成模式是:由世界上某学科声望很高的一个学校(或机构)负责收集、整理 Internet 上有关该学科的信息、资料,提供友好、全面、深入、有权威的信息引导及咨询服务,建立该学科的信息中心,该学科信息中心之下可能又建立若干子学科信息中心。在这些学科信息中心之上,再由一个或几个有能力、有条件的机构负责引导用户到各学科信息中心,并向用户提供有关咨询服务,从而逐步形成覆盖绝大多数学科的"虚拟图书馆"。这样,全世界的网络用户就可以不受时间、空间的限制,共享全球高质量的、经过筛选和过滤的信息资源。我们认为,这种所谓的"虚拟图书馆"只是网络环境中的一种高质量的信息服务手段和方式,并且需要有关的机构(有时会是实在的图书馆)来完成。电子图书馆的建设也需要借鉴这种控制和过滤 Internet 信息的"虚拟图书馆"服务方式。

总之,Internet 计算机网络的迅速推广和普及有力地推动了图书馆信息环境的变化,为图书馆的信息资源和信息服务在深度和广度上发生质的变化提供了可能性。作为未来信息高速公路的雏形和最重要的基础设施之一,Internet 网络以其无孔不入的强渗透性融入了人类社会的各个领域,它将促成人类文化结构的重大变动——全新的电子信息文化正在形成之中。正如适应印刷文化需要的图书馆是纸介质印刷文献图书馆一样,适应电子信息文化需要的则将是以电子信息资源为主体的电子图书馆。

2.2.3　电子信息资源的激增

电子信息资源的激增构成了现代图书馆信息环境的第三个变化面。有人说:"电子出版物的出现和蓬勃发展导致了电子图书馆的产生",这种说法虽然过于简单,但在某种意义反映了电子出版物等电子信息资源对于电子图书馆的重要性,它们确是电子图书馆的重要物质基础。

Internet 上有大量的电子信息资源,但也有相当大一部分并未通过 Internet 提供使用。电子信息资源虽然种类繁多并可从多种角度划分,但基本上可分为联机存取的和单独发行的两大类。前者以数据库和网络为基础,以计算机主机硬盘或光盘为存储介质,通过联机方式向用户提供服务;后者则以机器可读磁带、软磁盘、只读光盘、交互式光盘(CD – I)、集成电路卡(IC – Card)等为载体,以单个发行的方式向用户提供服务,其中 CD - ROM 是最具代表性的主流产品,其发展尤为引人瞩目。概括地说,所有以电子数据的形式把文字、图像、声音、动画等多种形式的信息存贮在光、磁等非印刷纸介质的载体中,并通过网络通信、计算机或终端等方式再现出来的信息资源,都属于电子信息资源的范畴。很显然,这是一个很宽泛的、非本质的概括。也有人把电子出版物分为联机数据库型、计算机通信型、封装型等三种[48],从这个角度看,电子出版物无疑是电子信息资源的主体。不管如何划分,电子出版物无疑构成了电子图书馆的重要馆藏,是其得以产生的信息资源基础。

1. 数据库——联机存取类电子信息资源的主体

表2－4 是1975—1994 年间世界数据库市场的发展情况。

表2－4　1975～1994 年世界数据库发展概况

年份	生产者数	供应者数	数据库数	记录条数(百万)
1975	200	105	301	52
1979	316	263	528	149
1982	422	311	773	－
1985	1210	614	3010	1680
1988	1733	750	4200	2255
1989	1900	770	5578	2694
1990	2224	850	6750	3569
1991	2372	933	7638	4060
1992	3007	1438	7907	4527
1993	2744	1629	8261	5572
1994	2778	1691	8776	6319

资料来源:Gale 数据库指南(1995 年版)[49]。

从上表可以看出,20 年间数据库生产者数量从 200 家增至 2778 家(近14 倍),数据库供应者数量从 105 家增至 1691 家(16 倍),数据库数量从 301 个增至 8776 个(29 倍),而数据库记录条数从 5200 万条增至 63.19 亿条(121 倍)。数据库数量和容量不

表 2-5 各类数据库数量表

分类	1985 数量(%)	1988 数量(%)	1989 数量(%)	1990 数量(%)	1991 数量(%)	1992 数量(%)	1993 数量(%)	1994 数量(%)
文字型	1728(64)	2797(69)	3370(70)	4080(72)	4491(72)	4925(70)	5421(72)	5729(72)
数值型	972(36)	1136(28)	1236(26)	1296(23)	1370(22)	1533(22)	1437(19)	1428(18)
图像/视频型		14(<1)	34(<1)	113(2)	145(2)	272(4)	340(4)	431(5)
音频型		1(<1)	2(<1)	16(<1)	28(<1)	83(2)	106(1)	152(2)
电子服务		90(2)	134(3)	170(3)	172(3)	146(2)	203(3)	207(3)
软件型		4(<1)	10(<1)	12(<1)	55(1)	39(<1)	31(<1)	32(<1)
合计	2700(100)	4042(100)	4786(100)	5689(100)	6261(100)	6998(100)	7538(100)	7979(100)

资料来源：同上。

表 2-6 各种载体数据库的数量

记载介质	1989 数量(%)	1990 数量(%)	1991 数量(%)	1992 数量(%)	1993 数量(%)	1994 数量(%)
联机	3524(57)	4018(53)	4170(51)	5486(65)	5564(61)	5846(57)
CD—ROM	433(7)	715(10)	1091(12)	1321(15)	1648(18)	2016(20)
磁盘	478(8)	626(8)	695(9)	676(8)	781(8)	956(10)
磁带	787(12)	906(12)	954(12)	584(7)	600(7)	686(7)
批式	999(16)	1252(17)	1321(16)	389(5)	481(5)	500(5)
掌上型	0(0)	0(0)	0(0)	39(<1)	57(<1)	65(1)
合计	6621(100)	7515(100)	8159(100)	8495(100)	9136(100)	9869(100)

资料来源:同上。

仅发展速度惊人,而且依然保持着高速增长的势头。数据库的种类有文字型(包括书目、文摘、专利、指南、辞典和全文文本数据库等)、数值型、图像型、事实型、多媒体型、超文本型、软件型等多种形式,其发展情况具体可参见表2-5。其中,文字型数据库占到了70%以上,是数据库的主体(据信息市场指数公司 IMI 统计,1991年文字型数据库的全世界利用次数是3445万次,而1974年仅为75万次[50]),但图像/视频型和音频型数据库增长也十分迅猛。另外,还可以从数据库发行/存取的载体来考察,见表2-6。从中可以看出联机数据库是主体(占60%左右),CD-ROM 数据库发展较快(占20%左右)。值得注意的是掌上型(handheld)数据库也占有了一席之地,这在1991年前的统计中没有出现过。

2.光盘出版物:单独发行的电子信息资源的主流

近十年来光盘出版物因容量大、价格适中等优点得以迅速发展,出现了持续爆炸性增长的势头。表2-7中关于 CD-ROM 出版物市售品种的增长情况反映了这一趋势。

表2-7 CD-ROM 出版物市售品种增长情况

年度	1986	1989	1990	1992	1993	1994	1995(估计)
CD—ROM 出版物种数	54	250	2250	5300	8000	11837	13500

资料来源:文献[51]。

光盘出版物从内容上看主要有以下几类:字典、辞典、百科全书;书刊及馆藏资料目录;专业/学科的文摘、索引、题录;全文数据库;教育、科技、社科类图书;专利;地图、画册、手册、邮票集;各类软件等。其中尤以词典、百科全书、数据库、娱乐教养、学校教材等类光盘出版物发展最快。人们相信,将有许多新的数据库和取代现有数据库的 CD-ROM 产品出现,因为 CD-ROM 技术已得到各界认可,而且 CD-ROM 产品的持续高速增长体现了其巨大的市场潜力和发展前景。世界上目前已有不少知名的 CD-ROM 出版商,如图书馆界很熟悉的 ADONIS 和 UMI。欧洲的 ADONIS 是 Blackwell 科学出版公司、Elsevie 出版集团和 Springer 国际出版集团共同开发的文献传递服务系统,1995 年时将生物医学、药学、生物化学、生物技术等方面 640 种以上的期刊用页点阵信息存贮方式制成 CD－ROM 出版物,全年 50 张 CD－ROM 共收录了 20 万篇以上的期刊论文;美国 UMI(大学缩微公司)的商业期刊光盘(BPD)把 340 种商业、经济方面的期刊论文也以页点阵方式制成 CD－ROM,向全世界发行。针对 CD－ROM 的急速发展,国外曾有人评价说:"如果说 80 年代是微机的天下,那么 90 年代将是 CD－ROM 的天下。纸张型索引、大量的参考工具书和馆藏以及较重要的目录和数据库都将迅速地转换到 CD－ROM 上。这种转换将影响到查目指导、预算分配和图书馆内部设计等。"[52]显然 CD－ROM 出版物将是电子图书馆需要采集的信息资源品种,而 CD－ROM、WORM 等也将是电子图书馆改造传统馆藏、进行数字化转换、保存重要典籍文献的主要存储介质。

3. 电子期刊、电子报纸

最早的电子期刊试验是 1976 年美国国家科学基金会(NSF)主持的"电子信息交换系统"(EIES)项目中进行的电子期刊试验[53]。其后有关方面进行了一系列的电子期刊试验,如 1978—1979 年的"The Electronic Alternative"项目、1980—1984 年的 BLEND(英国伯明翰与拉夫堡电子网络发展)项目、1991 年的 TU-LIP 项目(Elsevier 出版公司的大学许可证计划)、1993 年的 SJPS 项目(Springer 期刊评论服务)和 Red Sage 项目(Springer 出版社与 AT&T 贝尔实验室、加利福尼亚大学合作项目)以及 ADONIS、Uncover、UMI、ACS/POD、LULTP 等众多研究与试验[54]。经过 20 年的发展,电子期刊已从最初第一代的软盘期刊、第二代的 CD－ROM 期刊,发展到了第三代的联机网络期刊。目前虽依然是三代电子期刊并存的局面,但联机网络期刊是最重要也是最有发展前途的,因为随着 Internet 计算机网络的普及,越来越多的期刊开始通过网络出版发行。世界上第一份联机网络电子期刊是 1991 年 9 月由 AAAS(美国科学促进会)和 OCLC 合作开发的《最新临床实践联机杂志》(The Online Journal of Current Clinical Trials)。据 1993 年版《电子期刊指南》报道,已有 224 种电子期刊通过网络发行,其中绝大多数通过 Internet 发行。这 224 种联机网络电子期刊还不包括一般的新闻通讯和动态报道类电子期刊。著名的美国《时代周刊》也于 1993 年 9 月发行了电子版,通过 American Online 公司将杂志所有文章传送给用户,该刊订户已超过了 18 万。从目前的现状和态势来看,电子期刊虽还不足以取代印本期刊,但它的发展潜力很大。

电子报纸将报纸的内容通过计算机网络以联机方式进行传送。目前美国已有 20 多种报纸采用了联机网络出版方式,其中包括发行量最大的几家日报,如《华盛顿邮报》、《洛杉矶时报》、《纽约时报》、《芝加哥先驱论坛报》等。电子报纸当前虽很不成熟,但被认为是报业的未来发展方向。

以上择其主要地概述了数据库、光盘出版物、电子期刊与报纸等电子信息资源的迅猛发展情况,这里技术的推动固然是关键,而它们迎合了社会需要、用户需求也是其市场和应用能不断扩大的重要原因。总之,Internet 网络上的信息资源和其它非 Internet 信息资源将构成电子图书馆重要的信息资源基础。

2.2.4 电子图书馆产生的内在驱动力

新的信息环境的变化(如信息高速公路热潮的兴起、Internet 网络的迅速推广与普及、电子信息资源的激增等)为电子图书馆的产生提供了条件和可能性,而从发生机理来看,电子图书馆的产生还有其内在的驱动力,这就是:陷入困境的当代图书馆为摆脱困境、寻求新的发展机会的自我变革动力。

当代图书馆的困境主要体现在以下几个方面：

1. 图书馆经费开支的有限增长不仅赶不上文献量的爆炸性增长，更抵消不了期刊价格上涨的幅度，出现了严重的图书馆经济危机。"信息爆炸"一词我们早已耳熟能详：据有关材料报道[55]，1990年世界图书出版量已达84万种（1980年为71万种），1993年《乌利希国际期刊指南》收录的期刊即达14万种（1982年为6.5万种）。"期刊危机"一词也频繁地出现在近十几年的专业刊物上：美国期刊的平均价格1992年比1991年上涨了12.2%[56]；而英国国家图书馆的研究报告则称英国期刊价格在1987—1992年间上涨了90%[57]；有人曾对著名的美国三大检索刊物A&HCI、SSCI、SCI所收录的期刊的价格上涨情况进行了研究[58]，我们将之整理成表2-8。

表2-8　A&HCI、SSCI、SCI所收期刊的价格上涨情况

年份	A&HCI 收录期刊		SSCI 收录期刊		SCI 收录期刊	
	美国期刊	非美国期刊	美国期刊	非美国期刊	美国期刊	非美国期刊
1991 年平均价（美元）	64	133	148	347	268	515
1994 年平均价（美元）	82	165	206	436	378	666
涨幅（%）	28%	24%	40%	26%	41%	34%
1994 年购置全套期刊花费	19.1 万美元		79 万美元		163.4 万美元	

资料来源：根据文献[55]数据自行计算制表。

结果表明，三大检索刊物全部期刊平均上涨（1994年比1991年）33%，而1994年购置SCI、SSCI、A&HCI中所收录的全部期刊（仅几千种）约需260万美元之巨。图书馆的经费情况又如何呢？1982年时，美国大学图书馆的经费占学校总经费开支的平均比例

为 3.9%，离 5% 的最低要求尚有距离，而到了 1992 年，这一比例进一步下降到 3.32%[59]。有人惊呼：如果 1980 年以来图书馆的经费增长速度、书刊价格的上涨速度以及文献信息量的"爆炸"速度今后保持不变的话，那么到 2001 年时，图书馆每年所能购进的文献量与当年生产出的相关文献量之比，仅及 1980 年的 2%[60]！人们对这种状况的根源进行了深刻的反思，经济问题也成为世界图书馆界从理论到实践的深入研究领域。美国图书馆学家 J. N. Davis 曾大声疾呼："现在到了图书馆深思它的使命、任务和目标的时候，到了图书馆对传统的指导思想——收集其用户所需的全部资料并在本馆加以贮存——提出质疑的时候了。"[61]

2. 图书馆主要收藏书刊等印刷文献（虽然视听文献、缩微文献、机读产品、光盘出版物等有所增加），而传统印刷文献体积较大、存贮密度低的弱点使图书馆的馆舍空间不堪重负，空间不足已成为世界各国图书馆普遍存在的一种"慢性病"。在电子图书馆中使用的高科技产品则具有惊人的存贮容量，非常显著地节省了馆舍空间。美国惠普公司生产的 HP 200XT 光盘自动存贮装置（jukebox）可存放 144 张 5.25 英寸的光盘，每张光盘的存贮容量是 1.3GB。HP200XT 占地面积不足 7 平方英尺（约 0.7 平方米），却能提供 187.2GB 的巨大存贮能力——足以存放 18.72 万册平均每本 300 页的图书（W. Saffady 经过计算证实存贮一本 6″×9″ 开本的 300 页英文书约占 1MB 的存贮空间[62]）。如果传统图书馆在书架上按直线方式排放这 18.72 万册书，书架长度将达 2.34 万英尺，占用图书馆空间 10300 平方英尺（近千平方米）。而美国柯达公司生产的 Model 2000 型 Jukebox 提供的存储容量更是惊人地达到了 1.48 万亿字节（TB, terabytes），足以存贮 148 万册每本 300 页的图书，几乎等同于一个规模较大的研究图书馆的馆藏。Model 2000 占地为 21 平方英尺（不足 2 平方米），而将 148 万册图书置于书架上将使书架长度达 18.5 万英尺，占用图书馆空间约 33300

平方英尺(约3000多平方米)。惊人的数字对比,既将大量书刊文献给图书馆空间造成的压力显现出来,又展示了新的存储介质巨大的容量。

3. 传统印刷文献的寿命有限,加大了图书馆文献保护的开支与难度。如美国国会图书馆1994财年预算为3.64亿美元[63],但仍感入不敷出,光是维护它总长度达856公里的书架上8600万件文献中易损的部分,年度即需开支5000万美元[64],使国会图书馆日感无力维持这笔庞大的文献保护开支。印刷文献存在的变质和自然老化的弱点,再加上各种自然的和人为的灾害(如历史上有名的亚历山大图书馆的焚毁、90年代初前苏联列宁格勒图书馆因失火而损毁无数珍稀历史文献等),利用资料时人为的磨损以及保管不善造成的霉烂、虫蛀、鼠咬的危害等,使不少印刷文献、有些甚至是十分珍贵的文献遭到了无可挽回的损失。而90年代,世界计算机界的"蓝色巨人"——IBM公司正在利用其先进的"数字图书馆"技术,将梵蒂冈图书馆等许多知名图书馆所珍藏的历史文件、图集等,实现数字化存储并通过网络供全世界的研究人员使用,既解决了存贮问题,又极大地方便了人们对这类文献的存取和使用。

4. 严重的图书馆经济危机不仅使图书馆经费不足,购买的书刊品种和数量大大减少,服务能力和水平持续下降,而且使设备陈旧却无法维修或更换,还无力购买或开发各种现代化信息服务系统与业务管理系统。再加上传统上图书馆的社会地位不高、形象不佳等原因,图书馆的大量专业人员流失,又无法补充合格的专业图书馆员,于是服务水平和业务工作质量进一步下降,如此造成恶性循环,直接诱发出图书馆事业的停滞、危机甚至倒退。

5. 传统图书馆以收藏书刊等印刷文献为重点,长期"重藏轻用",即使开展了信息服务,也因手段落后、服务形式单一、所提供的信息往往是教科书式的过时信息等原因,而不能充分满足图书

62

馆用户的需求和社会的需要。在现代信息环境中,图书馆再也不是最大的、唯一的信息来源,电视、广播、报纸、杂志、网络、多媒体等为人们提供了图像、声音、文字、动画等全方位的信息,这些信息渠道往往比图书馆更为快捷、方便和直接,对相当大一部分用户来说,通过上述渠道所获取的信息几乎就可以满足其日常工作、社会活动和科研对信息的需要。Internet 近几年用户数量的爆炸性增长即说明了这一点。

总之,传统图书馆的困境是客观存在的,它的形成原因也非常复杂。陷入困境的图书馆要继续发展、摆脱困境,就必须审慎地反思、积极地思变。在 90 年代的图书情报刊物中,经常可以看到众多由词头"re"构成的英文词,如图书馆"工程重建"(reengineering)、图书馆服务"重新设计"(redesigning)、"重新组织"(reorganizing)图书馆、图书馆"重新结构化"(restructuring)、图书馆员"重新培训"(retraining)等,甚至还有图书馆"重新起步"(restart)的说法。这些新词体现了人们认识到在当今全新的信息环境中需要改造、变革传统的图书馆。变革的原因,一是为了适应新信息环境的需要,二是摆脱困境和进一步发展图书馆事业。变革的可能方向,就是积极不懈地努力发展电子图书馆。

第 2 章引用和参考文献

1 孟广均等.历史的回顾与思考——对美国的一段学科史的学习心得.见:中国科技信息事业创建四十周年纪念文集.北京.科技文献出版社,1996

2 Michael K. Buckland. Emanuel Goldberg,electronic document retrieval,Vannever Bush's Memex. JASIS,1992,43(5):284～294. M. Nyce 和 Paul Kahn 也提到了这一史实,见 Innovation, pragmatism, and technological continuity:Vannevar Bush's Memex. JASIS 1989,40(5):214～220

3 I. S. Farkas－Conn. From Documentation to Information Science. Westport,Conneticut:Greenwood Press,1990:10

4 孟广均,汪冰.情报科学技术传统形成原因分析.(台)资讯传播与图书馆

学,1995,2(1):71~77

5　S. A. Cady. The electronic revolution in libraries: microfilm Deja Vu? College and Research Libraries,1990,51(7):374~386

6　Fremont Rider. The Scholar and the Future of the Research Library. NewYork: Hadham Press,1944

7　同上,112

8　Vannevar Bush. As we may think. Atlantic Monthly,1945(176):101~108

9　Saul Herner. Brief history of information science. JASIS, 1984, 35 (3):157~163

10　Hester Bornman, S. H. Von Solms. Hypermedia, multimedia and hypertext: definitions and overviews. The Electronic Library,1993,11(4/5):259~271

11　F. W. Lancaster. Book review. Journal of Documentation, 1995, 51 (2):178~179

12　R. J. Goodram, B. Butler. The electronic library: international access and information equity. In: Proceedings of 3rd Int'l Conference on New Information Technology(ed. Ching－chih Chen), November 26－28,1990,Guadalajara, Mexico. 151~160

13　詹姆斯·汤普森著;乔欢等译. 图书馆的未来. 北京:书目文献出版社, 1988:22~23

14　同10

15　同4,71页

16　Louis Ridenour. Bibliography in an age of science. In: Bibliograpby in an Age of Science. Urbana,IL: University of Illinois Press,1952:13

17　Albert G. Hill. Storage,processing and communication of information. In: Bibliography in an Age of Science. Urbana,IL: Univ. of Illinois Press. 1952:73~ 90

18　Roy J. Adams. Information Techndogy & Libraries: A Future for Academic Libraries. London: Croom Helm Ltd. ,1986:11

19　J. C. R. Licklider. Libraries of the Future. Cambridge,Mass. ; MIT Press,1965

20　D. B. Lilley,R. W. Trice. A History of Information Science:1945－1985. California: Academic Press,1989. 参见:汪冰译;孟广均审校该书中译文. 情

报科学,1994(5):76

21 R. S. Taylor. Patterns Toward a User – Centered Academic Library. In: New Dimensions for Academic Library Service(ed. E. J. Josey). Metuchen, N. J. : Scarecrow Press, 1975:299

22 J. F. Govan. Fluidity and intangibility: the stunning impact of an expanded information base. Journal of Library Administation, 1987, 8(2):17

23 F. W. Lancaster. Toward Paperless Information Systems. New York: Aca – demic Press, 1978. 参见:庄子逸,许文霞译;周智佑校. 通向无纸情报系统. 北京:科学技术文献出版社, 1988

24 F. W. Lancaster. Libraries and Librarians in an Age of Electronics. Infor – mation Resources Press, 1982. 参见:郑登理,陈珍成译校. 电子时代的图书馆和图书馆员. 北京:科学技术文献出版社, 1985

25 F. W. Lancaster. Implications for library and information science educa – tion. Library Trends, 1984, 32(4):341

26 F. W. Lancaster. The impact of technology on the use of information sources. In: Information Technology and Information Use. Towards a Unified View of Information and Information Technology. (eds. P. ingwersen, et al.). London: Learned Resources, 1986

27 Svend Larsen. The idea of an electronic library. a critical essay. Libri, 1988, 38(3):159~177

28 F. W. Lancaster(ed.). Libraries and the Future: Essays on the Library in the Twenty – First Century. New York: The Haworth Press, 1993:4

29 Kenneth E. Dowlin. The Electronic Library: The Promise and the Process. New York: Neal – Schuman Publishers, Inc. , 1984

30 同上,27 页

31 赖茂生. 电子图书馆的构想与实现. 情报科学技术, 1991(3):14~18. 此文在国内第一次择要介绍了 K. E. Dowlin 的电子图书馆构想

32 同29,34 页

33 Kenneth E. Dowlin. The neographic. library: a 30 – year perspective on pub – lic libraries. In: Libraries and the Future: Essays on. the Library in the Twenty – First Century(ed. F. W. Lancaster). New York: The Haworth Press,

Inc. ,1993:29～43

34 Lynn L. Magrath. The computer:reactions to a second generation online cata-
   log. Library Trends,1989,37(4):533～534

35 同1

36 同31,15页

37 郑军等编译. 从预言到现实——电子图书馆时代的到来. 福建图书馆学
   刊,1991(1):55～57

38 同31

39 刘月兰,焦维新. 浅谈报社电子图书馆. 图书馆学刊,1993(3):47～49

40 K. A. Hansen, et al. Information technology changes in, large newspaper li-
   braries. Special Libraries,1991(4):20～28

41 张海峰等. 世界信息产业的发展现状与特点. 科学学与科学技术管理,
   1995,16(7):46～49

42 汪冰等. 国家信息基础设施(NII)建设的热潮与我国的进展和对策. 情报
   学报,1995,14(4):265～282

43 李正男主编. 信息高速公路. 北京:电子工业出版社,1995

44 陈汝全等编. 信息高速公路与多媒体技术基础教程. 成都:电子科技大学
   出版社,1995

45 陈通宝. 什么是"Internet"？ 图书馆工作与研究,1995(2):4～6

46 陈新. 推动图书馆快速变革的新方向——Internet 与图书情报服务介绍,
   北京图书馆馆刊,1995(3/4):90～97

47 曾民族. 面向电子信息资源的信息服务业及其技术发展动向. 情报学报,
   1996,15(1):4～14

48 郭红梅. 电子出版物及其对图书情报工作影响的研究. 中国科学院文献
   情报中心硕士学位论文,1996 年,11 页

49 Gale Research Inc. . GALE Directory of Databases. Detroit, MI:Gale Re－
   search Inc. ,1995

50 曾民族. 电子信息时代的信息服务和管理. 见:《情报学进展:1994～1995
   年度评论》第一卷,中国国防科学技术信息学会,1995:139～170

51 数据系根据[47]和石晓华《论电子图书馆的建设与发展》(北京大学在职
   人员申请硕士学位论文,1995.9)第 7 页数据以及《新闻出版报》1996.

2. 10③有关数据综合整理

52　Brian Alley. Never before in the history of libraries⋯. In：Library Technology 1970～1990：Shaping the Library of the Future（ed. Nancy Melin Nelson）, Meckler Publishing,1991：75～88

53　张贤澳. 电子期刊评述. 图书情报工作（增刊）,1990（13）:146～149

54　张学军. 电子期刊. 情报理论与实践,1996,19（3）:58～60

55　王珊. 国家图书馆馆藏建设的比较研究. 北京图书馆馆刊, 1996 （1）:102～109

56　K. H. Carpenter, A. W. Alexander. Periodical price index 1992. Library Journal,1992,117（7）:55～62

57　The British Library Twentieth Annual Report：1992～1993

58　Lee Ketcham, Born Kathleen. Projecting serials costs：banking on the past to pay for the future. Library Journal,1994,119（4）:44～50

59　Walt Crowford, Michael Gorman. Future Libraries：Dreams, Madness, and Reality. Chicago：ALA,1995：148

60　承欢. 期刊危机与虚拟图书馆建设. 大学图书馆学报,1995（6）:1～3

61　同55

62　William Saffady. Digital library concepts and technologies for the manage－ment of library collections：an analysis of methods and costs. library Tech－nology Reports,1995,31（3）:237～238

63　National maps route to the electronic age. Congressional Quarterly, May 15,1994

64　B. A. Helstien. Libraries：once and future. The Electronic Library, 1996, 13 （3）:203～207

第3章　电子图书馆试验及其经验分析

当前世界上许多国家都在进行电子图书馆方面的试验,它们的试验侧重点和切入点都不太相同,有的着重在图书馆馆藏数字化方面进行试验,有的强调电子图书馆的联机网络存取,有的虽冠以"电子图书馆"之名,实际上是合作性的电子期刊试验和电子文献远程传递系统建设。本章将对美国、日本、欧洲等国家和地区的电子图书馆试验的内容、特点、技术手段、进展、存在问题等进行深入研究,以期从中找出共同性的经验,为初步建立电子图书馆的理论和今后中国试验电子图书馆奠定必不可少的基础。

3.1　美国的电子图书馆建设

毫无疑问,美国作为世界上最发达的资本主义国家之一,在信息技术的大部分领域中都占据世界领先地位,信息高速公路计划首先源自美国即是明证之一。美国图书馆界在应用先进信息技术建设电子图书馆方面也走在世界的前列,这和美国图书馆界多年来重视信息技术应用并打下了雄厚基础不无关系。下面一组关于美国研究图书馆协会(ARL)成员馆的调查数字,体现了这些图书馆在迈向电子图书馆的进程中已具备了一定基础[1]:1991 年时,93%的成员馆已连通 Internet(59%已着手培训师生使用 Internet

资源);49%的成员馆订购了或打算订购电子期刊;42%的 ARL 馆已开始将数字文本用于电子化存储、检索和传递;43%的馆有 e-mail 界面,允许用户发出馆际互借和文献传递请求,或提出购买建议和咨询问题;85%的 ARL 馆正在使用或套录电子文献传递服务;81%的馆在其 OPAC 中收录了其它馆的馆藏;81%的馆正在参加或已参加规划和建设校园信息系统;72%的馆提供或打算提供从其联机目录进入外部数据库或网络的网关;66%的馆提供存取全文数据库;80%的馆规划或实施了强调存取(access)而不是拥有(ownership)的政策、服务和资金再分配;61%的成员馆参与了合作开发或购买电子文档和硬件;55%的 ARL 成员馆已经改变或正在试验改变图书馆组织结构和人力结构以支持存取电子信息;100%的 ARL 馆都加强了图书馆与校园内其它计算机服务机构(如计算中心)之间的协调与合作。ARL 总部在调查结论中指出:"联机目录不再仅是卡片目录的电子版,而正在演变成一个更大的、集成的、多层次、多功能的信息系统中的一个组成部分。"联机目录的这一演化,无疑为电子图书馆的创建奠定了基础。

3.1.1　美国国会图书馆的电子图书馆建设

美国国会图书馆(LC)在信息技术应用方面始终走在世界图书馆界的最前列。60 年代 LC MARC 的研制成功促进了图书馆自动化的发展,同时也推动了国际性书目信息联机网络的形成。80年代初 LC 又率先将光盘技术引入图书馆领域,应用早期的电子文献图像系统和技术迈出了文献和数据数字化存储与检索的第一步。

1. 光盘试验项目(Optical Disk Pilot Project,1982～1988)[2,3]

1982 年开始的这个项目旨在探索电子文献图像技术和光盘存储技术在图书馆文献保存和参考咨询中的作用,包括印刷品转换和非印刷品转换两个方面。印刷品转换方面,利用分辨率为

300dpi(点/每英寸)的扫描仪将馆藏印刷品和缩微品转换成数字化图像并存贮在 WORM 光盘中,WORM 系统的检索与显示通过主机的"SCORPIO 程序"和"光盘界面系统软件"(连接主机与光盘系统)进行,用户利用 LC 阅览室的微机工作站可以查检扫描进去的全文并可打印;非印刷品转换方面,利用视盘(video disc)和唱盘(audio disc)分别存储图片资料和声音,旨在探索保存和检索视听文献的新方法。

2. "美利坚记忆"项目(American Memory Project, 1989 ~ 1995)[4]

1989 至 1995 年实施的 AM 项目标志着 LC 继 MARC 之后又跨入了另一个划时代的新阶段,其标志是以集电影、录音、照片、手稿于一体的多媒体电子形式提供 LC 雄居世界首位的多种载体的馆藏[5]。AM 项目首先选择反映美国历史、文化和立法方面的照片、文字手稿、音乐、电影、图书、图片、乐谱等资料,在稍经编辑或几乎不经编辑后转换为电子格式,其中手稿和带有图像的资料使用位映像(bit - mapped)技术存储,并利用超媒体技术提供检索;声音和音乐馆藏使用标准激光唱盘存储,并逐渐使用 CD - ROM XA(扩充结构光盘)、CD - I(交互式光盘)和 DVI(交互式数字视盘)等新技术提高音频资料的时间容量;动态图像如电影等存放在 VCD 上,并使用计算机技术、图像技术和多媒体技术进行加工处理。AM 项目中涉及的馆藏书目信息采用 MARC 格式,全文资料也使用机读格式,并以扩充的 MARC 格式供读者查检目录和进行章、节的内容检索[6]。

AM 项目中脱机产品的文字信息存放在 CD - ROM 上,用户可在带有光驱的 Macintosh 机或 IBM 兼容机上进行检索;图片、图像和电影放在视盘上,通过相应的驱动器连接电视监视器以显示视频影像。最初 LC 通过复制光盘的办法提供 AM 中的多媒体信息(AM 的 CD - ROM 版已在美国 44 个图书馆及一些大中学校进行了使用评估),从 1993 年起 LC 开始试验联机提供 AM 项目的多媒体信息。1993 年 11 月,LC 试验了用电话网传递 AM 的多媒体信息,并将其与通过 Internet 传递进行比较(AM 项目中的部分信息已存放在 LC 的 Gopher、WWW 服务器上,供全世界 Internet 用户共享)。到 AM 试验项目结束时,已有 21 万件照片、录音、手稿实现了数字化转换,部分已可供用户在环球网上检索。

3. 国会图书馆数字化项目

1994 年 10 月,LC 推出了数字化项目,并获得总数为 1300 万美元的资助、捐款和国会拨款,用于逐步将 LC 馆藏实现数字化,并在全国、全世界范围内通过网络联机提供 LC 数字化馆藏。该计划的目的是适应正在兴起的信息高速公路建设,加快 LC 与全国信息网络的接轨,通过文献资料的数字化存储、网络传输使 LC 成为信息高速公路中最广泛和重要的信息来源。该计划宣称,将在 2000 年国会图书馆 200 周年馆庆时将 500 万件馆藏文献实现数字化[7]。在实际执行计划时,LC 还将探讨虚拟实在(VR)这一尖端技术在图书馆中应用的可能性(在 LC 虚拟实在技术应用中,将开发先进的软件,使用户进入“虚拟”的国会图书馆,可在书架间“穿行”并“阅读”书中内容、选择和评价各种款目);关注数字环境中的版权和知识产权问题(LC 是美国国家版权局的总部所在地,尤其重视电子图书馆中的知识产权问题,AM 项目和当前的计划都只对公共领域中的资料和已获版权许可的资料进行数字化),并启动了两个示范子项目[8,9]:一是开发电子版权管理系统(ECMS),以实现版权登记自动化;二是开发一个电子期刊原型系统,目前以收集免费电子期刊为主,打算通过与出版商签订许可使用协议来获得更多的收费型电子出版物。

LC 不仅在有计划地对本馆馆藏分步加以数字化,而且在建设“国家数字化图书馆”(National Digital Library)方面也担起重任:它将领导与协调全国所有公共图书馆、研究图书馆等,将其收藏的图书、绘画、手稿、照片等转换成高清晰度的数字化图像并存储起来，通过 Internet 等网络传输到计算机屏幕或高清晰度电视上，使数以百万计的学生、研究人员和普通公众都能存取利用。这当然是一个宏大的设想，实现的征途中会遇到数不清的障碍，但它的逐步推进将有力地带动众多美国图书馆向电子图书馆方向演进，而且"这些图书馆巨大信息资源的充分开发，将是未来信息高速公路成功的关键"[10]（国会图书馆馆长 J. H. Billington 语）。

3.1.2 卡内基－梅隆大学(CMU)的"Mercury 电子图书馆"项目

始于 1988 年的 CMU"Mercury 电子图书馆"项目是较早期的电子图书馆试验，其战略目标包括三方面：①利用现代信息技术建立一个规模较大的电子图书馆演示模型；②向其它图书馆和单位提供处理电子信息的经验；③研究电子时代的版权问题和电子图书馆的投资价格问题。具体目标是在校园网环境中构建一个电子图书馆原型，能将电子化的全文文献传递到图书馆、办公室或其它地方的桌面终端上供人们使用。1992 年开始运转的原型系统，使 CMU 校园网上 5000 余台 UNIX 工作站都能访问 Mercury 电子图书馆的联机目录和全文文献库，同时也能经校园网连接外部网络访问远程数据库、Internet 资源及外界具有类似结构的电子图书馆。

Mercury 项目设计了能适应不同计算机平台需要的用户界面，其中包括 VT100 菜单式界面和 UNIX/Motif 图形用户界面（GUI）；计算机体系结构采用 90 年代先进的客户机/服务器结构，服务器由几个子系统构成，包括采用 Fulcrum Fulltext 检索软件的检索机、使用 Kerberos 系统的验证机、一个记帐服务子系统、文献传递子系统等。检索软件采用 ANSI/ISO Z39.50 信息检索协议、整个校园网运行 TCP/IP 网络通信协议[11,12]。

目前 Mercury 电子图书馆已能通过计算机网络向计算机科

学,主要是人工智能方面的研究人员联机传递该领域的电子文献,包括 ACM(美国计算机械协会)、AAAI(美国人工智能学会)、IEEE(电气与电子工程师协会)等著名学(协)会学报的电子全文文献和数十种相关书目数据库,用扫描的手段以位映像方式总共存储了 1.6 万幅页面图像,而且还将所存储的数字化图像与一些书目数据库(如 INSPEC)中的引文连接起来。

3.1.3　NSF 等机构合作推出的"数字图书馆启动"项目

1994 年 6 月 3 日,美国国家科学基金会(NSF)、美国国防部高级研究项目局(ARPA)和国家航空航天局(NASA)等宣布共同出资 2400 万美元实施"数字图书馆启动"(Digital Library Initiatives Project)项目,主要用于将文本、图像和声音等信息进行数字化并实现混合、高速、联网和远程存取,旨在显著地改进收集、存储和组织数字形式信息的技术与方法,使通过网络检索和处理信息成为可能。这项计划以 6 所美国大学为中心,但参与者来自众多方面,如图书馆、博物馆、出版社、国立实验室、行政机关、中学以及大量的计算机与通讯公司等[13]。

根据多种资料[14-22],可将这一计划的概貌用表 3-1 反映出来,从中可看出这项为期 4 年、由 6 所大学承担的项目从不同的使用角度、不同的内容、不同的技术侧面等对数字图书馆的理论和技术应用将进行广泛的研究。

表 3 –1　六所大学数字图书馆研究概况

承担单位	经费（百万美元）	项目名称	重点内容	关键研究领域
（1）加州大学伯克利分校（UCB）	4	环境科学电子图书馆：一个可放大的、智能化的、分布式电子图书馆原型	·重点收集环境信息 ·联机查找图片、资源报告、区域规模规划、航拍图片、地图等	·自动标引、智能检索和查询处理 ·支持数字图书馆应用的数据库技术 ·新的文献分析方法、文献模型 ·适于远程浏览的通讯技术和工具 ·数据采集技术、数据压缩技术 ·适于多媒体分布系统的用户界面 ·结合 Z39.50 和 SQL3，开发用于 Cliente/Server 检索的更有效的协议 ZQL ·自然语言检索技术、图像处理技术 ·自动翻译
（2）密执安大学安娜堡分校（UM）	4	密执安大学数字图书馆研究	·有关地球和空间探索的，由图片、声音和解说词组成的大容量多媒体数字图书馆 ·联接大量用户和信息贮存处 ·相关项目：期刊存贮项目（JS-TOR），将 10 种经济学刊物 1990 年以来各期均数字化，通过 UM 的数字图书馆供用户使用	·主要是应用、测试和改进能帮助用户检索的三种"软件代理"（software agent） a. 用户界面代理：确定用户需求及其深度和广度，自动通知用户与其相关的信息 b. 协调代理：协调对多个数据库进行同时查询 c. 收集代理：将文本、图片和声音信息以及视频图像从"文件柜"中取出；保护存取信息的机制，支持对有版权资料的补偿操作 ·分布式结构 ·信息检索 ·数字图书馆的经济模型

承担单位	经费（百万美元）	项目名称	重点内容	关键研究领域
（3）斯坦福大学(SU)	3.6	斯坦福集成数字图书馆研究	·开发建立一个简单的集成化虚拟图书馆所需的全部技术 ·提供存取日益增多的网络化信息资源和馆藏(原有文献和新增文献的联机版) ·生成一种共享环境,可联接私人收藏、传统图书馆馆藏以及科学家们所共享的大量数据资料	·能同时浏览完全不同信息源的软件 ·信息共享与通讯模型 ·客户机界面 ·信息总线结构:即以高层网络协议为基础,把用户界面、资料服务、处理机与信息源相互联接起来,从而形成对用户透明的、完整的服务系统
（4）伊里诺大学厄巴那一尚佩恩分校（UI-UC）	4	构建互连空间:为大学和工程学科建立数字图书馆基础设施	·建立专供工程技术人员使用的数字图书馆,将工程和科学方面的期刊文献电子化并促进用户存取 ·使美国中西部10所大型高校的10多万人能远程存取数以万计的文献的全文、图片等	·试验定制的 NCSA Mosaic 软件,支持对文章全文,包括文本、数字、图表和公式等进行全面查找和显示 ·发展语义检索技术 ·对试验平台进行社会学意义上的评价 ·设计将来可扩充规模的信息系统原型 ·试验杜威十进分类法、国会图书馆分类法、INSPEC 叙词表等的界面和自动分类 ·开发基于新的互连空间结构的下一代系统

承担单位	经费（百万美元）	项目名称	重点内容	关键研究领域
（5）加州大学圣巴巴拉分校（UCSB）	4	亚历山大计划：建立具有图像和空间参照信息的综合服务功能的分布式数字图书馆	·探索存储和检索大量图片的更有效的办法，使任何想浏览洛杉矶等地的地图、图片、图表和图像资料的人，能根据信息内容和空间位置参照很容易地存取并在计算机屏幕前阅读	·空间信息标引 ·地理信息界面 ·信息存储与采集 ·电子目录 ·试验系统的四个部分： a.用户界面——支持文本和视觉查询语言 b.目录系统——支持的信息是数据库中存储的目录索引和多种数据 c.存储部分——既提供存储，又提供高速存取大量的空间参照信息 d.吸收部分——包括高性能扫描仪，允许图书馆员和系统管理员添加新信息
（6）卡内基—梅隆大学（CMU）	4.8	信息媒体：综合的声音、图像和语言理解技术用于数字视频图书馆的创建和探索	·开发一个交互式联机数字视频图书馆系统，使用户能存取和检索视频图像库中的科学和数学资料	·语音、图像和自然语言处理技术 ·人机交互 ·数字视频使用的定价与收费 ·保护隐私和信息安全

以上六大项目自启动以来，已陆续取得了一些进展[23,24]。UCB 项目到 1995 年 11 月底已在电子图书馆系统中存贮了扫描产生的 10 万页文本页面，加入了加州所有水坝信息的数据库和加州水域立法方面的信息库；创建了新的基于形式的界面，可以用WAIS 以全文检索的形式存取文献等。UM 项目根据不同用户在

检索馆藏时经常遇到不同的检索机和界面的现实,正在开发一种单一的用户界面,研制成功了检索书目信息(UM 的联机目录、IN－SPEC 等文摘索引数据库、本地资料馆藏等)的 Z39.50 网关;对检索数字图书馆馆藏数字化目录的方法进行了调查研究,并设计了"检索树"(search trees)方案来确保所检书目数据的准确性。SU 项目深化了所提出的"信息总线"设想,提出了更高层次的概念和协议,使用户通过界面(具有能隐去多种资料中不重要细节的功能)存取信息,并以一种连贯统一的方式使用户能导航于并管理"信息空间"。UIUC 项目正试图研制一种网络界面,开发了一种多视图的用户界面和 SQL/Z39.50 网关,而且正在规划开发HTML(超文本置标语言)形式的客户机。UCSB 项目在头 6 个月已成功地开发出"快速原型系统"(RPS,被称为一个独立的"数字图书馆",利用了 Sybase 公司的 RDBMS、Tcl/TK 编译语言和用户界面以及 ArcView GIS),随后将把 RPS 扩展成一个与 Internet 相连的,由吸收部分、存储部分、目录部分和用户界面等构成的系统,系统中的航拍图片、宇航图像、数字化的规划报告、数字化的艺术品图像、多媒体等都可通过网络传递并提供远程服务。CMU 项目已建立了一个 3GB 的数据库,包括几百个数字视频对象(objects)、文本和图像,来自匹兹堡 WQED 公共电视台"空间时代"系列节目的视频资料、计算机科学方面的杰出演讲以及软件工程方面的培训课程等。CMU 项目可以提供"新闻点播"(news－on－demand)服务,还将在更大的深度和广度上探索多媒体数据的存储、检索和服务等问题。

3.1.4　Right Pages 项目和 Red Sage 项目

1990 年 AT&T 贝尔实验室开发了"Right Pages Service"电子图书馆系统,当时的主要目的是为 AT&T 公司的专业人员提供一个电子窗口,使他们能及时获得所需的内外信息[25]。该系统以文献页面形式进行存储检索,允许用户随意浏览库中文献,同时系统还能根据用户预先提供的关键词或主题词表,将用户感兴趣的文献主动地传递至其电子信箱内(即告警服务功能)。至 1993 年,Right Pages Service 系统经允许可扫描输入 68 种有关人工智能、计算机、图像处理、人机系统、通讯及电报电话方面的期刊,另外还有 AT&T 的内部文献和其它大量信息。

1993 年,AT&T 贝尔实验室、Springer 出版社和加州大学旧金山分校(UCSF)三家合作,利用 Right Pages Service 软件进行了基于电子文献图像技术的电子期刊传递系统试验(称为 Red Sage 项目)[26,27]。Right Pages Service 系统将使 UCSF 的师生能够检索、显示和打印期刊论文的整页图像(期刊主要是 Springer 出版社出版的分子生物学和放射学方面的,用扫描的方法将纸上内容转换成 ASC Ⅱ文本)。Right Pages Service 系统以三种形式存储文献:数字化整页图像,用于显示;字符代码化的文本文件,用于全文检索;页面编排信息,用于指明各页内标题、姓名、数字和副标题的位置。

Right Pages Service 系统具有可扩展的业务特性,这主要是指将来出版商用电子方式出版的话,该系统将支持这种全新的出版方式(目前还是扫描印刷期刊的方式)。Right Pages Service 系统的网络结构如图 3－1 所示。图中右边是终端用户办公室,既有本地局域网,又有一些终端设备(如 PC 机、苹果机、工作站)以及档案服务器和超高速缓冲服务器。终端用户办公室通过全球性网络(如 Internet)同出版社和其它服务器相连。图中靠下部分是出版商办公室,它所出版的期刊经输入服务器扫描后用大容量存储器存储。图中左边的众多服务器可以同时供很多出版商使用。

3.1.5　CORE 项目

始于 1989 年的 CORE 电子图书馆项目的正式名称是"化学联

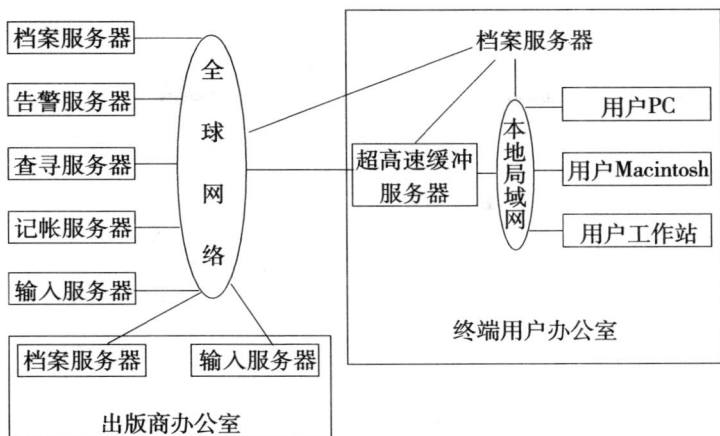

图3-1　Right Pages Service电子图书馆系统的网络结构

机检索试验项目"[28]，是美国化学会（负责提供 10 年的 24 种重要化学杂志）、Bell Core 公司（负责将文本、公式和图表等转换成 SGML 字符代码文本，并增补从印刷本杂志的缩微胶卷中扫描的图像）、化学文摘社（负责期刊索引编制）、OCLC（负责提供大数据库的存储和检索技术）、康奈尔大学 A. R. Mann 图书馆（负责提供房屋和管理人员）、英国伦敦大学学院（负责研究从文本到其它格式，如办公文献结构（ODA）、开放文献中介格式（ODIF）的转换问题）等几家合作的项目。CORE 项目将建立一个能提供化学文献全文与图像网络检索的电子图书馆原型，让使用 UNIX 工作站和 Macintosh 微机的康奈尔大学化学系师生（约 100 人，被选做试验用户群）能通过高速校园网存取 CORE 数据库中的电子图像和 SGML 形式的 ASC Ⅱ 文本。为此，CORE 项目评价了期刊文献电子化存取的有效性和可行性，并研究了电子期刊系统用户界面的功能，包括对页面图像显示界面和 ASC Ⅱ 文本显示界面进行比较（如对书本型、自由文本检索和超文本检索等具有不同用户界面

79

和数据模型的三种系统进行用户研究,评价普通印刷书刊、超文本浏览系统 Superbook、带图像显示设备的普通自由文本系统 Pixbook 等各自的长处与不足等)[29]。1995 年时 CORE 项目的数据库已可提供联机存取 20 种化学期刊 5 年内约 42.5 万页的期刊论文。

3.1.6 TULIP 项目

正式名称为"大学许可证计划"(The Universities LIcensing Program)的 TULIP 电子图书馆项目实际上是一个电子期刊试验项目。它始于 1991 年,是将 Elsevier 科学出版集团和 Pergamon 出版公司出版的 43 种期刊(包括以位映像方式存储(300dpi)的期刊页面图像、结构化的 ASC Ⅱ码书目信息和文摘、未结构化的 ASC Ⅱ码原文等),通过 Internet 传递给包括哈佛大学、普林斯顿大学在内的 10 所著名美国大学,使这些大学的用户可通过本地校园网在本校的界面和检索机上使用。TULIP 项目的主要目标是确定电子期刊出版发行的技术与逻辑要求,分析用户的信息使用行为和偏好,以建立适于远程电子信息传递的经济和法律模型[30-36]。TULIP 项目不仅要开发和生产电子格式的期刊资料,还要深入了解 Internet 传输技术、CD – ROM、图像扫描、光学字符识别、大规模图像数据库、用户界面设计、信息安全等技术,以找出电子图书馆环境中电子出版的发展瓶颈和机会。

密执安大学(UM)的 TULIP 试验始于 1993 年,已开发出一个名为 TULIPView 的客户机、一个可显示文摘与全文的 X – Windows 界面。Elsevier 出版社每两个月将文档通过 Internet 传送到 UM 的中央存储器(一台 DEC 5000/200 工作站),该校师生可以在 X – Windows 工作站上检索数据库索引并阅读全文,还可在指定设备上打印。UM 的 TULIPView 客户机界面允许按作者、刊名、题名检索,也支持布尔检索、字段检索、相关检索等操作。该系统还为用户提供告警服务,学者可通过电子邮件收到新到文章的文摘。参与了 TULIP 项目的卡内基－梅隆大学(CMU)在积极营造 Mercury 电子图书馆的同时,开发了该校的"图书馆信息系统"(CMU's Library Information System),TULIP 项目的数据已于 1994 年进入 CMU 的 LIS,这些书目型的、ASC Ⅱ码全文型的和电子图像型的信息均构成了 Mercury 电子图书馆的信息资源。CMU 的用户通过 Mercury 界面可以对 TULIP 数据进行检索、显示、置标、排序和导航,可以按照 TULIP 书目记录和期刊论文图像之间的链接进行检索,浏览 TULIP 数据库索引和期刊图像,还能向图书馆员发送评论、保存或打印检索到的信息。目前 CMU 对显示期刊页面或打印 ASC Ⅱ码信息尚不收费,但对打印图像则根据页数收取象征性的费用(Elsevier 公司根据合作协议对打印 TULIP 图像不收版税,但 CMU 图书馆按复制文献价格向打印图像的用户收费)。麻省理工学院(MIT)的 TULIP 项目则旨在于 MIT 校园内外构建一个大规模的、健全的信息传递系统,并将这种包括了大量分散信息源的结构加以推广,与出版界共同探讨和逐步解决学术环境中电子信息传递方面存在的技术、社会问题和法律障碍。

3.1.7 康奈尔大学的多个电子图书馆试验项目

康奈尔大学图书馆系统中几乎每一个图书馆都在试验名为"电子图书馆"或"数字图书馆"的项目,其中多数是侧重在以数字形式保护不可替代的印刷型文献资料和可视化信息资源,目的是推动美国的全国性电子图书馆建设。该校图书馆系统开展的试验项目可归纳为表 3－2。

在表 3－2 的众多项目中,Albert Mann 电子图书馆被认为是当今典型的电子图书馆原型,美国图书馆协会(ALA)和 Meckler 公司曾于 1993 年初联合将第一届"未来图书馆奖"(ALA/Meckler Library of the Future Award)授予该图书馆。

Mann 电子图书馆可以提供包括联机数据库、CD – ROM、OPAC 及数据磁带在内的各种资源。通过 Mann 图书馆网关系统，各类用户不必到图书馆就可以使用网络化联机资源。另外 Mann 电子图书馆馆藏还包括只能在馆内使用的数据库以及通过合作协议可进行存取的数据库。具体分为四类：第一类是通过 Mann 图书馆网关系统可以使用的信息资源，如 Mann 图书馆本身装入的资源（书目文摘数据库、统计信息、联机用户指南等）、康奈尔大学图书馆其它计算机系统的资源、联接远程信息提供者的资源（如 DIALOG 的 150 多个数据库、RLG 的 RLIN 系统、CARL 的 UN – COVER 系统等）；第二类是通过校园网和 Internet，但并不通过 Mann 电子图书馆网关即可获得的信息资源；第三类是目前还只能在该馆工作站上使用的计算机化信息资源，包括存贮在 CD – ROM、磁盘和磁带上的各类数据库（书目、全文、多媒体型），该馆已在试验在馆外通过网关系统检索 CD – ROM 局域网；第四类是用户尚不能直接存取，只能通过馆员检索查询才能利用的资源。

表 3 – 2　康奈尔大学图书馆系统开展的电子图书馆试验

项目名称	主要内容
1. 学院图书馆检索与存储系统（CLASS）	·保存多个学科领域中 1000 种易损资料（扫描页面图像并产生高质量、印刷摹本） ·设计基于客户机/服务器的系统，通过开发适用于 Macintosh DOS 和 UNIX 平台的客户机，试验通过网络存取
2. 美国的形成（Making of America）	·把美国 1860—1960 年建设、交通和通讯发展史方面的文献资料数字化 ·构建一个包括 10 万种以上资料的数据库（上述方面的），并提供网络存取
3. 柯达图书馆图像项目（KLIC）	·应用柯达公司的 Photo CD 技术存储地图、照片、速写以及其它必须留存灰度和彩色的图像，可以在电视机屏幕或计算机监视器前观看并在有关设备上打印

项目名称	主要内容
4. 数字化存取联盟（DAC）	·探索如何用多媒体技术存储和存取二维、三维艺术品以及其它具有研究和美学价值的对象
5. 大学许可证计划（TULIP）	·TULIP 项目的合作大学之一，研究电子出版物的发行和使用问题（见上节）
6. 国家工程教育传递系统（NEEDS）	·用多媒体技术和其它信息技术改进工程学院的课程设计
7. 计算机科学技术报告项目（CSTRP）	·建立一个计算机科技报告方面的数据库，包括待扫描的旧报告和已是数字形式的新报告 ·通过网络传输
8. 通过 Internet 使用学位论文系统（DAISY）	·本校工程学院学位论文的文摘以 ASCⅡ码格式提交校工程图书馆，然后扫描整本学位论文并加入到大型的学位论文数据库中 ·与其它大学、公司、机构合作，试验通过 Internet 传递学位论文的有效方法
9. Albert Mann 电子图书馆	·典型的电子图书馆原型

资料来源：据文献[37－40]综合整理。

3.1.8 IBM 公司在世界各地的数字图书馆建设

美国 IBM 公司在 1995 年 3 月发起了"IBM Digital Library"的倡议，旨在利用 IBM 先进的"数字图书馆"技术帮助所有形式信息的拥有者，使他们的信息体现出最大的价值并在世界性的网络上传播。IBM 数字图书馆技术将信息存储、管理、查询、检索技术和传递等结合在一起，信息一经数字化就可以在 Internet 这样的公共网络和 IBM Global Network 这样的专用网络上实现共享。这样,信息的存储不再是散布于世界各地的孤立的图书馆中,而是在全球网络上的便于永久保存的存储介质之中,如计算机大容量硬盘、软盘、光盘自动存取装置(Jukebox)等。

IBM Digital Library 在传统图书馆结构中引入了大量先进的电子设备,它具有五个方面的基础功能:

1. 内容创建和获取:主要是将物理介质转化为数字形式。通过使用 IBM Digital Library,论文、照片、录音和录像等视听资料都可以通过简单的计算机操作以一定格式录入;新的数字化信息可以用 IBM 或其他厂商开发的多种写作、识别、压缩和转化技术来录入。

2. 存储和管理:IBM 数字图书馆用电子技术来存储和管理大量数字形式的信息。这些复杂的功能均由系统内部实现,系统提供给用户的是简单而友好的界面。用户不必考虑信息的物理位置,可以从办公室、家庭或其它任何地方便捷地访问到所需信息。

3. 访问和查询:IBM 数字图书馆的信息管理特性包括自动索引、建档、关联、特性抽取和翻译功能。为用户提供先进的组织、筛选工具,使其能以母语进行信息查询。除传统文本和数字描述以外,还可以用新技术通过查找特定的样式、形状和颜色从可视化信息中搜索到多媒体数据。

4. 信息发布和传播:信息拥有者可以从 IBM 数字图书馆上选择多种方式发表资料,如通过任何已有的网络,客户机/服务器事务方案,商业联机服务或交互式电视等方案。

5. 权限管理:通过网络访问和存取数字化信息,需要使未经许可的信息发布和传递降到最低限度,以保护信息所有者的权利。IBM 数字图书馆开发了先进的鉴别、版税管理、加密和水印技术,在防止非法访问和传递的同时,使合法用户能安全地访问存于数字图书馆中的信息,或进行经过许可的信息传递。

IBM 公司在世界各地进行的数字图书馆建设项目如表 3 − 3

所示：

表3-3 IBM 数字图书馆的应用

项目名称	主要内容
1. IBM/清华大学数字图书馆系统（中国）	·通过3W 提供服务,包括传统图书馆目录检索和新的联机馆藏服务在内的各种服务都集成在统一的网页下,可通过 Internet 存取 ·具有中文全文检索功能的"中国高校学位论文联机服务系统" ·联机电子杂志("华声月报"电子版)
2. IBM/中国石油天然气总公司（CNPC）数字图书馆系统（中国）	·合作建设"数字化石油勘探开发档案资料库管理系统" ·支持局域网、广域网、CERNET、Internet 等多种形式的访问和联机阅读
3. IBM/上海复旦大学计算机科学系数字图书馆系统（中国）	·研究开发反映当前中国历史地理研究现状、具有多媒体支持功能的"中国国家历史地图集电子版"（DL/CNHM） ·开发中国历史地名库及相应检索机制
4. IBM/美国 EMI 音乐出版社项目（美国）	·为有版权的音乐、图像、文本、视频和电影资料的存储与传播提供高安全性的电子传输系统
5. IBM/Lutherhalle Wittenberg 博物馆的数字图书馆项目（德国）	·应用 IBM 的图像技术和特殊扫描仪,将珍稀书籍和艺术品实现数字化,存储在软盘、硬盘、光盘、光学设备和磁带上,供人们检索利用
6. IBM/纽约 Marist 学院数字图书馆项目（美国）	·建立广泛的客户机/服务器结构的网络,将10 万个信息对象（objects）进行数字化转换和存储,通过 Marist 服务器在 Internet 上传递

（续表）

项目名称	主要内容
7. IBM/佛罗里达州立大学数字图书馆系统（美国）	·联机查询 10 万篇数字化文献，每月新增 5000 篇
8. IBM/梵蒂冈数字图书馆系统（梵蒂冈）	·运用图像扫描、数字化存储、数据压缩、高速图像显示、大容量通信等技术，把从梵蒂冈图书馆宝库中精选出的手稿的数字化版通过 Internet 等高速网络进行传播，使学者和用户能从各地访问梵蒂冈数字图书馆
9. IBM/科学信息研究所（ISI）数字图书馆项目（美国）	·联机存取 ISI"近期目次"生命科学版 1200 种期刊的书目引文、文摘、目次页、全文和图像 ·研制电子文献管理与传递系统
10. IBM/洛杉矶公共图书馆的数字图书馆建设（美国）	·通过友好的用户界面和简便的提示，使用户能很方便地查询、访问图片资料
11. IBM/印第安纳大学数字图书馆（美国）	·利用 IBM 的服务器、网络、存储器和客户机技术及其多媒体服务器，把数字音频、动态视频和其它多媒体信息在网络上传播，使大学间能共享已绝版的和无法获得的收藏品
12. IBM/英国德温特信息公司数字图书馆系统	·通过网络访问 Derwent 公司装有 20 年专利文献数据的"美国专利"服务器
13. IBM/美国凯斯西部保留大学（CWR）数字图书馆（美国）	·利用 IBM 的硬软件，学校图书馆正从以手稿、文本、杂志为中心的传统图书馆演进为联机的多媒体图书馆 ·将乐谱、医学参考书、工程教科书、射线照相资料转换为数字化图像 ·将目前的印刷、缩微、电子形式的馆藏以及流通量大的资料同网络相连，并提供存取外界图书馆资源和主要的商业信息源

项目名称	主要内容
14. IBM/Indias Archive 数字图书馆项目（西班牙）	·组合了运用 OS/2 操作系统的 IPM PC 机网络以及专用的数字图像处理技术，选用 IBM AS/400 做数据库服务器，可以响应 40 个工作站的查询请求 ·数据库中已存储了 900 多万页的数字信息 ·不必接触原稿就可在计算机屏幕上访问，可以避免墨水、污渍对重要历史档案的污损，在更好地保存历史资料的同时又广泛地提供给人们利用

资料来源：文献[41－43]。

　　以上介绍和分析的是几个影响比较大、具有典型代表意义的电子图书馆试验项目。此外，美国还有许多组织和机构从不同层面、不同技术角度试验着电子图书馆项目或相关项目。如：美国南方学院联盟（ACS）于 1996 年 1 月实施了"ACS 电子图书馆项目"，核心目的是让该联盟的 13 所文科学院通过 Internet 共享全文电子期刊[44]。银盘公司开发了"电子参考图书馆"（ERL）系统[45]，ERL 基于客户机/服务器结构，客户机和服务器之间遵循 DXP 协议，也支持 TCP/IP 协议，提供了一个可存取不同格式电子数据库的广域网环境。伊利诺理工学院 Kent 法学院图书馆早在 1991 年就同加州大学 Chico 分校的 Memex 研究所合作进行了"电子文献存储项目"，将文献转换为数字化图像并传递给其它图书馆或公司订户。哥伦比亚大学法学院图书馆与思维机器公司打算于 1996 年建成名为"JANUS"的虚拟图书馆[46]。弗吉尼亚理工大学准备建设面向研究的、以计算机科学文献为主要内容的"Envision"电子图书馆[47]。密执安大学的"UMLibText"数字图书馆项目[48]，使用户能联机存取外界的字符代码文本或图像数据库。美国计算机协会（ACM）1995 年开始实施"ACM 数字图书馆"项目[49]，该项目的第一阶段开发了一个数据库和一套电子出版工具,要求所有新投给 ACM 出版物的稿件必须是数字形式的,而数字图书馆将支持非文本信息对象如插图、动态图像、视频信息等之间的链接;第二阶段将建立 ACM 出版物的网络服务器,形成检索机制并提供身份自动识别和付费服务功能。1994 年美国国立农业图书馆(NAL)宣称要建成一座现代化的电子图书馆,因为它"深感目前纸基的信息传递系统不足以跟上当代农学家的需要"[50];1995 年 1 月 1 日 NAL 进一步宣称,"在全力促进以电子格式提供 NAL 的服务和馆藏的过程中,电子信息将成为图书馆今后优先选择的资源。"NAL 在其电子图书馆战略规划中声称:"数字化形式的信息正不断增加,远程通信技术日臻完善,Internet 日益普及,会使用计算机的研究人员可存取的资源呈指数增长……这一切使 NAL 决定进行创新,系统地管理电子信息并确立收集、存贮和传递电子形式的美国农业信息的战略。"美国国立农业图书馆的这段陈述,约略可以代表上文中大多数电子图书馆(数字图书馆)试验和创新的发起动机:建立电子图书馆,不仅是技术的推动,也是社会的需要,更是发展传统图书馆的要求与方向。

3.2 日本的电子图书馆建设

电子图书馆作为 90 年代的新兴研究课题,引起了日本政府部门、大学和企业界的广泛关注,图书馆界人士也表示了极大的兴趣和热情。日本政府在国家信息基础设施(NII)计划中,明确提出在东京以西 500 公里处的关西(Kansai)建立一座现代化的电子图书馆,使之成为"日本国立国会图书馆第二馆"。该电子图书馆将面向全世界提供服务,具体目标包括:研制一套信息资源数字化处理系统,广泛收集各种载体的资料(如 CD - ROM 出版物、视听文献等),建立与国内外数据库相连的现代化联机网络系统等。

1994 年 2 月日本通产省提出了多媒体事业年度预算 120 亿日元,其中用于电子图书馆方面的为 17.5 亿日元。日本图书馆情报大学自 1994 年 8 月举行了第一次电子图书馆专题研讨会后,迄今已连续举办了 6 次,吸引了日本许多大企业的研究与开发人员参加,据称,如此众多的企业界人士对图书馆领域发生浓厚兴趣是史无前例的。本节从政府机构、大学、企业三方面归纳和分析日本电子图书馆试验性建设取得的进展。

3.2.1 政府机构组织的电子图书馆项目

1. 日本国立国会图书馆(NDL)与通产省信息技术促进会(IT-PA)合作进行的电子图书馆建设。NDL 正在试图将自身转变为一个能通过网络提供数字化文献形式的知识资源的巨大信息中心,为此 NDL 从 1994 年开始试验建设电子图书馆,到 1996 年 8 月已实施了三个项目[51]:

(1)"试验性电子图书馆项目"。具体又分为两个方面:其一是建立"全国联合目录网络"(NUC)。27 个公共图书馆和 NDL 参加了这个网络,已有 720 万条日文图书书目记录存储在联合目录数据库中,下一步的工作主要是开发能识别和集成书目信息以及产生索引文档的有效方法,试验对用户更友好的界面和新的馆际互借系统。其二是"电子图书馆实践试验"(ELPE),目的是研究建立电子图书馆时面临的技术难题。该试验分为资料数字化、数据库建设和信息检索三个依次推进的阶段。资料数字化方面,珍善本、明治时代出版的图书以及政治经济方面的期刊论文等资料被选做首批数字化对象,目前已有 1000 万幅数字化图像(黑白图像以 TIFF 格式,彩色图像以 JPEG 格式)存储在 3000 张 CD-R 中,组成了 6 组 CD-ROM 转换器;数据库建设方面,构建了信息检索用数据库(书目、目次页、全文)、位映像图像数据库(多数存贮在 CD-R 中,一些相对较小的图像存在磁盘中)、信息链接数据库(将图像与书目信息相对应地连接起来);信息检索方面,用户可以通过 Mosaic、Netscape Navigator 等 WWW 客户软件存取上述数据库,目前正试验通过高速多媒体试验线路(ATM)由 NDL 的 WWW 服务器提供网络存取。

(2)"儿童图书"电子图书馆(ELCB)。已编制了收录有 10 万条儿童图书书目记录的数据库,其中的 6000 种图书已被数字化,以 400dpi 的位映像图像(TIFF 格式)和彩色图像的形式存储在磁盘组(disk array)中,已开发出用于连接数字化文本的信息检索系统。此外,该项目还开发了几个交互式多媒体数据库系统。

(3)"亚洲信息供应系统"(AISS)项目。该系统提供 NDL1948 年后积累的 10 种亚洲语言卡片目录的图像,9 万张卡片目录已被数字化扫描成 TIFF 格式的黑白位映像图像,存储在高速磁盘组中。

NDL 与 ITPA 合作规划的电子图书馆构成如图 3 – 2 所示。

2. 日本文部省全国科学信息系统中心(NACSIS)的电子图书馆项目。NACSIS 在促进日本学院图书馆开展合作编目、快速馆际互借、数据库联机检索服务方面一直发挥着重要作用。为推动信息的快速传递,NACSIS 又建成了覆盖全日本主要学术机构的"科学信息网"(INSnet)。NACSIS 在电子图书馆方面的努力起步于 1995 年,NACSIS 的电子图书馆系统(NACSIS Electronic Library System)现已能提供图像和书目数据库服务。图像数据库包括 22 个日本学术团体出版物(期刊)及部分会议录中论文的页面图像,书目数据库供用户查找有关图像的书目信息,同时 NACSISEIS 也存储编目信息。用户可以用传统的布尔逻辑检索查询书目数据库,也可浏览图像,所需的页面图像可以从图像数据库中抽取出来通过 Internet 传递到用户的工作站中,还可在本地打印设备上打印输出高质量的图像。

此外,NACSIS 的研究人员还开发了名为"CyberMagazine"的

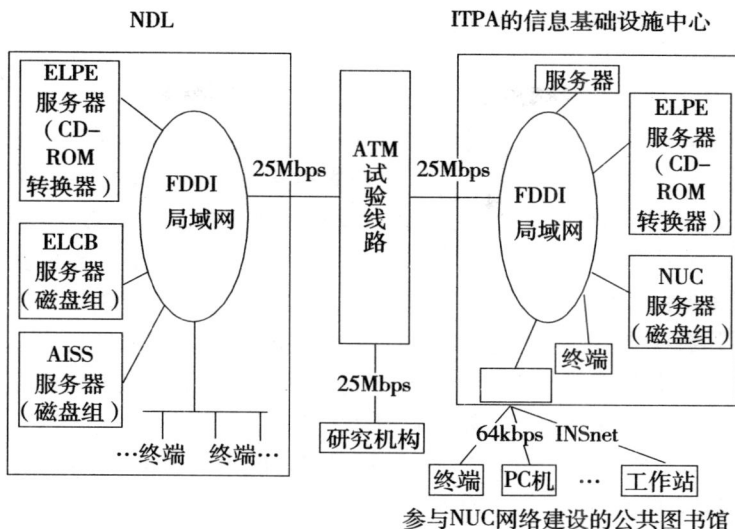

图3-2 NDL与ITPA合作规划的电子图书馆示意图

电子图书馆系统[52]。"CyberMagazine"电子图书馆原型系统使其用户能在工作站或终端上获得图像及其它信息,可以提供电子化的近期目次服务(E - CC)、多媒体文献传递服务、自动化的定题情报服务(SDI)等。

3.2.2 大学的电子图书馆研究与开发活动

日本奈良(Nara)科技大学(NAIST)是一所成立于 1991 年的规模尚小的大学,图书馆馆藏也很少,但该校根据学校学科覆盖面较窄、馆藏印刷型资料较少的特点正规划建设全日本第一座真正的电子图书馆。该项目被称为"Mandala 电子图书馆计划"[53]。该电子图书馆除具有一般大学图书馆的特征外,突出的特点和功能有:①数字化的对象是图书、期刊、缩微胶片、技术报告、重印本、

91

录像等;②多数情况下资料是数字化的图像,但也有一些用光学字符识别(OCR)技术转换为全文形式;③可对以 OCR 方式输入的文本进行全文检索;④用户可以在 NAIST 校园内任何工作站上存取 Mandala 电子图书馆资源;⑤WWW 客户软件,如 Mosaic Netscape 被用做用户界面;⑥为 NAIST 用户提供新到资料的电子化 SDI 服务;⑦外界用户也可通过 Mandala 电子图书馆存取 NAIST 的信息。

图书馆情报大学(ULIS)在日本电子图书馆试验方面发挥着很重要的作用,它不仅通过组织电子图书馆方面的专题讨论会和国际会议提供交流信息和设想、展示最新技术成果的机会,而且为日本图书馆界建设电子图书馆营造了积极的氛围。ULIS 也在进行着一些研究项目[54],如正在开发一种浏览器"SOPAC",这是基于 ULIS 大学图书馆 OPAC 的一种更先进的书目查询系统,当存取 SOPAC 系统时,每本书的图像(包括厚度和开本)都能显示出来。ULIS 还开发出一个用于浏览 WWW 服务器所存贮的多文种文献的工具。

3.2.3　有关企业的电子图书馆项目

日本计算机和远程通信方面的大公司,如富士通、日立、日本电报电话公司、东芝等,对电子图书馆也表现出了很大的兴趣。其中的一条重要原因是通过电子图书馆项目建设,既可以试验其开发的各种信息技术与设备,又可能为其带来巨大的潜在商业机会。公司企业界在参与电子图书馆试验中,除了斥以巨资外,也关注着全文检索方法、OCR 技术改进、数字化信息的准确识别、电子图书馆用户界面的可视化(Visualization)和导航功能等方面。下面着重介绍和分析在日本很有名气的 Ariadne 电子图书馆系统。

Ariadne 电子图书馆的构想最早是日本京都大学工学部长尾真教授 1990 年提出的,1992 年富士通公司介入,开始与"电子图书馆研究会"合作开发。Ariadne 电子图书馆系统的正式名称是

"网络环境中信息与文献的先进检索系统"[55,56],它的突出特色包括:①文本、声音、静止图像和动态图像都存储在数据库中;②使用宽带综合业务数字网(B-ISDN),能高速传输多媒体数据,使远程存取电子图书馆成为可能;③提供多种查询技术,如查找书目和全文用的关键词检索技术、自然语言查询、阶层构造(term hierarchy)检索等;④提供能帮助用户有效使用电子图书馆的多种功能,如同时阅读多种书刊、查字典、做眉批、自动翻译关键词(日英对照)等。

　　Ariadne电子图书馆系统采用客户机/服务器体系结构,客户机端采用Mosaic 2.0客户软件,用户可通过菜单或按键进入"电子图书馆指南",服务器端执行各种检索操作,包括书目信息检索、目次页检索、自由文本检索等。

　　企业界开发的电子图书馆系统中,还有一个影响较大的,即ELNET"电子图书馆数据库系统",是日本电通公司、日本发展银行、NTT等73家公司和机构于1988年共同投资建立的新一代日文数据库系统[57]。ELNET从40多种报纸、近300种杂志中编选信息,按产业、经济、政治、社会、文化和科学分类形成6个子数据库,已有250万篇文章可供联机检索(每年增加约50—60万篇)。ELNET的显著特点是数据库内有文章全文的数字化图像(包括图形和照片),存储在光盘系统中,用户可以使用标准的命令语言进行联机检索。ELNET的主要服务是联机信息检索/传真服务:通过国内和国际网络,远程PC机用户可以联机查检ElNET主数据库中的书目信息,找到所需文章后,可以立即订购存储在大容量光盘中的文章全文,系统将自动地把文章发送到用户传真机上。此外,ELNET还提供"电子图书馆晨间服务"(EL Morning Service)和"电子图书馆定题情报服务"(EL/SDI)等。

3.3 其它国家的电子图书馆建设

3.3.1 英国的电子图书馆试验

1. 英国图书馆的数字化建设

英国图书馆是世界上最大、收藏最丰富的国家图书馆之一。1993 年,该馆宣布了"2000 年的战略目标",总目标就是运用现代化的网络通讯技术和数字技术把英国图书馆建设成一个世界各地的读者都能方便地检索和查询信息的现代化图书馆。该馆馆长Brian Lang 声称:"英国图书馆打算成为获取、存贮和传输电子文献的中心——它既包括英国图书馆自身已有文献的数字化,也包括收集电子信息资源。"[58]

1993 年 7 月,英国图书馆提出了包括 20 个子项目在内的"存取启动"(Initiatives for Access)计划[59,60],主要目的是研究图书馆资料数字化和上网所需的硬件和软件平台,确立数据存储、标引、检索和传输的标准,探讨图书馆资料数字化及通过网络提供存取时涉及的版权问题。主要子项目包括:①"专利快递自动存取装置"(The Patent Express Jukebox)。约有 100 万份英国、美国、欧洲和专利合作条约国的专利已存储在 16 个相连的 CD – ROM Jukebox 中,每个 Jukebox 装有 100 张光盘(每张光盘可存储 800 件专利)。系统软件允许用户查找并在两分钟内打印出高质量的专利资料。②"电子化贝奥伍夫"(The Electronic Beowulf)*。英国图书馆存有 11 世纪盎格鲁 – 撒克逊人史诗的手稿,这些手稿非常珍贵,已经被数字化扫描到计算机中(2000 × 3000 分辨率),每幅图

---

* Beowulf:约创作于公元 8 世纪的英国史诗及该史诗中的主人公名。

像所占空间约21—25MB,远程用户可以通过 Internet 存取这些图像。③"电子化照片观看系统"(Electronic Photo Viewing System)。大约有1万张珍贵图片(包括手稿插图、印本图书插图等)被数字化,研究人员可在计算机屏幕前仔细观看这些数字图像。该系统提供主题检索,并以超文本的方式将每幅图像与其文字说明链接起来。④"网络 OPAC"(Network OPAC)。该图书馆的馆藏目录(约600万条书目记录)已进入英国联合学术网(JANET),正朝着国际性的网络化 OPAC 方向发展。其它的研究项目还包括"老化的缩微胶卷的数字化"项目、"目录转换"项目以及"多媒体出版物"项目等。旨在评价利用电子手段传递文献信息可行性的"图像示范项目"(Image Demonstrator Project)也正在进行中[61]。

2. ELINOR 电子图书馆项目[62-68]

ELINOR(Electronic Library INformation Online Retrieval)电子图书馆项目是英国 De Montfort 大学、英国图书馆和 IBM 英国公司合作进行的试验性项目,始于1992年。重要目标之一是构建一个电子图书馆原型系统,使 De Montfort 大学师生能通过校园网利用 PC 机(Windows)或工作站直接存取经常被使用的图书、期刊、课程资料的全文以及多媒体学习软件包等。ELINOR 的试验性数据库目前存储了53本教科书、各种考卷、课程指南、几种期刊、一些讲义(都是商业信息系统专业方面的),约35000页。ELINOR 中大部分文献是用 DIP(文献图像处理)技术扫描进入系统并以 TIFF G4 位映象图像形式存贮,目次页、索引页等用 OCR 技术转换成 ASC Ⅱ文本,以便于索引和自由检索。ELINOR 电子图书馆系统支持用户浏览数据库中的页面图像,也支持自由文本检索和结构化的字段检索。系统采用客户机/服务器体系结构,一台 IBM RS6000 520 工作站(操作系统 AIX3.2,32M 内存,15G 硬盘)做数据库服务器,扫描工作站是一台486PC 机(8M RAM),用户工作站是4台486 PC 机(Windows 3.1,8M RAM,40M 硬盘,14 英寸 SuperVGA 显示屏）；遵循的协议是 TCP/IP 协议，但也支持校园网运行的 Novell Netware IPX 协议。图 3-3 是 ELINOR 电子图书馆的系统框架。

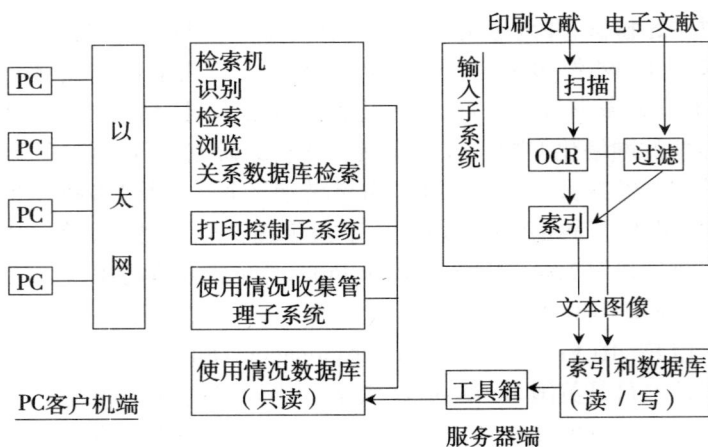

图3-3　ELINOR电子图书馆系统框架

图 3-3 表明 ELINOR 电子图书馆系统中服务器功能的实现，是通过检索机(search engine)、文献输入子系统、使用统计数字收集与管理子系统、打印控制子系统以及工具箱（包括操作数据库的工具）等协同完成的。

英国大学界对电子图书馆的研究与开发项目除了 ELINOR 项目外，还有 Cranfield 工业大学的"EURILLA"电子图书馆项目（应用美国卡内基—梅隆大学的 Mercury 软件开发航空航天信息方面的电子图书馆)[69]；牛津大学的"牛津文本档案"项目和"文本代码化"项目[70]；伦敦大学的"ACS/PODA 电子图书馆系统"[71]，等等。总的来说，电子图书馆开发仍处于探索性的试验阶段，有些集中在很狭窄的领域，只为获取经验，有些项目则只考察电子图书馆的某个方面,如用户界面、文本检索技术等。

3.3.2 法国和荷兰的有关项目

1. 1995 年 3 月新建的法国国家图书馆正在致力于将本馆收藏的 100 万册图书数字化,形成数字化目录库、数字化图书和数字化图像等;法国在数字化图像处理和存贮技术方面也十分活跃,蓬皮杜中心(Pompidou Center)打算通过通讯网络将 15 万个图像提供给全法国的用户使用。此外,法国国家图书馆参加了欧洲多国合作的项目"ELISE"(欧洲电子图书馆图像服务)计划,该计划受"欧洲委员会图书馆计划"(European Commission Libraries Program)资助,将开发一个模型系统,使欧洲的图书馆能联机存取彩色图像库[72,73]。

2. 荷兰的 Tilburg 大学在建设电子图书馆方面非常活跃[74]。Tilburg 大学图书馆在将本校的联机目次页数据库(OLC)加入到荷兰国家书目数据库中供全国使用后,也参加了欧洲的 ELISE 计划,负责将该馆特藏"Brabant 历史地形图集"进行扫描转换,并把图像存储到 ELISE 的彩色图像库中供欧洲用户使用。与此同时,该馆启动了 Ariadne(不同于日本的 Ariadne,正式名称是"网络环境中文章检索与图像同时传递系统",但英文缩写词巧合一致),旨在将图书馆界内外的电子文献传递服务集成到 Tilburg 大学图书馆的服务中,为此开发了文献传递服务器(DDS),用户通过 DDS 系统可以选择、订购期刊论文并在桌面终端上打印图像。Tilburg 大学还与 Elsevier 出版社合作,由后者提供 Tilburg 大学所订购的由 Elsevier 出版的期刊的电子版,Elsevier 允许 Tilburg 大学在校园范围内以这些电子期刊为对象进行电子文献传递试验,这些期刊被扫描成 TIFF G4 格式的图像,但为便于检索,仍以 ASCⅡ码传递,用户可通过联机书目数据库检索订购图像,也可浏览目次页。此外,Tilburg 大学图书馆还进行了"灰色文件项目"(Grey

Files Project），旨在收集电子化的灰色文献并通过网络进行传递。所有这些项目都已经很好地集成到了 Tilburg 大学图书馆的服务中。见图 3 – 4。

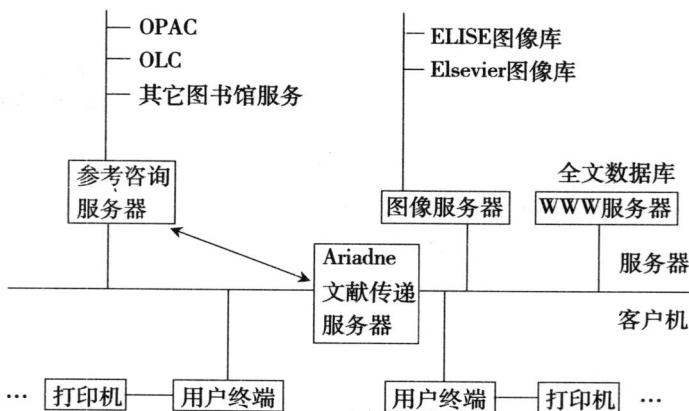

图3-4 TILBURG大学电子图书馆试验的系统框架

图 3 – 4 显示出 Tilburg 大学图书馆的客户机/服务器体系结构。用户通过 Mercury/KWIK 用户界面可存取参考咨询服务器和文献服务器，参考咨询服务器通过 Z39.50 信息检索协议提供给用户各种书目记录；图像服务器服务于图像文件请求，图像数据库中既有 ELISE 项目存贮的图像，又有与 Elsevier 合作项目的图像；全文数据库主要是"灰色文件项目"中的全文文献，可通过 WWW 和 Mosaic 存取；而图中 Ariadne 系统的情形更复杂一些，实际上它既是客户的一个服务器（参考咨询服务器；每个 PC 机），又是某个服务器（图像服务器）的一个客户机，一方面它处理来自参考咨询服务器的请求并把文献传递给终端用户，另一方面它又向图像服务器发出查询图像的请求。

此外,荷兰的 Limburg 大学也在积极地开展电子图书馆方面的有关试验[75]。

3.3.3　澳大利亚的 RMIT Telelibrary 项目

RMIT Telelibrary 项目是澳大利亚皇家米尔堡理工学院(RMIT)进行的电子图书馆试验,目的是应用美国加州大学 Chico 分校 Memex 研究所开发的 E – Library 技术平台在 RMIT 建立一个基于用户需求的电子图书馆[76]。1991 年 RMIT 开发了基于 U – NIX 的 TITAN – KODAK 文献图像处理系统,毒理学、宇航设计、财政金融等方面的期刊论文、研究报告和其它频繁被使用的著作经过扫描后,以位映像图像的形式被存储起来(这些资料的版权或属于 RMIT,或是公有领域的,或者是经版权所有人许可进行扫描的),用户可通过局域网、澳大利亚 AARNET 通讯网和 Internet 检索电子图书馆数据库,系统将把用户所需文献电子化地传递到其工作站中。RMIT 所试验的电子图书馆还提供可存取其它电子信息资源的网关。对于 RMIT 图书馆未收藏的资料(不管是印本的还是电子形式的),如果用户需要,RMIT 将根据与美国马里兰大学的协议,由马里兰大学图书馆将 RMIT 用户所需资料转换成数字化图像经通讯网络传输到 RMIT。

3.3.4　新加坡的有关项目

1994 年 3 月,新加坡政府在兴建包括"信息高速公路网"和"光纤电缆电视网"在内的"国家信息基础设施"(NII)的同时,提出了"2000 年图书馆发展计划",打算建立一个"无边界电子图书馆网络"(borderless electronic library networks),把全新加坡的公共图书馆和约 500 多个学术与专业数据库连接起来,并为世界范围内的主要图书馆和信息服务中心提供最先进的"联机装置"。图书馆将不再是活动范围极其有限的"知识仓库",而成为名符其实的信息检索点、交换节点和"无边界电子图书馆网络"的传递纽带,而"无边界电子图书馆网络"将作为全国的智力中心,源源不断地向公众传输信息[77,78]。此外,新加坡南洋理工大学(NTU)也在进行电子图书馆的试验[79]。1995年刚建立的新加坡国家图书馆分馆——Tampines地区图书馆则已初步显露出电子图书馆的特征:提供多媒体电子杂志、交互式多媒体教育;提供访问CD-ROM,利用Jukebox可同时提供读者访问240张光盘;拥有一个电影、光盘、录像的瞬时转换系统,可同时为20位读者服务;使用借还书自我服务系统,数字化的有线电视系统;还提供家庭电子信息服务(Electronic Home Delivery Service),可远程访OPAC和使用图书馆网传送全文资料[80]。

3.3.5 国际合作项目:G7全球数字式图书馆项目

前文已述及1995年2月西方七国集团(G7)在经济高峰会议上提出11项GII重点示范计划,其中第四项即电子图书馆项目(图2-6)。随后,西方七国的国家图书馆于5月29日在法国成立了G7全球数字式图书馆集团,由法国国家图书馆和日本国立国会图书馆(NDL)牵头,并于1996年3月在东京举行了G7集团的相关研讨会。G7全球数字式图书馆项目的关键目标如下[81]:①支持国际舆论关于管理网络存取、网络应用及其互操作性需求的公众普遍应用原则;②在G7参加者之间建立合作生产方式的基础结构,以便为关键性的公众讨论创造条件;③创造信息交换的机会,引导信息社会进一步发展;④确定并选择样板项目,这些项目应具有现实的、明确的、可知的社会经济及文化效益,并能向公众阐明信息社会的潜力;⑤确认在实现全球信息社会服务的实践应用上的障碍;⑥帮助建立适合于新产品和新型服务的市场;⑦希望世界范围内的图书馆都能参加,主要参与馆将互联以增强功能,并使用公共的检索接口和导航工具,并促进标准的研制;⑧各国可用自己的语言,应将数字化资源的可用性加以改进以达到国际水平;⑨数字图书馆中应包含书目记录及其内容,包括文本、图形、静态图像、音频及视频;⑩保护知识产权。

3.4　基本经验的总结与分析

本章前述三节对美国、日本、欧洲及其它国家在电子图书馆方面的研究与开发试验项目进行了比较深入的分析和介绍。为了总结和分析以上项目的一些共同特点与基本经验,这里有必要交待两点基本前提。

前提1:以"电子图书馆"(或"数字图书馆")为名进行的建设绝大多数是探索性的试验项目,试验的侧重点、考察的技术领域、涉及的信息数量、展开的方式等都不尽相同,充分体现出电子图书馆领域的研究具有跨学科、多行业、试验性的特点,因此不能对电子图书馆的具体范围进行简单而武断的划定。有文章曾称:"目前美国约有6000个以上的电子图书馆,不仅提供馆藏信息,还大量提供全文电子信息、出版物、杂志、书籍、教材、公告、简讯、文章、图书情报资源等"[82],显然这种说法是没有根据的。既然美国已有约6000个以上的电子图书馆,那么为什么美国还在积极地进行各种试验? 为什么"人们看准电子图书馆是21世纪图书馆的技术模式和发展方向"[83]呢? 我们只能认为,有一些CD－ROM出版物或建起光盘局域网、能通过网络传递少量全文信息等,只是具备了电子图书馆的某些要素,最多是出现了电子图书馆的雏形,而不能轻易地认定某图书馆已是电子图书馆,因为电子图书馆涉及的范围太广,目前只能勾勒出它的某些特征。

前提2:本书绪论部分曾通过与虚拟图书馆、虚拟实在图书馆、无墙图书馆、网络化信息系统、图书馆自动化、数字图书馆等概念的同异比较,给出了一个关于电子图书馆的初步定义。应该指出,这个定义是从图书馆学研究者的视角界定的,很可能疏于严密、完整和规范,但它毕竟是目前众说纷纭的不同认识中的一种尝试。它同时也表明人们对电子图书馆领域的理解存在很大差异,这点在本章前三节的分析介绍中得到了最好的证明。比如,美国、日本和英国这三个国家的国家图书馆所提出的电子图书馆计划,从其内容看,强调传统图书馆馆藏的数字化转换和存储以及联网传递,这当然是电子图书馆的一个重要方面,可以认为是图书馆界对"电子图书馆"的看法;有些项目设计的是"电子图书馆"系统,可以移植到传统图书馆实际环境中去,如 Mercury 电子图书馆项目、美国银盘公司(Silver Platter)的"电子参考图书馆"系统、AT&T贝尔实验室的"Right Pages Service"电子图书馆系统、美国 IBM 开发的数字图书馆技术平台、日本 NACSIS 的电子图书馆系统(ELS)、日本的 Ariadne 电子图书馆系统、荷兰 Tilburg 大学的 Ariadne 系统等。与其说这些系统是"电子图书馆",倒不如说这些系统、软硬件平台是真正图书馆意义上的电子图书馆的技术基础与手段。当然,目前被称之为"电子图书馆"的这些系统是非常重要的,它们为以后的研究和开发活动奠定了基础;有些项目实质上是电子出版、电子期刊、电子文献传递等方面的试验,如美国的CORE"化学联机检索试验项目"、TULIP 项目等;有些项目实质上是构建能通过网络进行存取的电子数据库(单媒体或多媒体),如日本国立国会图书馆的"儿童图书电子图书馆"项目实际上就是建立儿童图书书目库和存贮在磁盘组上的儿童图书位映像图像数据库。再如日本企业界合作开发的 ELNET 实际上也是一个可联机存取的文本、图像混合的大数据库。美国 6 所大学承担的"数字图书馆启动"项目中不少实际上就是学科专业各有侧重、重视多媒体应用的数字信息库(本书绪论曾指出英文 library 一词有"图书馆"的意思,同时也有计算机领域"文件库、信息库"的含义,有时候 digital library 所代表的纯粹是技术内涵,甚至与图书馆情形完全不相干),这些项目自然就侧重信息检索、数据库用户界面设计、数据压缩、软件开发、多媒体处理等技术方面,我们认为这些方面的研究成果将是构建电子图书馆的关键技术;另外还有些项目对电子图书馆的理解是一种服务、一种概念,如 OCLC 近年来宣称自己将要成为一座"电子图书馆",显然这种认识是从 OCLC 所能提供的联机电子信息服务角度来谈的(OCLC 的 PRISM 服务是一个联机编目和馆际互借系统,EPIC 服务是一个联机参考咨询系统,First Search 服务可提供联机存取或订购丰富的书目信息和全文信息,此外还有 OCLC 联机电子期刊服务等),OCLC 的王行仁先生即认为:"如果我们同意'电子图书馆'是'数字图书馆'、'虚拟图书馆'、'环球村图书馆'和'无墙图书馆'的同义词的话,那么电子图书馆就不是一个机构而是一个概念,不是一座建筑而是一个网络或是网络集合。"[84]当然这是网络化的联机信息服务,我们所理解的电子图书馆自然要提供 OCLC 这类机构的联机信息资源。另外,前三节介绍的有些项目实际上仅是用户界面设计实验。

总之,这些项目充分体现出图书馆界、信息技术研究与开发界、大学界、出版界等各行业人士对"电子图书馆到底是什么"的不同认识和理解。本节的经验分析只能是一些最根本的、具有共性的认识。

1.强调政府部门、研究机构、信息通讯技术界、图书馆、教育部门、出版机构等众多部门的沟通与合作。上述项目中很多是政府部门、研究机构与国家图书馆之间的合作项目,有些是大学及其图书馆、专业学会(协会)、出版商之间的合作,有些是信息通讯技术界(如 IBM、NTT、AT&T)开发的先进技术设备应用于图书馆数字化的合作。总之,一个共同的特点,或者说是保证任何电子图书馆试验得以成功的基本要求,就是广泛的沟通与合作。政府部门在试验电子图书馆中不仅通过投入经费和制定有关政策进行支持,而且有些政府行为对电子图书馆的试验和发展将产生很大影响，这主要体现在两个方面：一是带头示范作用。如美国的国会图书馆和国立农业、医学图书馆（在美国这三大国家图书馆被认为是联邦机构）都在进行以图书馆馆藏数字化转换为主要内容的电子图书馆试验。美籍华人学者陈钦智曾指出："当 NAL 这样的国家图书馆都声称要领先进行数字化、建设电子图书馆的时候，当然将会有越来越多的图书馆追随。"而美国国会图书馆责无旁贷地要负责组织协调"全国数字化图书馆"建设并研究如何在电子图书馆环境中切实保护知识产权。二是政府部门的需求推动作用。前文已指出许多国家的信息基础设施（NII）建设计划都明确了图书馆的作用并提出了发展电子图书馆的需求，显然这种政府行为将产生有效的推动作用。再例如：美国政府多年来一直扮演着政府文献"出版商"的角色，它把许多政府出版物分藏于一些图书馆中，这些图书馆作为联邦文献贮存馆必须免费向任何要查阅的人开放。政府出版物的形式目前还是纸张印刷型的、缩微胶片型的和 CD－ROM 型的等几种并存，但最近美国国会着手研究了是否能将所有政府信息制成数字型的并通过联机进行传播（同时不再发行印刷型、缩微型或 CD－ROM 型）[85]。这种政府行为当然是政府为适应形势发展和社会需要而采取的行动，它也将对这些联邦文献贮存图书馆产生影响，至少要考虑安装服务器（确定是每个地区一个还是根据通讯网络负载量和带宽由几家共享一个服务器），还要进一步考虑非数字化的政府文献是否也应该数字化并进行联机传递等等。这样就很可能产生一个仅限于政府出版物的数字化转换、存储、联网传递的电子图书馆原型系统（就像本章介绍的有些项目那样，仅在特定专业范围内进行试验）。

　　信息通讯技术界在建设电子图书馆中发挥着不可替代的作用。图书馆正是依靠信息技术逐步实现了流通、采访、登到、编目、连续出版物管理、内部行政管理等内部作业与流程的自动化，以及以 OPAC 为主要工具直接面向终端用户的服务。建立在图书馆高度自动化基础上的电子图书馆更是需要借助计算机、远程通信、网络和多媒体等技术的力量,需要信息通讯技术界提供能使图书馆更直接满足终端用户需要(而不仅是内部业务自动化需要)的硬件、软件、网络环境等。前文所述的 IBM 公司即是一例。IBM Digital Library 实际上是一种先进的信息技术产品,世界许多图书馆应用这一技术实现本馆馆藏中珍稀文献的数字化转换和存储,其目的一是为了保存,二是上网供更多的人联机存取、检索、套录和打印(在授权许可的情况下)。类似 IBM 公司产品的例子还有很多,图书馆可以选择使用,但要求众多产品必须具有开放式的结构,能使图书馆集成不同厂商的产品和技术。信息技术界还将和研究机构、图书馆等合作,研究与探索电子图书馆领域中涉及的众多技术课题,如文献图像处理技术、文本检索与标引、多媒体存储与压缩、人机界面、数据交换与标准、系统结构与效率、系统管理、信息检索协议与网络通信协议、版权管理系统等等。这其中的很多技术都是构建电子图书馆所必需的,单凭任何一家的力量恐怕都殊难企及,只能通力合作。

出版商在电子图书馆试验中的地位非常特殊。上文中的一些电子图书馆试验,究其实质,是有出版商积极参与的电子文献传递、电子期刊试验。从目前的情况来看,电子图书馆项目经常与电子出版试验纠缠在一起、难分你我,诚如文献[86]的作者所言:"电子图书馆与电子出版这一独立领域有特殊的相关性,它们就像孪生兄弟:共同成长共同受难。电子出版不仅为电子图书馆提供信息资源,也和电子图书馆共同面对着类似的技术难题。"(文献[86],29－1页)一方面,出版商逐渐认识到电子出版有可能使它们转化为知识、信息的调节、检查、控制和服务的中心枢纽,从而在职能和作用上发生较大的调整和改变,因而也在试验中逐步探索适应新的学术交流环境的出版经济模式,对电子期刊、电子文献传递项目表现出较大的兴趣；另一方面，出版商虽认识到学术交流变革是不可避免的，但却试图希望控制变革以保护他们既得的商业利益，这集中体现在上述项目中出版商对保护其版权问题的关注。目前很多项目所涉及的资料要么是版权属于本机构的，要么是公有领域的，要么是经过与出版商协商获得许可的，因而试验的文献数量并不是很大，通过网络进行传递的范围也受到严格限制。可以说，在现有版权法框架内，在人们对电子拷贝（electrocopying）尚无良策的情况下，与出版商的沟通、合作并争取他们的支持，是电子图书馆试验具有一定程度实用性的先决条件之一。有学者曾提醒电子图书馆的试验者："如果未与不愿放弃版权的作者、出版商达成允许数字化扫描、存储和传递文献的协议或许可，那么整个数字化过程就白白浪费了，很多试验也就是因为这个原因而失败了。"[87]这种认识很有道理，充分体现出与出版商合作协商版权问题的重要性。

2. 重视电子图书馆系统的用户界面和数据模型。用户界面决定着终端用户怎样与电子图书馆系统交互以及系统怎样展现给用户。一般来说，有三种用户界面，一是基于命令的界面，用户通过输入命令实现与系统的交互；二是菜单式界面，用户通过菜单选项进行操作；三是图形用户界面，其基本特点是 WIMP，即通过视窗（Windows）、图标（Icon）、鼠标（Mouse）和提拉菜单（Pull‑down Menu）进行操作。上文中的很多项目都可按其使用的用户界面归类，大概主要的有：①普通文本界面，电子文献表现为普通 ASC Ⅱ码文本，没有图像或其它多媒体要素，检索系统的设计也以 ASC Ⅱ码文本为基础。②图形用户界面，电子文献是图像形式，只有一些相关部分如目次页、索引页等转换为文本形式，以便于索引和检索，典型的例子如英国的 ELINOR 和美国的 Mercury。③基于超媒体的界面，电子文献以超文本的形式表现并包括多媒体内容。Mosaic 即是一个典型例子，许多电子图书馆系统使用 Mosaic 用户界面。另外,有些项目使用了不同于上述三类界面的技术,主要是用先进的技术模拟真实的图书馆中的房间、书架、图书、服务等,形成一个三维环境,电子文献与用户的交互使用户感觉好像在一个真的图书馆中。当然,这主要是虚拟实在(VR)技术在用户界面设计中的应用,如文献[88]中设计的"超书"(hyper-book)模型界面。

　　从上述项目普遍重视用户界面的设计及其对用户友好的角度来看,建成实用的电子图书馆系统并使之真正对用户友好,还有许多工作要做,有些项目也进行了探索。需要解决的问题如:①多数读者长期习惯于印刷文献的格式和风格,对于电子文献,电子图书馆系统能否使之保持人们所习惯的风格就很重要。②屏幕与纸张相比较,经常读书的人可能会更亲近于纸上的文章,因为可以随意批划、眉批、做笔记等。开发电子图书馆系统时需要认真考虑人们的阅读和学习习惯,其实这是"读书支持"手段的问题。日本的Ariadne项目对此做了试验,Ariadne系统中显示的页面据称具有印刷书刊一样的效果,用户可同时读多种书,可以同时查找参考工具书(字辞典等),能帮助用户自动做便笺、笔记、备忘录等。但类似这样的原型系统太少,而且有很多功能并不完善,还难以完全满足人们在电子环境中"读书"的要求。③图书馆用户经常喜欢去书架间浏览而不是去检索某种文献(如,常有的动作是先浏览各种封面,再看目次页,感兴趣则读下去,不感兴趣则放下),而电子图书馆系统提供的"浏览"功能能像用户习惯的浏览那么有效和富有个性吗?有些项目,如日本图书馆情报大学开发的模拟图书馆书架的浏览器SOPAC,能使用户在检索OPAC时看到每本书的厚度和开本;美国国会图书馆项目探讨虚拟实在技术的应用,目的也就是用先进的计算机软件(界面)模拟用户"巡行于书架间浏览图书"的习惯。这方面虽然已有试验,但由于虚拟实在技术本身还不完善、VR系统离商业化尚早,因而电子图书馆系统用户界面设计中使用 VR 技术的尚不多见。④用户界面设计人员虽精心安排了各种要素以图用户喜爱,但有时候用户更愿意自行设计、组织显示屏的风格,这时需要电子图书馆系统能提供供用户随心所欲进行修改的技术工具。而从目前的项目看,只有 ELINOR 系统能一小部分地满足上述要求,看来这方面的工作难度还很大。总之,从电子图书馆系统的用户界面来看,有几种普遍采用的设计方案,但应用更先进的 VR 技术设计用户界面的还很少。

数据模型关系着电子图书馆系统中文献的存储、构成、处理、检索等方面。目前所见的电子图书馆原型系统总体上有三种文献模型:自由文本模型(此模型中一个文献是可被识别、标引、显示的文本)、文献图像处理(DIP)模型(此模型中文献是连续页面,每一页面表现为位映像图像,部分或所有图像页面都附加有用于索引和检索的文本)以及超媒体模型。另外,新的文献模型,如 Hy-Time(多媒体基于时间的结构化语言)文献模型也正在发展中[89],但当前使用这种模型的电子图书馆系统还很少见。

3. 电子图书馆系统多数为客户机/服务器的应用模式,建立在校园网基础之上并与 Internet 等网络联网是共同特征。目前电子图书馆系统比较普遍地采用了 90 年代先进的客户机/服务器(client/server)分布式计算机体系结构。客户机/服务器结构是由 client(一个或多个)、server(一个或多个)以及下层的操作系统进程间通讯系统等共同组成的一个支持分布计算、分析和表示的系统[90]。在该模式中,应用分为前端(front-end)的客户机部分和后端(back-end)的服务器部分。客户机运行在微机或工作站上,而服务器部分可以运行在从微机到大型机等的各种计算机上。客户机和服务器工作在不同的逻辑实体中,但它们可以协同工作。进行通讯时,客户机发出请求索取信息,依靠服务器执行客户机方不能完成(如大型数据库管理)或不能有效地完成(如很费时的复杂运算)的工作。服务器可随时等待客户机提交申请的信息,它

108

们只用预先指定的语言与客户机进行信息交互。网络通讯系统将请求的内容传到服务器，服务器根据请求完成预定的操作，然后把结果送回客户机。

同传统的分时共享模式(70 年代)和资源共享模式(80 年代)相比，客户机/服务器应用模式有许多优点[91,92]：①优化网络利用率，减少了网络的流量。同资源共享模式通常要传输大量数据相比，客户机/服务器模式中客户机只传送请求的内容，服务器也只返回最终结果，数据库的内容不必传来传去。②较高的运行性能。由于采用分布式处理模式实现任务分担，因此显著地减少了局域网的流通负担并提高了整个系统的运行性能。相当多的运算、数据处理工作是在比客户机功能更强大的服务器上完成的，这比在客户机上完成要有效得多。③客户机/服务器模式可以充分利用客户机和服务器双方的能力，组成一个分布式应用环境。微机和工作站一般提供图形的、高度交互的用户界面和功能强大、便于使用的应用，而传统的小型机或大型机提供很强的数据管理、信息共享和复杂的管理、安全机制。客户机/服务器模式有效地把这两方面的优点结合起来，充分发挥双方的特点，完成用户指定的任务。④集中式数据管理便于保证数据的完整性、一致性和安全性，并便于进行存取控制。⑤较强的扩充升级能力。在客户机/服务器模式中，由于功能分别交由客户机和服务器完成，因此如果后端在服务器不变的前提下对基础硬件、软件加以更新，它对前端的应用影响很小，用户在应用软件开发及使用培训方面的投资就得到了保障，系统的可扩充性就大大增强了。⑥较高的性能/价格比。由于许多机器和操作系统都能互连起来，用户可以选择最适宜的软、硬件环境，如具有很高性能价格比的 PC 机，然后把这些客户机都连接到一个更强大的服务器系统上。总之，由于客户机/服务器分布式体系结构具有众多的优点而受到人们的欢迎，成为电子图书馆系统在设计系统结构时比较普遍采用的模式。

由于前文所述的许多系统是以大学为应用环境由几方合作开发的,所以电子图书馆系统多建立在校园网基础上。客户机和服务器之间的通讯协议一般是 TCP/IP 协议,多数系统均采用 IP 协议,但也有个别项目,如美国银盘公司的 ERL 电子参考图书馆系统,前端和后端的通讯协议是该公司开发的 DXP(数据交换协议),执行该协议的局域网可以把已有的信息系统和新的系统无缝地组合起来,但 ERL 系统同时也能支持 TCP/IP,可连接现有运行 TCP/IP 的网络。有些大学,如英国 De Montford 大学和荷兰的 Tilburg 大学,校园网运行的是 Novell Netware IPX 协议,校园内的 PC 客户机不仅可以通过 TCP/IP 协议存取电子图书馆系统的服务器,也可通过 IPX 协议存取校园网上的 Novell 文件服务器。看来,TCP/IP 协议已是目前使用的共同标准。还有些项目(如日本 NDL 与 ITPA 合作的项目)也在试验新的 ATM(异步传输模式)协议。由于 TCP/IP 最初设计者没有考虑实时数据的传输,而实时数据的传输对任何有意义的音频和视频信息传送都是必不可少的(电子图书馆的多媒体数据库不单是文本和静止图像,还有实时的音频和视频信息,当然也会牵涉到上述问题),所以有人认为,虽然 TCP/IP 协议能将全世界的应用、网络和操作系统连接在一起,但若将 TCP/IP 作为未来信息基础设施的协议基础,还得解决许多问题,不仅能管理文本信息,还能管理图表、视频和音频信息的 ATM 可能是 TCP/IP 的最大竞争者[93]。但是,总的看来网络协议方面还有很多未知数,最有可能的情形是 TCP/IP、ATM 等多种协议并存,轻言"IP 标准将会被迅速崛起的 ATM 取代"[94]还有欠考虑。就目前而言,采用 TCP/IP 协议是电子图书馆系统能得以成功的一个重要条件。

另外,目前的电子图书馆系统在提供检索方面,比较普遍地采用了 ANSI NISO Z39.50(ISO 10163)标准信息检索协议。使用 Z39.50 协议对于实现电子图书馆数据库的分布查询非常重要,用户可以使用自己的检索界面,提交同样的检索命令检索任何一个用 Z39.50 实现的数据库。有些项目,如 Mercury 电子图书馆系统,采用的检索软件(Fulcrum Fulltext)支持 ANSI/ISO Z39.50 协议;而另外一些项目,如 ELINOR 电子图书馆采用的检索软件(PixTex/EFS)目前尚不支持 Z39.50,系统结构中客户机和服务器之间的信息检索协议是专有的,这样不仅同一客户机无法存取异型数据库服务器,而且不同类型的客户机软件也无法检索数据库服务器。但该项目已准备与合作者共同改变这一状况,使用 Z39.50 协议,使其它的 Z39.50 客户机都能存取 ELINOR 的数据库服务器。

4.图书馆传统印刷文献(如书刊等)或未发表的文献(如价值较大的专有技术报告、手稿等)的数字化转换(字符编码文本、电子化的位映像图像)、存储、标引与检索、传输、显示和输出等方面,是很多电子图书馆项目考察的重点;音频、视频信息的转换、存储和传输及多媒体信息,限于目前的技术条件,只有少数几个项目(如美国 NSF 等机构合作进行的"数字图书馆启动"、IBM 公司的数字图书馆技术等)进行了试验性研究。这里着重对前一种情况进行总结和研究,它涉及的实际上是电子文献图像技术及其系统的应用。

电子图书馆中计算机可以处理的资料表现形式是字符编码文本和电子文献图像或者是两者的混和。应用击键或光学字符识别(OCR)方式可以将图书馆文献的内容转换为字符编码形式(主要是 ASC Ⅱ码),而通过扫描纸张文献或缩微胶片,图书馆文献可以以数字化图像的形式存储起来。无论是哪种存贮方式,电子图书馆的这些电子文献应该能让得到授权的用户通过局域网或广域网联机存取。以上所述其实就是一部分电子图书馆试验的主要技术设计思路。

按照 William Saffady 的定义[95],电子文献图像系统是"硬件和/或软件的集成式配置，能将办公室文件、报告、出版物和其它源文献转换为图像形式存储并加以传播"。典型的电子文献图像系统包括四个部分：①文献输入系统（参见图3－3中ELINOR电子图书馆的输入子系统）；②文献标引与文本检索系统；③文献存储系统；④输出与传输系统。这里将结合前文有关电子图书馆项目在此方面的共同特点讨论这四个子系统。

（1）文献输入系统。文献扫描仪和OCR技术是有关电子图书馆项目使用的重要技术手段。扫描仪是一种计算机外设，能将源文献转换成适于计算机处理、存储的数字化电子图像。源文献可能包括黑白或彩色的文本与图形，电子文献图像系统中扫描仪可产生数字化图像或称位映像图像（bit－mapped images，这是前文大多数项目中存储全文文献的主要形式）。扫描仪主要有以下几种类型[96]：二进制方式扫描仪（binary mode，适于包含文本或绘线的黑白文献扫描）；半色调方式扫描仪（half－tone mode，适于扫描照片及有灰色调在内的文献）；灰度扫描仪（gray scale scanners，适用于扫描包括较多灰色调的文献）；彩色扫描仪等。一幅真彩色图像所占存储空间往往是灰度图像的3倍，同时快速压缩技术还不够成功，扫描速度也慢于二进制方式扫描仪和灰度扫描仪，所以同单色扫描技术相比，彩色扫描技术还不完善，而且在需要高质量真彩色图像时费用很高。本章中多数电子图书馆项目使用的是单色扫描仪，有些项目需要转换的文献包括地图、建筑视图（如加州大学伯克利分校的"环境科学电子图书馆"和圣巴巴拉分校的"亚历山大计划"、康奈尔大学的KLIC项目等）等必须留存灰度或彩色的文献，所以也在探索更先进的彩色扫描技术。

扫描分辨率通常用显示屏上单位面积内的像素（dpi）来表示。许多扫描仪的分辨率可达600dpi以上，但由于受产生的图像文件的大小以及网络传输速度的制约，许多电子图书馆项目选择300dpi或稍高一点（如日本是400dpi）的分辨率来显示书刊文献的文字页面和插图。300dpi 是光学字符识别(OCR)算法能够较准确识别的最低扫描分辨率要求。

文献扫描仪产生的位映像图像是不能被检索或"阅读"的数字化图像数据。而 OCR 则将扫描与图像分析结合起来,能够识别或"阅读"源文献中的字符,被识别的字符被转换为机器可读的字符编码形式(通常是 ASC Ⅱ码)。利用 OCR 技术可以对部分或全部文献进行全文标引。OCR 技术的效能取决于它对源文献中字符进行准确识别的能力,但目前 OCR 技术应用中还存在一些问题,如图像质量不高、印刷文献中存在"背景干扰"、字符分类等[97],所以人们利用模式识别、形态图像处理、专家系统、模糊逻辑以及自适应神经网络(adaptive neural networks)等方面的技术进步,已经开发出智能字符识别(Intelligent Character Recognition,ICR)系统(如 IBM/Lutherhalle Wittenberg 博物馆合作的项目);还有的项目,如英国 ELINOR 电子图书馆使用 OCR/ICR 两种系统,提高了文本检索和图像增强的能力[98]。

总体上看,利用 OCR 技术产生的文本一般用于自动标引和全文检索目的,而照片、图表、图形等不能转换为 ASC Ⅱ码的信息则以页面图像形式存贮,用于浏览、观看和阅读原文。

(2)文献存贮系统。存贮的格式往往决定着对存贮容量的需求,以 ASC Ⅱ码形式存贮文献所占用的存贮空间仅及以图像形式存贮的5%[99]。由于图像文件普遍比较大,如以 600dpi 扫描仪扫描产生的彩色图像(单页)往往是几兆字节的文件,所以数据压缩技术非常重要。数字化图像所需的存贮空间与图像压缩算法关系很大,如果采用 ITU(国际电信联盟,即以前的国际电报电话咨询委员会 CCITT)的 ITU – T/CCITT G3 压缩方法,每页图像压缩比是 10:1;而如采用 ITU – T/CCITT G4 方法,其压缩比为 15:1。G3和 G4 算法主要用于压缩包括文本和绘线在内的黑白色调的文献,前文所述的电子图书馆项目压缩图像的算法主要是 G4。由于多数电子图书馆项目转换的资料是黑白色调文献,故多以 TIFF (Tagged Image File Format)G4 形式存储所转换的位映像图像(黑白图像),英国 ELINOR 项目即是典型例子。另外,有些项目涉及到彩色静态图像的压缩与存储,如日本国立国会图书馆的"电子图书馆实践试验"项目,采用的压缩技术是 JPEG 标准,压缩算法是"多灰度静止图像的数字压缩编码"。JPEG 是静态图像压缩标准,其压缩比为 20:1,并可保证还原后的图像质量与原图像差异甚少,因而彩色静止图像以 JPEG 格式存贮。随着多媒体技术的发展和多媒体信息的增多,电子图书馆系统势必要存储和传输大量的动态图像,这样就需要用到 MPEG 标准(正式名称是"用于数字存储媒体运动图像及其伴音速率为 1.5Mbps 的压缩编码"[100])。目前的电子图书馆项目中采用 MPEG 标准压缩动态图像的还不多见(因为涉及动态图像的本来就少),只在美国 NSF 等机构的"数字图书馆启动"项目中有所应用和探索。

电子文献的存贮,从存取数据的速度来分主要可分为联机的、脱机的和介于两者之间的 near-line 方式。联机存贮设备主要是计算机硬盘,数据存贮在硬盘上,可在需要时直接存取;脱机存贮设备主要是光盘、磁带等,数据存取需要在存贮系统重新装入光盘或磁带等之后进行。联机存贮方式数据存取速度最快,脱机最慢,介乎两者之间的即是 near-line 方式。near-line 存贮装置的典型例子是 CD-ROM 自动装载机(auto-loaders)和 CD-ROM 自动存取装置(jukeboxes)、CD-ROM 转换器(changers)等。电子图书馆系统中存贮电子文献的方式基本上也是以上三种,on-line 方式和 near-line 方式用得较多,如英国国家图书馆将 100 万份专利数字化后存贮在 16 个相连的 CD-ROM Jukebox 中,每个 Jukebox 可装 100 张光盘;日本国立国会图书馆将 1000 万个数字化图像(TIFF G4 黑白图像和 JPEG 彩色图像)存贮在 3000 张 CD-R 中并组成了 6 组 CD-ROM changers 等。

114

（3）文献索引与文本检索系统。在此方面一些电子图书馆系统的共同特点是既支持结构化的字段检索又提供自由文本检索。结构化的字段检索类似于对 OPAC 中图书馆书目记录的检索，多数系统都可以提供；有些电子图书馆系统可以提供自由文本检索，如美国的 CORE 项目和英国的 ELINOR 系统。自由文本检索是建立在自适应模式识别处理（神经网络）基础上的检索技术，能满足布尔逻辑检索和自然语言检索。如 ELINOR 电子图书馆系统中自由文本检索的过程为：收到查询指令后，系统迅速地对神经网络索引进行检索，产生一张命中清单（表明相关程度的得分值），而后可以根据所检文献与查询要求的相关性评价命中清单。ELI-NOR 系统还允许模糊检索，即能对用户查询中的拼写错误或 OCR 扫描中的字符识别错误进行容错处理。这点对电子图书馆检索非常重要，其原因在于 OCR 识别错误可能会导致错误的检索结果并有损于检索的查全和查准率，另外还得对转换成 ASC Ⅱ 码的文本进行"清理"。因此，在电子图书馆的检索系统方面，开发能容纳上述两种错误的全文检索方法就非常必要。日本企业界关注电子图书馆试验的一个重要方面即是自由文本检索系统。

（4）文献输出系统与图像传输。文献输出方面主要涉及显示技术和打印设备。可以显示图像的微机和工作站不仅能显示字符编码数据和文本，还能显示扫描产生的或存储在光学介质（如光盘、光带）中的数字化图像。这类工作站中的图形显示装置有时被称为位映像视频监视器，可以分为 CRT（阴极射线管显示）和 LCD（液晶显示）两种方式。数字化图像显示要求高分辨率的显示格式，如 VGA（480 × 640 像素）、Super VGA（800 × 600 像素）。打印系统方面，300dpi 的桌面激光打印机已经较为普遍，600dpi 的高分辨率打印机虽然提供了较高的分辨率，但由于扫描的分辨率一般在 300dpi 左右，所以电子图书馆项目中多数使用 300dpi 的打印设备。另外由于这些项目转换的图书期刊多数是单色的黑白文本,所以高质量的灰度和彩色打印设备在前述项目中使用的也不多。由于打印机配置以及打印机与工作站间接口带宽的限制,所以普通激光打印机在打印位映像图像时非常慢,因此电子图书馆图像打印系统需要配置高速激光打印机。

图像传输问题也是电子图书馆试验项目关注的重点之一。比较普遍的传输方式是在 TCP/IP 环境下使用标准 FTP 将图像从一台机器传到另一台。提高网络传输图像的速度,可以通过生成较小的图像文件或增加网络带宽的办法实现。生成较小的图像文件的办法如降低扫描分辨率、采用不同的扫描方式或压缩图像等。大多数局域网的带宽为 10Mbps,广域网是 1.544Mbps(T1 级)。有些电子图书馆项目的局域网是以光纤为传输介质的 FDDI(高速光纤环网)局域网,传输速率为 100Mbps,如日本国立国会图书馆的项目。

总之,电子文献图像系统在电子图书馆试验项目中占有重要地位,本章所述及的项目或多或少都有这一共同特点。

第 3 章引用和参考文献

1 Nancy Schiller. The Emerging Virtual Research Library. SPEC Kit 186. Washington,D. C. :Association of Research,Libraries,1992:1 ~ 191

2 Q. J. A. Pamela. Optical disc applications in libraries. Library Trends,1988,37 (3):327 ~ 334

3 R. Wust. Optical disk based document delivery at the Congressional Re - search Service of the Library of Congress. In:Libraries and Electronic Pub - lishing:Promises and Challenges for the 90s. Essen,Germany:Universitats - bibliothek,1992:167 ~ 178

4 The American Memory Project:Sharing unique collections. Library of Congress Information Bulletin(LCIB),1990,49(5):83 ~ 84

5 刘海滨. 美国国会图书馆信息技术应用的最新动向. 图书馆建设,1995 (5):66 ~ 68

6　杨宗英. 电子图书馆的模式. 现代图书情报技术, 1993(2):37~42

7　S. E. Thomas. Library of Congress S. information super highway. New York Times, 12, Sept. 1994

8　J. H. Billington. Electronic content and civilization's discontent. EDUCOM Review, 1994, 29(5):22~25

9　Herbert S. Beck. Library of Congress digital library effort. Communication of ACM, 1995, 38(4):66

10　J. H. Billington. Building the information super highway. Media Studies Journal, 1994(4):86~87

11　D. G. Zhao, et al. An overview of the electronic library and networked information retrieval system. In: Proceedings of the 4th Beijing International Symposium on Computer – based Information Management, 14 – 18 October, 1994:29 – 1~29 – 11

12　W. Arms, et al. The design of the Mercury Electronic Library. EDUCOM Review, 1992, 27(6):38~41

13　The electronic library scene. The Electronic Library, 1994, 12(6):385~386

14　曹鑫. 美国将在六所大学建大型数字图书馆. 高校文献信息学刊, 1995 (3):64

15　石晓华. 论电子图书馆的建设与发展. 北京大学在职人员申请硕士学位论文, 1995:12~13

16　R. Wilensky. UC Berkeley's Digital Library Project. Communication of ACM, 1995, 38(4):60~61

17　L. Crums. University of Michigan Digital Library Project. Communication of ACM, 1995, 38(4):63~64

18　The Stanford Digital Library Group. The Stanford Digital Library Project. Communication of ACM, 1995, 38(4):59~60

19　B. Schatz. Building the interspace: the Illinois Digital Library Project. Communication of ACM, 1995, 38(4):62~63

20　T. R. Smith, J. Frew. Alexandria Digital Library. Communication of ACM, 1995, 38(4):61~62

21　M. Christel, et al. Informedia Digital Video Library. Communication of ACM.

1995,38(4):57~58

22 王军等. 电子出版物的新发展. 见:《情报学进展:1994 - 1995 年度评论》第一卷. 中国国防科技信息学会,1995:191~210

23 Ben Jeapes. Digital library projects:where they are now - part one. The Electronic Library,1995,13(6):551~554

24 Ben Jeapes. Digital library projects:where they are now - part two. The Electronic Library,1996,14(1):62~64

25 M. M. Hoffman,et al. The Right Pages service:an image - based electronic library. JASIS,1993,44(8):446

26 同11,29 - 3

27 K. Butter. Red Sage:the next step in delivery of electronic documents. Medical Reference Services Quarterly,1994,13(3):75~81

28 R. Entlich,et al. Making a digital library:the chemistry online retrieval experiment. Communication of ACM,1995,38(4):54~55

29 S. Weibel. The CORE Project:technical shakedown and preliminary users studies. In:Annual Review of OCLC Research(June 1992~June 1993), Dublin,Ohio:OCLC,1994,46~49

30 K. Hunter. Issues and experiments in electronic publishing and dissemina - tion. Information Technology and Libraries,1994,13(2):127~132

31 M. Needleman. TULIP at the University of California. I. Implementation and the lessons learned. Library Hi Tech,1995,13(4):69~72

32 K. Willis. TULIP at the University of Michigan. Library Hi Tech,1995,13 (4):65~68

33 D. A. Troll,et al. TULIP at Carnegie Mellon. Library Hi Tech,1995,13(4): 47~53

34 B. Cattey et al. TULIP at Massachusetts Institute of Technology. Library Hi Tech,1995,13(4):31~37

35 P. Mosdert. TULIP at Elsevier Science. Library Hi Tech, 1995, 13 (4):25~30

36 S. L. Worona,et al. TULIP at Cornell University. Library Hi Tech,1995,13 (4):61~66

37 S. Barnes. Selected digital library projects in the Cornell University Library System. Library Hi Tech,1994,12(3):33

38 S. Barnes. An electronic library grows. Computer in Libraries,1995,13(8): 12~15

39 S. Barnes. The electronic library and public services. Library Hi Tech,1994, 12(3):44~62

40 李伟等.网络出版,电子图书馆和虚拟图书馆.北京图书馆馆刊,1994(1/ 2):52~59

41 IBM 中国有限公司,IBM 中国研究中心. IBM 数字图书馆走入中国. IBM 与中国石油工业,1995(3):5~9

42 '96 图书馆自动化全国研讨会有关会议论文及 IBM 公司技术资料

43 ISI 供稿;肖宏编译.美国科学信息研究所的电子图书馆.中国科技期刊 研究,1996,7(2):5~9

44 Zhang Wenxian. Library electronic resource sharing among liberal arts col-leges:ACS Virtual Library Project. Paper Presented at'96 Beijing IFLA General Conference,25 - 31 August,1996:1~7

45 Pat Ensor. Silver Platter embraces the future:the electronic reference li-brary becomes a reality. Computers in Libraries,1994,14(6):28~31

46 E. Fox,L. Lunin. Perspectives on digital libraries:introduction and overview. JASIS,1993,44(8):441~445

47 同 11

48 B. F. Warner, D. Barber. Building the digital library:the University of Michigan's UMLibText Project. Information Technology and Libraries,1994, 13(1):20~24

49 P. Denning,B. Rous. The ACM Electronic Publishing Plan. Communication of ACM,1995,38(4):97~103

50 Ching - chih Chen. Information superhighway and the digital global li-brary:realities and challenges. Microcomputers for Information Manage-ment,1994,11(3):143~156

51 Kenji Uetsuki. Digital library projects in the National Diet Library. Paper Presented at'96 Beijing IFLA General Conference, August 25 - 31,

1996：1～10

52   E. Katsura, et al. Design considerations for capturing an electronic library. Information Service & Use, 1992, 12：99～112

53   M. Imai et al. Design of a digital university library：Mandala Library. In：Proceedings of International Symposium on Digital Libraries 1995. University of Library and Information Science(ULIS) , Tsukuba, Japan, 1995：119～124

54   Kimio Hosono. Current state of research and development on digital libraries in Japan. In：Proceedings of '96 Beijing IFLA General Conference (Booklet 7) , 25－31 August, 1996：13～20.

55   原田胜等. 电子图书馆 Ariadne. 1994：1～12(日文宣传册)

56   长尾真. 电子图书馆. 东京：岩波书店, 1994

57   Shirley V. King. ELNET－the electronic library database system. In：Proceedings of 16th International Online Information Meeting. (ed. David I. Raitt) , London, December 1992. London：Learned Information Ltd. 557～572

58   Brian Lang. The electronic library：implications for librarians, academics and publishers. Libri, 1994, 44(4) ：265～271

59   J. Purday. The British Library's initiatives for access projects. Communication of ACM, 1995, 38(4) ：65～66

60   邓洪涛. 图书馆的数字化管理新进展. 中国计算机报, 1995 年 12 月 19 日 第 103 版

61   P. Barden. The British Library Image Demonstrator Project. Information Management & Technology, 1994, 27(5) ：214～215

62   D. G. Zhao et al. Report on the ELINOR Electronic Library Pilot. Information Service & Use, 1995, 15：199～212

63   D. G. Zhao. The ELINOR Electronic Library System. The Electronic Library, 1994, 12(5) ：289～294

64   B. J. S. Williams. ELINOR：Ushering in the electronic library? International Journal of Micrographics & Optical Technology, 1994, 12(3) ：111～117

65   Kathryn Arnold et al. ELINOR：The Electronic Library Project at De Montfort University Milton Keynes. Aslib Proceedings, 1993, 45(1) ：3～6

66   Z. M. Wu et al. The user perspective of the ELINOR Electronic Library. Aslib

Proceedings,1995,47(1):13~22

67　D. G. Zhao. Usage statistics collection and management in the ELINOR Electronic Library. Journal of Information Science,1995,21(1):1~9

68　同 11

69　B. Preston. Terms on the terminal. The Times Weekly. 14 Feb. ,1994:13

70　Mark Hepworth. The virtual library:perceptions,reality & roles. Singapore Libraries,1994,Vol. 23,13~26

71　Anne Ramsden,et al. Selection criteria for a document image processing system for the ELINOR Electronic Library Project. Program,1993,27(4):371~373

72　K. Black. ELISE:An online image retrieval system. Aslib Information,1993,21(7/8):293~295

73　A. Seal. The creation of an electronic image bank:Photo – CD at the V&A. Managing Information,1994,1(1):42~44

74　Joost Dijkstra. A digital library in the mid – nineties,ahead or on schedule? Information Services & Use,1994,14:267~277

75　J. D. Gilbert. Are we ready for the virtual library? technology push,market pull and organizational response. Information Services & Use,1993,13:3~15

76　R. J. Goodram,B. Butler. The electronic library:international access and information equity. In:Proceedings of the 3rd International Conference on New Information Technology. (ed. Ching – Chih Chen),November 26 – 28,1990. Guadalajara,Mexico. West Newton USA:Micro Use,Information. 151~160

77　姜炳炘译. 未来的图书馆——新加坡二十一世纪图书馆发展纲要. 北京图书馆馆刊,1994(3/4):48~52

78　新加坡政府制定图书馆发展计划. 光明日报,1994 年 3 月 28 日第 7 版

79　Roderick Cave. After IT 2000 & Library 2000:into the third millemium. Singapore Libraries,1994,23:49~61

80　杨宗英. CONSAL X 会议与东南亚六国图书馆自动化. 现代图书情报技术,1996(5):55~57

81　许绥文. 国外图书馆信息技术发展现状(下). 北京图书馆馆刊,1997(1):105~113

82　原文为马影琳. NCFC 及其与 Internet 的连接. 现代图书情报技术, 1995 (1). 本文转引马芝蓓. 文献价值论. 武汉大学博士学位论文, 1995:34

83　曾民族. 电子信息时代的信息服务和管理. 见:《情报学进展:1994－1995 年度评论》第一卷. 中国国防科技信息学会, 1995:155

84　Andrew H. Wang. Library information services in the 21st century. In: Proceedings of ISAL'96, Shanghai. Sept. 1~4, 1996:47~56

85　Gloria Werner 讲演;温国强译. 数字图书馆, 或信息高速公路和全球网. 上海高校图书情报学刊, 1996(1):57~59

86　同 11

87　Andrew Braid. The problem of digitising non－electronic media. Libri. 1996, 44(4):311~316

88　Nadia Catenazzi, Lorenzo Sommaruga. Hyper－Lib; a formal model for an electronic library based on hyper－books. Journal of Documentation, 1995, 51 (3):244~270

89　S. R. Newcomb et al. The " HyTime" Hypermeid/Time－based document structuring language. Communiction of ACM, 1991, 34(11):67~84

90　Shen Ying, Shen Fucheng. Library interlink network and the application of the client/server technology in developing bibliography documentation information system. In: Proceedings of the 4th Beijing International Symposium on Computer－Based Information Managemant, 14－18 October, 1994:41－1 ~41－6

91　王建群. 网络环境下合作编目的研究. 中国科学院文献情报中心硕士学位论文. 1995:28

92　李正男主编. 信息高速公路. 北京:电子工业出版社, 1995:157

93　同上, 236 页

94　同 85

95　William Saffady. Electronic Document Imaging System: Design, Evaluation, and Implementation. Wesport: Meckler Publishing, 1993

96　Winifred Kan－sang Ho. On selecting a Chinese/English document imaging system: a librarian's perspective. In: Proceedings of the 4th Beijing International Symposium on Computer－Based Information Management, 14－

18 October,1994:6－1～6－15

97　Edwards Mallen. Intelligent character recognizition:it's not just recognition anymore. Bulletin of ASIS,1992(6/7):9～11

98　同65,5页

99　C. G. Baxter. Selecting a mass storage device. In:Handbook of Image Storage and Retrieval Systems(ed. Marc R. D'Alleyrand). New York:Von Nostrand Reinhold,1992:239～258

100　陈汝全等编.信息高速公路与多媒体技术基础教程.成都:电子科技大学出版社,1995:233

第4章 电子图书馆的理论模型和技术基础

　　电子图书馆是一个新兴的研究领域,是 90 年代的热门话题。发表在国内外计算机科学、图书情报、通信和网络工程等学科刊物上的大量文献,许多国家和地区从不同角度、不同技术层面纷纷展开的试验性电子图书馆建设,频繁举办的电子图书馆/数字图书馆研讨会(如最近的一次是 1996 年 3 月在美国 Bethesda 举办的第一届 ACM 数字图书馆国际会议,由美国的 ACM SIGIR、ACM LINK、IEEE、ASIS 等几大学会联手举办[1]) 等,呈现出电子图书馆这一领域丰富的实践图景。但是,实践的丰富多彩、活动的多种多样,表征着不同领域的但对电子图书馆都感兴趣的人士在认识和理解上的巨大差异。对电子图书馆定义的莫衷一是和各执一端便是一例。图书馆员和图书馆学研究人员比较普遍地认为,尽管电子图书馆还存在很多不确定因素,它的轮廓远未清晰,但它无疑是 21世纪图书馆的技术模式和发展方向。

　　前面已勾勒出电子图书馆活动的若干方面并进行了共性分析。本章将循着研究的逆向思维方式(活动→功能→目的逐层收缩),对电子图书馆的特征、功能、模式和主要技术基础等进行理论上的探讨。

4.1 电子图书馆的特征

对电子图书馆特征的描述大体上可以从三个角度进行：

其一，从宏观角度概括。如 1993 年美国国会通过的"电子图书馆法案"（Electronic Library Act）列举了电子图书馆的四个特征[2,3]：①利用一系列技术将包括教育和研究方面在内的大量信息发送到家庭、学校和社区，并提供检索；②交互式多媒体程序（软件）将能为正规和非正规教育与学习，尤其是科学、数学、地理、语言和综合性学科方面的教育与学习提供帮助；③这些信息与服务可提高生产效率，能为每个人的生活提供新的选择，并能改善他们的生活水准；④这些信息与服务必须是每个人都能享受的。应该指出，这种特征概括是宏观角度的、非本质性的概括，与其说它强调电子图书馆的重要性，倒不如说它是美国政府对电子图书馆的一种希望和政治性要求。美国前总统乔治·布什在"第二次图书信息服务白宫会议总结报告"（1992）中强调"图书信息服务的重要性及其对文化普及、提高生产率和保障民主等的意义"[4]，从中就可看出上述电子图书馆特征描述的政治色彩。另外，上述描述的特征与信息高速公路的目标有一定程度的相似性，电子图书馆虽然肯定是将来建成的信息高速公路中的重要一环，但它的特征显然不适于用"信息高速公路"的一般目标来描述。

其二，从技术特性上概括。由于目前人们对电子图书馆的认识还刚刚开始，很难准确地描述其特征，所以有人试图以一些抽象的词语来概括。如 H. King 认为电子图书馆的特征可用以下关键词概括[5]：

· 无墙，无缝，透明，"虚拟实在"；

· 环球网或数字化数据的机制，信息库、知识库，仓库，精炼厂

125

（refineries），档案馆及博物馆；

·将多媒体信息（比特和字节）通过宽带信息高速公路传递给分布式环境中的终端用户；

·人工智能，专家系统，超文本，"考访"服务站（Gopher），客户机/服务器，WAIS 服务器，导航于"计算机控制的空间"（Cyberspace）；

·将信息即时传递（just-in-time）到世界各地的学术工作站；

·不受时间和地点的限制；

·网关，门路（doorways），视窗及智能转换和链接。

仅就目前电子图书馆试验中涉及的技术而言，King 的描述显然是不全面的。事实上，如果选择技术方面的关键词来描述电子图书馆的特征，那么 King 的这张表将会拉得很长。当然这不是一种明智的选择。

其三，结合运作方式的变化做若干展望性的特征描述。《中国大百科全书·图书馆学、情报学、档案学卷》中收录的"电子图书馆"条目列举了电子图书馆的如下特点[6]：①图书馆主要收藏电子出版物，这种出版物是利用大容量电子存储技术生成的，和印刷型出版物不同……；②读者只能通过计算机或终端来使用电子出版物，如通过显示屏幕来阅读一次、二次、三次文献及视频数据等；③读者需要的文献（包括一次文献）和数据可以打印出来或存储在个人存储载体上……；④每个图书馆除了自己入藏的电子出版物外，还可以通过计算机网络使用其它图书馆和信息检索服务系统的电子出版物；⑤图书馆在读者和计算机检索部门之间起中间人的作用，图书馆的服务方式更加多种多样，情报检索、参考咨询等服务将处于更加重要的地位；⑥图书馆员的责任和作用将有很大改变。他们将把更多精力用于为读者提供信息服务，如担当顾问、开展读者教育、进行情报分析、帮助读者建立提问档、组织个人电子文档、提供最新的情报源等,图书馆员将成为信息专业人员或某些学科的信息专家。以上六点特征无疑是从图书馆界角度进行描述的,在我们看来具有一定程度的合理性。但考虑到《中国大百科全书》该卷中很多资料都限于 80 年代末期(成书时间限制),而电子图书馆只是到 90 年代才成为热点并出现雏形,所以上文的特征描述只能是展望性的,有其局限性,如图书馆馆藏的数字化、Internet 网络的重要性、多媒体信息传输等都没有涵盖。

本书在绪论中曾对电子图书馆做了初步的界定:所谓电子图书馆,是建立在图书馆内部业务高度自动化基础之上,不仅能使本地和远程用户联机存取其 OPAC 以查询其传统图书馆馆藏(非数字化的和经数字化转换的),而且也能使用户通过网络联机存取图书馆内外的其它电子信息资源的现代化图书馆。我们对电子图书馆特征的描述,将根据这个界定,密切结合当前电子图书馆项目试验的内涵并充分利用上述几种研究角度的长处,进行综合、整体的概括。

1. 利用计算机管理各种文献信息资源,建立在图书馆自动化基础之上。计算机是电子图书馆最基本的手段和工具,各类文献信息资源的加工、采集、存储、检索、传递等都以计算机硬、软件为基础。计算机技术等的应用也推动了图书馆自动化的发展,电子图书馆与图书馆自动化的不同之处主要是后者侧重实现图书馆内部作业的自动化以及通过 OPAC 为用户提供书目型信息(有作者曾指出[7],电子图书馆涉及的信息是“真正的”信息,而不局限于文献替代品,不是过去在图书馆目录上看到的“所谓”信息),而电子图书馆是建立在图书馆自动化基础之上的,是对图书馆自动化的发展和全面超越。很难想象,拥有传统的印刷型馆藏、仍以手工作业为主或计算机应用水平很低的图书馆,不经过图书馆自动化阶段就能直接演化为电子图书馆。美国学者 M. Buckland 和李华伟都曾指出,一些发达国家的图书馆正在从第二阶段的自动化图书馆向第三阶段的电子图书馆转变和演进[8,9]，这也说明了电子图书馆虽不同于图书馆自动化，但它是以图书馆自动化为基础的。

2.馆藏文献数字化。传统图书馆向电子图书馆演化的一个重要表现就是馆藏文献的逐步数字化转换。图书馆的传统馆藏主要是图书、期刊、专利、技术报告、会议录等印刷型文献和缩微制品、录音录像制品等非印刷型资料，电子图书馆的建成则需要把这些馆藏的文字材料、声音信息、视频信息等都实现数字化转换和处理，将各种信息以计算机可处理的字符编码形式或图像形式、多媒体形式存贮在大容量存贮装置中，由于各类信息的融合非常简单，就使得高速的检索处理成为可能。由于我们是从图书馆的意义上来界定和认识电子图书馆的，所以电子图书馆的建设不可能置图书馆原已拥有的印刷和非印刷型馆藏于可有可无的位置，不可能只倚重外部的电子信息资源、Internet 资源和非 Internet 资源（虽然它们对电子图书馆来说极其重要）；除了加强对电子出版物的收集、提供利用外，建设现实的电子图书馆还需要有主有次、逐步推进、分工合作地将传统馆藏逐步数字化，为更有效地保护人类文化和文明遗产，使传统馆藏文献信息更方便、及时地为用户所用奠定基础。国外许多国家图书馆的电子图书馆试验都强调馆藏的数字化，并把它作为电子图书馆的重要特征之一。从未来的角度来看，从技术上的可能性来说，世界各国和地区普遍实现电子图书馆以后，人类发明铅字印刷术以来 500 多年间积累的大量印刷型文献资料、150 多年来的照片以及近 100 年的影片、录音、录像资料等，都有可能实现数字化转换与存储。当然，这种认识只是基于技术进步提供的可能性，并没有涉及经济承受力、法律（版权、知识产权等）保护与制约、文化等方面的因素。但是，不管怎样，信息存储的形式从主要为印刷在纸张上的文字转换成光磁性介质上的电磁信号，就给压缩存储空间、方便用户远程检索、改进和优化信息组织方式、提高检索速度、加快更新维护、降低维护费用等提供了可能性和条件。因此我们认为馆藏数字化是电子图书馆的基本特征之一。

3. 面向用户(user – oriented)或用户驱动(user – driven)的服务模式。如果说古代的藏书楼式图书馆以抄本等文献为中心,近代公共图书馆以印本文献和馆员为中心,现代各类型图书馆依靠图书馆自动化为用户提供书目信息、文摘索引等有限的电子信息服务的话,那么90年代初露端倪并将在下个世纪迅速发展的电子图书馆,则采取完全面向用户或用户驱动的服务模式。这是电子图书馆的重要特征之一。我们认为这种用户驱动的模式有以下几点内涵:①对用户非常友好的人机界面。软件界面不仅要图形化、形象提示,使用户不用记忆操作指令与方法,让没有计算机基础的人也能很容易地操作,而且要具有在计算机控制的信息空间(Cyberspace)中导航的功能,能让用户快速、顺利地得到所需信息。②快速地将书目、文摘索引信息、全文文本、图像等传递给最终用户。③为用户提供强有力的快速检索工具和先进的信息处理、分析工具(如统计和原文分析软件),帮助用户在获得信息的基础上进行创造性的研究与学习。④当用户联机查询电子图书馆信息资源时,馆员可用电子方式参与,指导用户解决问题。⑤强调信息能以不同方式尽快传递到用户手中,当然传递方式的选择由用户确定。⑥面向尽可能多的用户提供近程和远程的电子文献信息服务。⑦昼夜24小时提供信息资源的检索、处理、传递服务。⑧不管用户在家中、办公室、实验室还是远程,都能让用户通过局域网、广域网、Internet或其它方式存取电子图书馆,即用户获取信息不受位置和场所的限制,用King的话来说,就是"信息,不管是书目、索引、文摘、全文、图像、甚至多媒体,都应该跨越时空(beyond time and space)地传递给用户"。可见,"面向最终用户"在电子图书馆的服务中占有压倒一切的优势,"在电子图书馆时代里用户是我们真正的上帝"(国际图联主席 R. Wedgeworth 语)[10]。这点恐怕也是电子图书馆和自动化图书馆在服务方面的最大区别。

　　"面向用户"或"用户驱动"的服务模式，还有一层更深的含义，即在从传统图书馆的范式转移到电子图书馆范式的过程中，需要进行充分的用户研究和了解用户对电子图书馆的要求与预期。例如，美国康奈尔大学的 Albert Mann 图书馆在规划转变为一座电子图书馆之前，充分地了解了用户的需要，用户的希望包括[11]：能在校园内外的 PC 机上查找科研和学习所需的重要信息；通过简单的"网关"进入电子信息世界，这个网关要能组织大量的资源并提供导航动能，还要能将用户与资源透明地连接起来；与世界范围内的信息资源连接；存取各种类型的信息，包括书目、数值、文本、图像（静态和动态）、视频、空间信息等；能将从多个信息源中检索到的信息集成起来；形象化地显示综合后的数据；通过标准化的出版与同行交流成果；文献不应固定于一种格式，但应与其它文献、图像等有连接机制；以标准化的方式增添信息并使他人能通过网络存取；提供多种多样的服务支持用户对电子图书馆的使用，等等。康奈尔大学的 A. Mann 电子图书馆原型的结构和功能就是本着容纳用户期望的原则设计出来的[12]。英国 ELINOR 电子图书馆项目的设计也经过了充分的用户研究，因为设计者们深知"任何技术上再先进的电子图书馆，只有用户认可，才有可能成功"。[13]这些都表明，电子图书馆无疑是以用户为中心的。

　　4. 广泛的可存取性。这是电子图书馆的一个综合特征，也是转向"用户驱动"服务模式的要求。第一，远程通信技术和网络技术的应用，将电子图书馆与近程和远程用户、各类信息服务中心、各类书目利用机构、联机信息检索系统等互相连接起来，尤其是与地区网、国家网、国际网的联网，使电子图书馆的用户可以获得馆内外的大量电子信息资源，而且电子图书馆本身也可借助网络将自己的电子信息资源（如本馆收集的电子出版物、本馆经数字化转换后的馆藏、未转换的馆藏的联机目录等）送入 Internet 上，供更大范围的用户使用。因此，联网不仅是电子图书馆具有广泛可取性的基础，也是电子图书馆最核心的特征之一。第二，快速地存取。通过宽带大容量的通信网络和标准的通信协议，任何地方任何人用计算机都能快速地获取远程电子图书馆的信息，电子图书馆高度现代化的信息加工处理手段、信息存贮工具，借助远程通信技术的威力，将大大缩短信息交流的周期、加快信息交流与反馈的速度，实现人们快速、准确、及时地存取信息的梦想。第三，全面地存取。电子网络上连接的全世界范围的图书馆、信息资源机构的印刷载体和电子载体的知识与信息都可能成为电子图书馆用户的存取信息源。至今尚无人能准确说出 Internet 网上到底有多少信息和数据资源，光是数据库就有万余个，还有 600 多个图书馆的 OPAC，这是多么庞大的信息资源！说用户可以全面地存取看来并不为过，因为资源的数量、种类、形式等远远超过了用户的想像力。第四，经济地存取。用户可以通过电子图书馆的网关（当然也可以不通过）免费获取 Internet 上的大量信息资源，得到授权的用户根据协议可以检索、套录电子图书馆中存贮的与自己相关的全文信息，能够反复使用、多次检索、仔细研究。第五，自由地存取。提供并保证用户自由地存取信息一直是传统图书馆的基本理念。在电子图书馆时代，这一理念将借助信息技术而发扬光大，不仅用户存取信息不受时间和空间限制从而获得更大的自由度，而且用户隐私、信息安全等问题也都将得到妥善的解决。当然，这种自由地存取是建立在保护版权和知识产权、遵守一系列规范和协议以及规则等基础之上的。

5. 电子图书馆可能规模有所不同，但"开放"和"高度资源共享"是其共同特征，也是基本要求。诚如前文所指出的那样，国家图书馆可以将其丰富的馆藏转换为数字形式存储、处理和联网传递，从而构建国家电子图书馆；一般大学图书馆也可选择价值比较大、使用频次高的传统馆藏进行转换，建立各种专业特色突出的全文文献数据库、图像库和多媒体数据库,从而在校园网环境下构建大学的电子图书馆;而很小的专门图书馆,比如说只有几千种专业技术报告,也有可能利用先进的计算机硬软件设备,将印本技术报告全部转换为数字化形式(如 OCR 全文和位映像图像)并建立技术报告全文数据库,使本单位内外的用户都能通过计算机网络访问全文数据库并存取其它内外电子信息资源,这样的专门图书馆当然也具有电子图书馆的特点。所以,电子图书馆的规模会有所不同。

但所有电子图书馆都有一个共同特点,即开放和高度资源共享。开放和资源共享是近代公共图书馆兴起以来所有类型图书馆追求的一个基本目标,也是信息能为所有人服务的一个基本条件。但限于技术条件、文化观念、政治需要和经济制约等原因,电子图书馆阶段以前的图书馆并没有实现真正的开放和高度的资源共享。电子图书馆则是以开放和高度资源共享为特征的。互相联网的电子图书馆,既能借由网络交换各自的数字化馆藏(不仅仅是联机目录)和所拥有的各类型电子出版物,又能使人数众多而又分散在各地的用户方便地利用大量和分散在不同贮存处的信息资源,如某电子图书馆的用户,可以在图书馆内外的终端机前获取本电子图书馆的数字化资源及非数字化资源的联机目录,也可获得其它图书馆的资源、书目服务机构和联机信息检索系统的资源,还可存取 Internet 上的资源以及不在 Internet 上的书目数据库、数值数据库、电子文本数据库、视频音频数据库等资源。信息资源的极大丰富和面向世界各地的众多用户,充分体现出电子图书馆的开放性和高度资源共享。

近两年来,美籍华人学者陈钦智提出了"全球电子图书馆"(global electronic library)的构想[14,15];1995 年,美国七大有线电视服务商之一的琼斯交互有线电视公司提出了通过同轴有线电视电缆高速传输数字化图像、声音和文字信息的"全球电子图书馆计划"[16]，该计划的基本设想是把全球各地大型图书馆中已经转换的数字化馆藏内容汇总起来，借助环球通讯网，形成地方小型图书馆和家庭都能享用的信息资源总库。据报道，美国国会图书馆、加拿大国家图书馆、英国图书馆、法国国家图书馆、俄罗斯列宁格勒图书馆以及梵蒂冈图书馆等都表示愿意向这一构想中的"全球电子图书馆"贡献各自数字化的馆藏。其实，在我们看来，这一"全球电子图书馆"已经不是实体意义上的电子图书馆，而是联结了众多电子图书馆丰富信息资源的网络，是一个体现了高度资源共享的联合体。陈钦智的构想也具有琼斯公司计划的类似内涵。无疑，这些构想如果能得以实现的话，那必然是以图书馆的高度开放和资源共享为基础的。

以上五大方面概括了电子图书馆的基本特征。随着人们对电子图书馆这一新课题认识的深入和电子图书馆逐步从试验走向实用，电子图书馆还会呈现出其它一些目前尚难以认识清楚的特征，其内涵也将被更充分地揭示出来。

4.2　电子图书馆的结构——功能分析

4.2.1　电子图书馆的结构

英国图书馆馆长 Brian Lang 博士曾指出："电子图书馆及其所提供的服务的精确形式应该由用户的需要决定。"[17]这一方面说明了用户在电子图书馆中的重要性，另一方面也表明由于服务对象和具体任务的不同，不同的电子图书馆可能会具有不同的表现形式和结构——功能模式。但一般来说，电子图书馆的结构应该包括以下四个部分：用户终端、网络和通讯系统、信息资源、数据库管理和检索系统[18-21]。

1.用户终端。读者或用户要使用电子图书馆的资源和服务，必须借助用户终端来进行，包括各种类型的个人计算机和工作站，如 IBM PC 兼容机、Apple 的 Macintosh 机、UNIX 工作站等等。用户界面方面，无论是能运行文本形式界面的 VT100 终端，还是包括多媒体数据在内、能运行在 X－Windows、PC 机、Macintosh 机上的图形用户界面，都必须对用户友好，屏幕设计应清晰、明了、易学易用，使用户在检索时能感到充分的方便和灵活。用户可以使用命令语言、菜单选项、图形窗口用户界面等进行操作，有些情况下还可用手指在使用了触摸屏技术的计算机屏幕前直接操作。前面一章我们已指出了用户界面对电子图书馆的重要性，事实上人们也非常重视用户界面的开发，目的之一是使用户不需任何培训就能操作。如 Internet 上出现的一些方便用户的网络化信息资源查找工具，使用的是菜单、窗口、图标和超文本等用户友好界面技术，用户不需了解欲查找的信息在网络中存放的位置，也不必掌握很多操作指令，通过这些界面进行检索操作时就非常方便。再如，IBM 公司认为现行的图形窗口界面虽比文本界面已大有改进，但他们准备在其"IBM Digital Library"项目中开发"上前即用"的界面，这种界面将使用手写体、谈话、声音等更接近于人类自然表达的方法，以求对用户更加友好[22]。第三章的经验总结部分指出了电子图书馆的用户界面还涉及到很多人机工程学问题，其中的重要一点就是"读书支持"手段问题。随着这些人机工程学等问题的逐步解决，友好的用户界面将使电子图书馆的功能更加强大、更能吸引用户。

通过各种类型的用户终端，用户可以访问电子图书馆的联机咨询系统。咨询系统一般分为自我服务系统和请求帮助系统。自我服务系统能在终端屏幕上显示电子图书馆用户指南、主题指南及其它说明项，自动指引用户正确使用电子图书馆系统，并在资源选择上提供智能化的帮助。请求帮助系统类似于 K. E. Dowlin 所提出的"信息专家介入功能"（参见第二章2.1.5）。该系统应能在不中断检索的情况下随时接受用户的联机访问并提供专家咨询，以帮助用户解决复杂性检索中遇到的各类问题。这涉及到人工智能和专家系统领域，有些电子图书馆试验项目已经使用了专家系统来部分解决一些用户提出的较难的问题，但专家系统在图书馆中的应用还局限在参考咨询、编目、标引和文摘制作等方面[23]，具备上述"信息专家介入功能"的专家系统还很不成熟，有待进一步的发展。

2. 网络和通讯系统。网络通讯系统对电子图书馆的重要性是不言而喻的，电子图书馆思想演进史上的众多人物都把联网作为他们构想的电子图书馆的基本特征。网络通讯系统是电子图书馆的重要基础设施，也是真正实现电子图书馆服务的先决条件之一。独立的电子图书馆建立在局域网（以太网、令牌环局域网、FDDI网等）基础上，通过局域网将各种数据库服务器（如网络化图像数据库、OPAC、全文文本数据库、目次页数据库等）同各类客户机连接起来，用户可以到电子图书馆内的 PC 机或工作站上使用。这种局域网的构成一般包括工作站（客户机）、文件服务器、打印服务器、通讯服务器、传真服务器、数据库服务器、网络硬件（网卡、网线、网络通讯设备等）、网络软件（如网络操作系统、网络服务器软件等）等等[24]。但是，真正的电子图书馆的网络通讯系统应提供与校园网（或单位、机构网）、地区网、国家网、国际网的连接能力，这样电子图书馆才有可能将极为丰富的外部信息资源纳入自己的"馆藏体系"，才有可能让外界用户通过网络存取本馆拥有的电子信息资源和数字化馆藏，才有可能使用户不用到图书馆而在家中、办公室中、本地或远程或世界上任何地方经由网络检索电子图书馆的信息资源，才能充分体现出电子图书馆"开放和高度资源共享"的特征。因此，电子图书馆的网络通讯系统实质上是一个宏观的、总体的网络环境，Internet 已经是电子图书馆试验项目

（系统）的一个现实的网络环境。文献［25］在介绍 Internet 在图书馆信息服务中的应用的同时，指出了利用 Internet 加速建设电子图书馆的可能性，恐怕也是从 Internet 为电子图书馆建设提供了现实网络环境这一角度出发的。除 Internet 网络资源外，校园网、地区网、国家网上都有大量的信息资源，电子图书馆绝对有必要接入这些网络，从中选择符合自身任务和用户需要的信息资源，为用户提供广泛的信息来源和动态的信息筛选、联接机制。总之，只有在完备的网络通讯环境中，电子图书馆的信息服务、远程存取、电子文献传递以及馆际间的联机互借、联机编目、电子订购协调等业务才有可能实现，电子图书馆的作用也才能最大限度地发挥出来。网络的重要性使有些学者觉得"难以用语言描述"，如 Mark Kibby 在一篇广泛被引用的文章中曾鲜明地提出"网络就是图书馆"这样的观点［26］。

3. 信息资源部分。丰富的信息资源和具备连接信息资源的能力，是电子图书馆能为用户提供多方面服务的物质基础。从总体上看，电子图书馆的信息资源可分为内部信息资源和外部信息资源两类。内部信息资源包括：①本馆收藏的传统印刷型图书、期刊、缩微资料、唱片、电影胶卷、录音带录像带等，这部分资源中有很大一部分要经过数字化转换成为电子馆藏，存贮在计算机硬盘或 WORM、CD - ROM 中并以数据库的形式上网供用户使用，没有转换的传统馆藏也要建立馆藏电子目录并加入 OPAC 中供用户进行书目查询，没有进行数字化转换的视听资源也要进行自动化的管理，建立视听资料公共查询系统。总之，电子图书馆中的非电子信息资源也要具备良好的可查询性。②本馆购买或开发的电子信息资源，如 ABI/Inform、Agricola、BIOSIS、ERIC、INSPEC 等各种二次文献数据库（书目、索引、文摘等），电子目次页数据库，图像数据库，全文数据库以及本馆 OPAC，本馆开发的各种书目型、数值型、图像型、全文型数据库等。所有这些电子信息资源原则上都应提供网络化的联机存取,即用户不必到图书馆来而通过网络即可存取,但由于条件限制或协议限制,有些电子信息资源还只能到图书馆内的工作站上使用,如联网设施不完善的地方自然无法远程访问电子图书馆的 CD - ROM 局域网;有些存贮在 CD - ROM 或磁盘上的数据库则根据销售商的要求不能上网提供,只能在馆内工作站上使用。如康奈尔大学的 Mann 电子图书馆中有 20 多个存放在 CD - ROM 上的书目数据库和多媒体数据库只能限制在馆内局域网上使用。外部信息资源主要是指外界的电子图书馆资源,联机信息检索系统的资源(如 DIALOG、BRS、Data Star…),书目服务机构的书目、文摘和全文信息资源(如 OCLC),外部的书目、数值、声音、图像、电子全文数据库,以及电子杂志和电子出版物数据库等等。由于目前 Internet 连接了众多的网络,充斥着大量的资源,很多信息服务机构,如 DIALOG、OCLC 等都把大量数据库加在 Internet 上提供,众多校园网、地区网、国家网也通过 Internet 提供信息资源,所以电子图书馆的外部资源也可大体上分为 Internet 上的资源和非 Internet 上的资源两大类。

总之,随着电子出版物的增多、传统馆藏数字化转换的逐步扩大,电子图书馆的内部信息资源将明显地以可在网络上联机传递的电子信息资源为主。电子图书馆既提供用户访问外部网络化信息资源的可能性,又将对外部信息资源进行选择、评价、吸收并以一种有组织的方式提供给用户。

4.数据库管理与检索系统。数据库管理与检索系统是电子图书馆中非常关键的一部分,它关系到电子图书馆的正常运作和运作效率等。电子图书馆中的绝大多数业务活动都由该部分完成,如电子数据的组织、存贮的方式,对浏览和检索功能的支持,图像和文本数据库的生成与标引,用户使用电子图书馆资源的统计分析、自动版权管理等方面。就目前的数据库管理与检索系统而言,人们已开发出具有存贮建库、数据套录、数据编辑、文字处理、制表绘图、统计分析等功能的数据库管理系统,文本检索系统已具有关键词检索、布尔逻辑运算及在其改进基础上的截词检索、加权检索、数值逼近检索,以及概率检索、位置检索等功能。现在一些电子图书馆原型系统的检索技术涉及到文本检索,以及作为全文检索之补充的概念检索(信息检索建立在以文档中所含概念和想法的基础上,不再需要特定的查询术语)等等。由于电子图书馆的发展,将会有越来越多的图像数据库,而不仅仅是文本数据库,所以图像数据库的管理与检索问题也引起了人们的关注。如 IBM Digital Library 项目中开发了图像内容查询技术[27],可以按照图像的颜色、灰度、纹理和位置等检索图像数据库,检索要求将用图形方式表达,如可从颜色表中选取颜色,或从例图中选择图像的纹理等。这种方法能够使用户更快速和简便地对可视化信息进行筛选和确定。

根据上述的结构分析,我们可以设计出图4-1所示的电子图书馆的综合理论模型。

图4-1没有显示出数据库管理与检索系统,因为这是实现电子图书馆系统内部功能的部分,用户并不需要关注这一部分(虽然它是用户存取与检索内外信息资源的关键之一)。图4-1表明用户不管使用什么个人计算机或工作站,也不管是在家里、办公室内(实验室里)还是在图书馆内终端前,都可以通过电子图书馆的网络通讯系统存取电子图书馆的内外信息资源。因而这个理论模型从宏观和整体上反映了电子图书馆的特点与基本结构。为了从用户角度更清楚地认识电子图书馆能够提供存取的内外资源,下面将综合模型分解为两个资源子模型。

图4-2是建立在单位或校园网环境中的电子图书馆内部资源模型。

限于目前的认识水平,图4-2和图4-3只能是比较粗略地勾画出电子图书馆内外部资源的构成模型。作为一种理论意义的

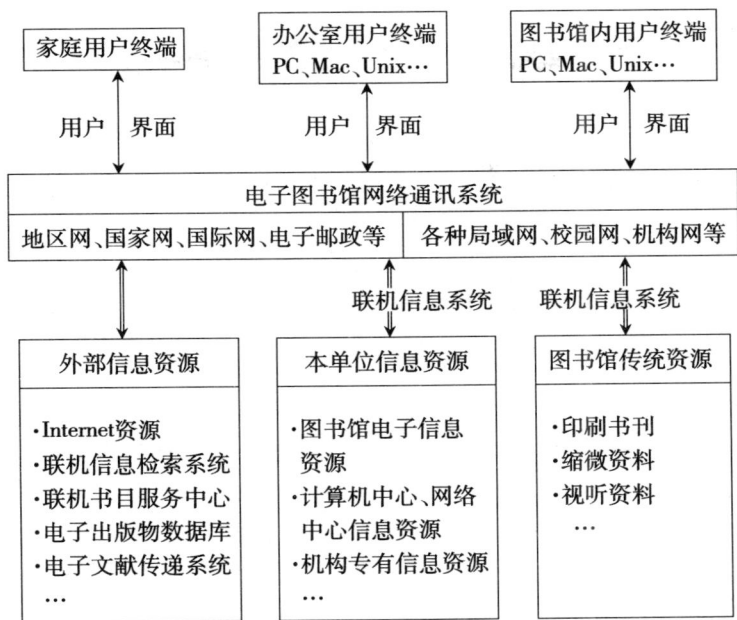

图4-1 电子图书馆的综合理论模型

模型,它不可能穷尽所有类型的资源(事实上也没有必要)。但这些模型无疑体现出用户可以不受地理位置限制广泛地存取书目、索引、文摘、数值与事实、全文、图像、视频音频等众多的信息资源,广泛的可存取性、高度的开放和资源共享,以用户为中心、馆藏逐渐地数字化存储并提供网络存取等电子图书馆的基本特征,在模型中都得到了较好的体现和印证。

4.2.2 电子图书馆的功能

本小节所指的电子图书馆的功能,是紧密依托前文提出的结

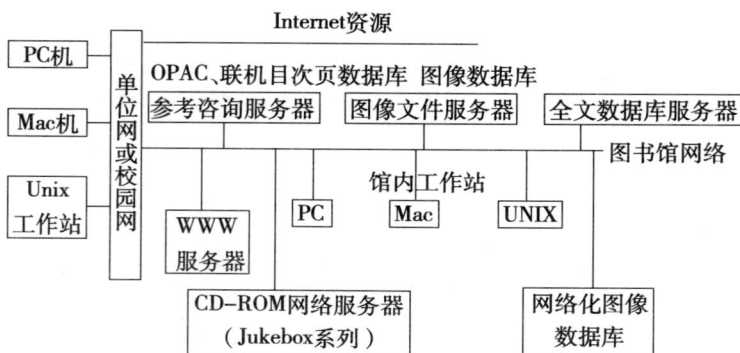

图4-2 电子图书馆的内部资源模型

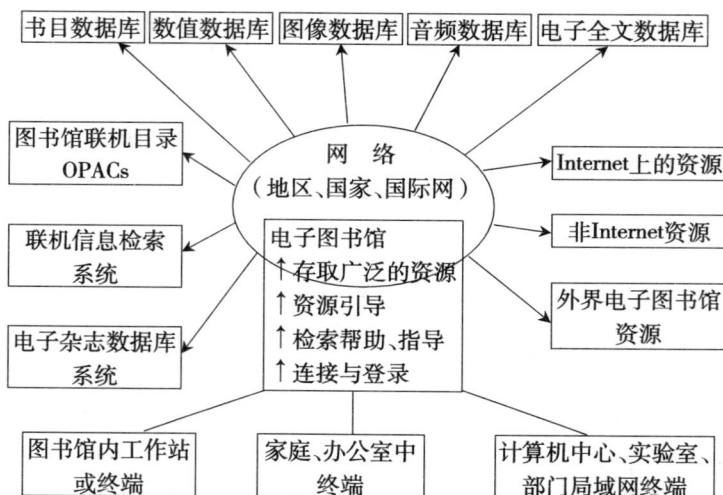

图4-3 电子图书馆外部资源模型

构和模型进行论述的。这里不涉及宏观意义上的电子图书馆的功能(如因采用先进的高密度存储技术与设备而具有馆藏空间节约与替代功能,因数字化信息的快速传递而具有即时存取功能等等)。宏观意义上的认识无疑是针对传统图书馆的功能、电子图书馆具有的优点及其对传统图书馆的影响等方面的,这将留待后文详细论述。

从电子图书馆的模型和结构——功能分析角度出发,可以得出电子图书馆至少应具备以下几方面功能:

1. 通过联机目录系统指引用户使用未实现数字化的传统馆藏。这主要是提供访问非电子信息资源,如传统印刷型书刊、缩微资料、视听资料等等。联机目录系统应具备以下功能:显示特定图书和资料的准确状态信息(如书刊的预订、加工、超期、丢失、装订、非流通和具体书架位置等信息);支持常规检索点的检索,如著者、题名、分类号、ISSN 号、主题词、关键词或词组以及多字段组配检索等,也支持布尔逻辑检索、浏览、截词检索、菜单选项、命令检索、自然语言检索等;可选择屏幕显示信息的大小、内容与格式;具有规范控制功能,对作者、主题词等能进行自动转换;具有连接相关书刊资料的功能;具有友好的图形用户界面,能提供实时的帮助信息和联机咨询;可与本地局域网或远程网进行连接,提供检索其它图书馆的书目信息;具有较好的容错性能,允许不规范的输入等。总之,通过公共检索目录,用户可以获得图书馆印刷书刊、缩微和视听资料等的书目信息、出借情况及馆藏位置信息,便于进一步获取原始文献。当然,这些原始文献的传递过程还需要用手工和机械化手段来完成。

2. 电子信息资源服务功能。

(1)电子图书馆收集有大量的电子出版物,而且随着电子出版物的增多,它将成为电子图书馆信息资源的主体。CD – ROM 光盘数据库中有一些有版权限制不能上网使用,用户得到电子图书馆终端前使用。可以上网运行的 CD – ROM 光盘数据库,则要建立 CD – ROM 局域网,成为馆内参考咨询服务信息系统,提供各种专业性的书目、索引、文摘和参考工具书(机读型中外文辞典、百科全书、手册、汇编、标准等)的电子信息服务。如香港科技大学图书馆拥有 100 余种可上网运行的 CD－ROM,于 1991 年建成了 CD－ROM 光盘数据库局域网(由 152 台光驱组成了 11 座光盘塔),与校园网相连的多数工作站都能访问图书馆 CD－Net,用户可以在办公室、教室、宿舍、实验室以及图书馆内存取、打印和套录有关信息[28]。电子图书馆的光盘局域网系统将允许在局域网、校园网和广域网上的众多用户在同一时间、不同地点读出一个或多个光盘数据库,从而大大提高了信息资源的利用率和流通传递速度。

(2)电子图书馆将逐渐地对传统馆藏进行数字化转换,这也将成为十分可观的电子信息资源。电子图书馆可将珍善本、用户需求量大的且有重大价值的绘画、摄影图片、建筑设计图、地图、重大历史事件照片等资料进行数字化,通过扫描制成数字位映像图像,存贮在大容量计算机硬盘、WORM 光盘或 CD－ROM Juke－box、CD－ROM Changers 等上,形成图像数据库,并建立检索图像的书目信息库(用 OCR 技术实现书目、目次页、全文等检索)。电子图书馆还可根据书刊印刷文献的内容、价值选出核心文献进行转换,提供全文杂志、专业文献全文数据库等。这样电子图书馆的内部电子信息资源将逐渐丰富起来。

但由于传统图书馆,尤其是大型图书馆的馆藏资源异常浩瀚,短期内完全数字化是不可能的。所以在向电子图书馆演进的过程中,用户在检索 OPAC 后,可通过联机方式发出复制原文的请求(已有电子全文的则立即传递),图书馆根据用户要求的迫切程度,或采用复制邮寄的办法,或采用扫描仪制作成电子文件通过传真或电子邮件传递给用户。

(3)连接外部信息源。图 4－3 已比较清楚地表明电子图书馆具有提供连接登录到外部信息源的功能。如连接联机信息检索系统:Dialog、STN、BRS、CAS、Data Star、ORBIT 等;连接各种书目服务机构如 OCLC、RLIN 等;连接各种电子杂志数据库系统,如 CARL 的 Uncover 系统;连接各类电子文献传递系统,如美国研究图书馆组织(RLG)的 Ariel 系统;连接各种网上的不同类型的专有数据库等。此外,连接 Internet 资源是电子图书馆必须具备的基本功能。Internet 网络作为电子图书馆的网络环境,其网上资源已成为电子图书馆外部资源的主体,Dialog、OCLC 等众多的信息服务系统都把拥有的大量数据库加入到 Internet 中,全文文本、图像、视频音频等资源也越来越多。电子图书馆除在 Internet 互联网上建立 WWW 服务器(存放关于电子图书馆的概况的信息、电子图书馆的各类型数据库、机构的数据库以及其它信息)以外,还要结合自身任务与用户需求有针对性地对 Internet 资源进行组织、筛选,以便于用户使用并体现出电子图书馆的资源引导功能。如前文所提到的香港科技大学图书馆,按照该校的四个学院(科学、工程、工商管理、人文社科)的专业划分,将 Internet 上很多资源加以分类组织提供使用,如"Internet 上的新闻"小类下就列出了许多报纸、杂志和电视新闻节目的网页(Web pages)[29]。

(4)连接外界的电子图书馆和具有合作关系的电子出版系统、根据协议提供服务的专有数据库系统等。

3.通讯服务功能。这方面的功能大部分已体现在电子图书馆具有连接外部信息资源这一功能中。此外,用户通过电子图书馆的通信服务器和网络工作站,与城市、地区、国家和国际的网络相连,可以进行一般的业务通讯,如电子邮政和访问所需信息数据库。图书馆与用户、用户群之间等各方面的通讯联络也可以借助电子图书馆来进行。

4.3 电子图书馆的技术基础

作为 21 世纪图书馆的技术模式和发展方向的电子图书馆,它从构想、试验、初步实践、出现雏形直到实现的每个阶段都是信息技术群综合应用的结果。信息技术的进步,带动了图书馆自动化、联机信息检索、数据库开发与服务、电子出版物、电子文献传递、网络信息资源服务等诸多与电子图书馆关系极为密切的领域的发展,使电子图书馆从构想步入试验和初步实践以至出现雏形阶段。

电子图书馆涉及的信息技术领域十分广泛。1990 年时日本学者岩本重治提出利用大容量存贮介质、计算机和数据通信网建立以全文数据库为主体的电子图书馆,希望"电子图书馆成为信息基地,图书、文献等用数字技术存贮,用公用数字通信网提供迅速的远程服务,24 小时不分场所都能使用"。[30]为此他提出实现电子图书馆的必要技术如表 4 - 1 所示:

表 4 - 1　实现电子图书馆的必要技术

技术领域	研究课题	关键技术
输入	图像输入、文字识别	高清晰度电子分色装置、图像分解、文字切分
输出	显示、硬拷贝、人—机关系	高清晰度平面显示、彩色多值打印机、视窗系统
存贮	大容量介质	光盘、磁盘、数据摘要磁带
处理	分散管理、多媒体、信息压缩、文章记述	分布式操作系统、操作系统设计与分析、主存贮器寄存器
数据库	多媒体数据库	面向对象的数据库
检索	关键词抽取、自然语言处理	智能处理
通信	数字通信网、卫星通信	综合业务数字网、资料处理子系统

信息技术发展的日新月异,使表 4 – 1 中的有些关键技术已走向成熟和商品化,有些正是 90 年代中后期的研究热点和重点,有些则尚需时日才能走向实用。而更多的信息技术则是表 4 – 1 无法覆盖的,如在电子图书馆的电子文献转换与表达方面,涉及到扫描技术、光学字符识别技术、传真、办公文献结构(ODA)、标准页面描述语言(SPDL)、标准通用置标语言(SGML)等;在信息存储方面,涉及到 CD – ROM、WORM 及磁光盘等;在通讯技术和标准方面,涉及到研究网络、综合业务数字网(ISDN)、宽带 ISDN、高速光纤环网(FDDI)、X. 400 MHS、FTAM/DTAM、ILL 协议、电子数据交换等[31]。

建设电子图书馆需要广泛应用计算机硬软件技术、网络通讯技术、多媒体技术、高密度存贮技术、数据库技术等,但这些技术的研制和发展及其高级化并不由图书馆系统本身解决,将依赖于信息技术系统自身的发展水平。传统图书馆能否在技术进步和社会需要的推动下向电子图书馆演变,很重要的一个决定因素就是传统图书馆对信息技术的吸收、接纳能力,以及图书馆界和信息技术界是否能在相互理解的基础上密切合作。当然技术方面并不是唯一的决定因素。

从宏观的角度来看,电子图书馆的技术基础主要包括如下密切相关的几类信息技术:

1. 数字化技术。这种技术利用计算机把文字、数值、单色和彩色图形、静止和活动图像、声音等多种形式的信息输入计算机系统并转换成二进制数字(由"0"和"1"两个数字组成)编码,以对它们进行组织、加工、存储,采用数字传输技术加以传送,并在需要时把这些数字化的信息再还原成文字、数值、图形、图像和声音。数字化技术的发展使信息的表达和传递产生了质的飞跃,引发了如美国麻省理工学院教授尼葛洛庞帝(Nicholas Negroponte)所称的"数字革命"[32]。从联机检索、CD – ROM、多媒体到 Internet 及未来的信息高速公路,这些技术得以实现的基石都是信息的数字化。电子图书馆中数字化技术占有非常重要的地位,传统书刊、缩微资料、视听资料等的转换都依靠数字化技术来实现。美国微软公司总裁 Bill Gates 曾经对数字化技术影响下的未来图书馆进行了描述,他在其著作《未来之路》中写道:"未来的信息和当前最根本的差别就是几乎所有的信息都将是数字化的,图书馆中全部的印刷品都已经被扫描并且以电子数据的形式存储在磁盘或光盘上;图片、电影、录像等都被转换成数字化信息,一旦数字化信息被储存起来,拥有个人计算机和获取信息渠道的任何人都可以随时调用、读取、比较、复制这些信息,计算机所提供的低成本、高速度处理和传输数字信息的能力将改变家庭和办公室的传统通信设备。"[33]我们认为,Gates 所描述的未来图书馆无疑是电子图书馆,而且是传统印刷型馆藏最大限度地实现了数字化转换、存储、处理、传输的电子图书馆。

2. 信息存贮技术。电子图书馆中的信息媒体不仅包括传统意义上的书刊等,还包括其它信息载体,如照片、地图、图片、磁带、磁盘、录像带、录音带等。这些信息媒体经数字化后信息量非常之大(如以 600dpi 分辨率扫描产生的一幅彩色图像通常是几兆大小的文件,即使用 JPEG 算法压缩后的文件还是相当大),需要大容量的存贮装置。因此,信息存贮技术对电子图书馆的海量信息存贮来说就至为关键。随着信息技术的进步,磁盘、磁带和光盘等主要存贮载体的存贮密度和存贮量都有了很大提高。在西方国家,市售大型机用磁盘机的单轴容量已达数万兆字节,如美国已出售单轴容量为 33GB 的磁盘机和单机容量为 1200GB 的盒式磁盘海量存贮设备[34]。微机用 500MB 以上的大容量温式磁盘正以年均增长 29% 的高速度发展,1000MB 的温式磁盘已进入市场,这些发展使微机的外存能力大大提高。

电子图书馆中的全文文本、图像、声音等信息可以存贮在以

146

CD－ROM 为代表的只读光盘系列产品、WORM 光盘和可擦写光盘等海量存贮器中。其中以 CD－ROM 使用得最为广泛，它具有存贮容量大、成本低、出版周期短、制作简便易于开发、便于携带使用等诸多优点，因而能经受得起市场的考验，发展十分迅猛。如美国微软公司1995 年推出的 Encarta 电子多媒体百科全书，就做在一个一盎司重的 CD－ROM 光盘上（650MB 存贮容量）[35]。这种典型的电子出版物包括2.6 万个论题、900 万字的文字、8 小时的声音、7000 张照片和插图、800 张地图、250 张交互图表和表格以及 100 张动画和电视夹片（clips），其售价不足 100 美元，而印刷版或其它媒体形式的同种百科全书通常价格都在几百到几千美元之间。这种巨大的技术优越性不仅大大节约了存贮空间，而且更便于人们查询和检索，迎合了人们既看文字和图像、又听声音的阅读喜好。

从信息存储的角度来说，磁盘组（magnetic disk arrays）和光盘自动存取装置（CD－ROM Jukeboxes 或 autochangers）这样的海量存贮设备，为电子图书馆存贮大量经数字化转换的传统书刊文献提供了足够的空间。美国图书馆技术专家 W. Saffady 曾以图书为例进行过一番计算：一本 6″×9″开本大小的 300 页英文图书，每页大约有 3500 个字符，用字符编码形式加以存贮约需 3.5KB 的空间（假定不做全文标引），整本书以字符编码形式存贮约需 1MB 的空间，而一张 1.3GB 的光盘（5.25 英寸）可存贮 1300 本这种 300 页的英文图书。美国惠普公司推出的 H－P 200XT 型 CD－ROM 自动存取装置可装载 144 张这种光盘，提供的存贮容量达 187.2GB（144×1.3GB），足以存贮字符编码形式的、不做全文标引的 18.72 万册 300 页英文图书。Saffady 进一步对比了 H－P200XT 型 CD－ROM 自动存取装置同缩微胶片和缩微胶卷的存贮容量，指出"存贮 18.72 万册图书的内容将需要 9.36 万卷缩微胶卷（35mm）或者 573060 张缩微胶片"。[36]另外，美国柯达公司生产的 Model 2000 型 CD – ROM Jukebox 系统具有更大的存贮容量，达 1.48TB（万亿字节），可存贮近 150 万册图书，几乎相当于一个大中型研究图书馆的全部馆藏。

从上述说明和 Saffady 的数字计算与对比来看，电子图书馆利用海量存贮技术，尤其是磁盘组、CD – ROM 自动存取装置组织大型的电子信息数据库，存贮数字化馆藏是完全可能的。

3. 数据库技术。数据库技术在传统的图书馆中已经得到广泛的应用。图书馆中所使用的数据库可概括分为两大类：一类是应用数据库管理系统软件（DBMS）进行二次开发建立数据库，常用的软件包括单用户关系型数据库软件（如 MFOXBASE 和 FOX – PRO 等）和多用户、网络化关系型数据库软件（如 ORACLE、IN – FORMIX、SYBASE、INGRES 等）；另一类是本身带有管理软件的商品化数据库，如光盘数据库、软盘数据库、硬盘数据库、全文数据库、超文本数据库、多媒体数据库等。电子图书馆中庞大的数字化信息经过规范化处理后需要以数据库的形式存储起来，但任何一种数据库都无法将如此庞大的信息量储存到一个单一的服务器中，且能保持良好的运行性能。即使能够储存和运行，对网络来说承载如此大量的传输任务也会引起网络阻塞。因而电子图书馆建设中势必要应用客户机/服务器结构的分布式数据库技术，以支持电子图书馆中联机查询数据库的需要。基于客户机/服务器结构的分布式数据库管理系统应用于电子图书馆中主要有以下几点优越性：①通过 client/server 结构的 DBMS 可以很容易地实现图书馆原有数据库与应用程序的集成，即能提供数据和服务的无缝集成；②系统中安全性与数据库完整性都由 server 集中控制；③client/server 结构的 DBMS 能够为电子图书馆的联机事务处理提供高的事务吞吐量和短的响应时间，能支持成百乃至上千个用户，并使数据库系统对操作系统的依赖性减到最低程度；④client/server 结构的 DBMS 提供开放的 client 接口和开放的 server 接口，即具有开放性,使用户不仅可以自由选用多个厂家的数据库应用开发工具,而且可以透明地访问多个异质的数据库资源,包括关系型数据库和非关系型数据库。作为数据库技术与计算机网络技术相结合的产物,分布式数据库系统其技术已基本成熟,市场上已流行多种分布式数据库产品,但就市场占有率、技术先进性和知名度而言,ORACLE、SYBASE、INFORMIX 和 INGRES 等四家公司的产品处于明显的领先地位。前文第三章讨论的电子图书馆试验项目中,有一些已经选用这些公司的产品开发客户机/服务器模式的分布式数据库系统。

4.网络通讯技术。如果说计算机技术的高速发展突破了人类生产、处理和存储信息的能力在数量、时间和智力等方面的限制,那么通讯技术的进步则突破了人类传递信息在时间和空间距离两方面的限制,两者的有机融合构成了现代信息技术的核心和灵魂[37],使人类身处一个"C(computer)+C(communication)创造奇迹"的时代。计算机网络通讯技术已经深刻地改变了社会生活的面貌,使图书馆也出现了自动化、网络化、电子化乃至虚拟化的发展趋势,并使部分发达国家的图书馆从第二阶段的自动化图书馆向更高阶段的网络化电子图书馆方向演进。计算机网络通讯技术是电子图书馆的基本技术支撑,也是电子图书馆实现广泛可存取性、高度开放和资源共享的根本保证。通过 TCP/IP 协议连接了众多 PC 机、工作站、大中型机及各式各样局域网和广域网的 Internet,无疑是当前发达国家出现的电子图书馆雏形的现实网络环境,而电子图书馆的真正实现及其功能的充分发挥,还有待于通讯技术的进一步发展和完善,尤其是信息高速公路建设的逐步推进。信息高速公路通讯网的干线将采用已有的各种广域通信技术,包括光纤通信、卫星通信和微波通信,把用户接入干线网的将是光纤、同轴电缆、铜线和无线设备。其目标之一就是把现在的计算机通信能力提高几十倍乃至上百倍,构筑一个传输速率达吉比特每秒（Gbps）的高速通信网,使用户能更方便地传递和处理文字、话音、图像、视频等信息,所以,信息高速公路的建成,无疑将使电子图书馆的网络环境更加完善、可获取和提供的信息资源更多、传递电子信息的速度更快,而且将使电子图书馆处理和传输多媒体数据的能力大大提高。

5.多媒体、超文本、超媒体技术。

（1）起步于80年代中期的多媒体技术已成为90年代信息技术领域中的一个热点,有人甚至把多媒体和通信视为未来信息高速公路的关键,其重要性由此可略见一斑。关于多媒体技术的定义,目前尚无规范统一的认识。但简单地说,多媒体技术是能综合处理多种媒体信息（数字化的文本、图形、图像、声音、视频等）,使多种信息相互联系并具有交互功能的信息处理技术[38],具有集成性（多种信息媒体的集成、多种硬软件的集成、多种技术的集成）、交互性（更自然的人机交互方式）和数字化（多媒体中各类媒体均以数字化的形式存储信息）等三个特点[39]。

多媒体技术在商业、教育与培训、电子出版、文艺影视制作、游戏娱乐等方面已得到广泛应用,尤其是在出版领域,致使欧美出版商在1995年11月于美国圣地亚哥召开的联合大会上提出:"由于多媒体的出现,我们（出版商）正处在一场其意义可同印刷术发明相比的革命的开始阶段。"多媒体电子出版物的数量也一直在高速增长。与电子出版领域关系极为密切的电子图书馆,一方面需要收集这些多媒体电子出版物,另一方面又需要应用多媒体技术改造原有的单媒体馆藏并为其地理位置分散的用户服务。这可以从三方面加以认识。首先,由于多媒体技术能处理在结构、内容和规模上完全不同载体的信息,而且把它们集成在一起播放显示,从文本信息到每帧约需1兆字节空间的彩色图像,以及带有混频音响效果的声音信息等都可以集成,这就迎合了电子图书馆用户在阅读电子图书时既希望在屏幕上看到文字信息,又希望同时更生动地听到声音、观看静止或活动图像的要求。其次,电子图书馆中不仅仅是收藏各类电子出版物,还要将传统的印刷文献、视听资料等进行数字化转换并以数据库的形式存贮在磁盘、磁带、光盘等介质中,建成的数据库不仅有单媒体数据库,如文字、图像库等,更多的是集成了多种媒体的多媒体数据库。这势必要应用到多媒体技术中的许多方面。例如,多媒体信息处理技术的很多功能对电子图书馆就有很大作用:它具有存贮建库功能,即以数据库形式存贮数字化后的文字、图像、声音等;具有导读、浏览和检索功能;具有编辑功能,能接收摄像机、OCR、MIDI(乐器数字化接口)等设备捕捉到的信息并进行动态交互式编辑,同时还具有控制功能;具有大容量存贮功能;具有数据压缩与还原功能,如采用 JPEG 标准(适于多灰度静止图像)和 MPEG 标准(适于通过 CD－ROM 或有线电视进行传播的运动图像);具有连接地区网、国家网和 Internet 的能力,等等。第三,电子图书馆的多媒体信息必须提供尽可能多的、可能会分散在世界各地的用户使用,这涉及到多媒体的数据压缩技术和更大潜力的压缩算法、多媒体的同步技术、多媒体的信息表示以及可供传输多媒体的网络通信速率等方面。从长远来看,电子图书馆提供远程多媒体信息传递无疑是非常重要的。电子图书馆的网络通信系统也将随着多媒体通信领域的进步而逐步完善起来。

从以上三方面可以看出,涉及多方面技术内容的多媒体技术是电子图书馆得以实现的主要支撑技术之一[40],因为它密切结合了计算机、网络、通信、信息处理等众多领域。当前的电子图书馆试验中也不同程度地涉及到多媒体技术内容,主要是建立多媒体数据库或多媒体联机信息检索系统(限制范围)。如美国的卡内基—梅隆大学等几家合作的项目"信息媒体数字视频图书馆"(参见表 3－1)。该项目已建成一个 3GB 的多媒体数据库,包括几百个数字视频对象以及文本、图形和音频信息。该多媒体数据库的建成预示着多媒体技术完全有可能应用于更大规模的图书馆数字化工程，从而推动传统图书馆向电子图书馆转变。

（2）用户在检索电子图书馆的数据库时，需要强有力的导航工具以获取相关的多媒体电子文献，这就需要应用超文本技术和超媒体技术。超文本技术可将相关的概念经由路径或链接连贯起来，用户可用直接、非顺序的方式查检到所需的相关信息，而无需按特定的顺序阅读。超文本系统中的信息主要是文本和图形形式的（其中以文本为主），以节点（nodes）形式存储信息，相关节点间以链接（links）相联，从而实现相关节点间的非线性、联想式检索。超媒体是对超文本的扩展[41]，它具有了超文本的大部分特点，但它能够处理的信息媒体是多种类型的，即文字、图形、视频、声音、动画、影片、照片等多媒体。超媒体系统中节点是有意义且独立完整的单位，每一节点中包含（存储）的信息可以是多媒体的组合，如文字、声音、图形、动画等多种媒体；节点与节点之间的相互关联是靠链接方式串联成一个网络，链接的方式主要有参考性链接、树状结构链接、注解链接、关键词索引链接等四种方式；超媒体系统中的节点经过有意义的链接后形成开放式的网状信息结构，使用者可通过所建立的超媒体网络，从一个节点迅速地查到另一个节点的信息（多媒体的）。此外，同超文本系统类似，超媒体系统也为用户提供较高的人机交互能力，用户可根据自己的兴趣与信息需要设定路径和速度，甚至修改内容或对内容加注解。

当前 Internet 网上最热门的 WWW 即使用了超文本、超媒体技术来呈现文字、图形、图像、声音等多媒体信息，为用户阅读文献提供了更加灵活的方式，即当用户阅读 WWW 服务器中的信息时，可通过选择已设定的主题或图形立即打开另一份文件（可以是文字、图形、图像、声音或动画等），如此可一直进行下去直到用户满意为止。此外，由于 WWW 糅合了 Gopher 的连接能力、Archie 的检索功能和 FTP 的文件传输能力，因而受到用户的广泛重视和喜爱,WWW 服务器的发展也非常迅速。如 1993 年 4 月时全球注册的所有 WWW 服务器才 62 个,1994 年 5 月增至 1248 个[42],1995 年 9 月时已超过 3 万个[43],据中央电视台新闻节目报道,1996 年年底时全球 WWW 服务器已达数 10 万个。目前有很多的著名图书馆都已在 WWW 上建站,不但供本馆读者查寻信息,还可让全世界的网络用户利用其馆藏资源。

本小节结合前文提出的电子图书馆的概念、特征及模型,从宏观、整体的角度概括了电子图书馆建设与发展中所需要的信息技术支持。应该指出,数字化技术、信息存贮技术、数据库技术、网络通讯技术和多媒体(超文本、超媒体)技术等五大方面只是电子图书馆建设中需要普遍应用的技术,它们彼此之间既自成体系又相互渗透、密切关联,而且在不同规模、不同用户需求的电子图书馆建设中有着侧重不同的应用,这正如当前发达国家电子图书馆试验也具有不同的技术特点一样。这些关键技术和其它相关技术的充分运用,将是电子图书馆试验性建设和日后进一步发展的成功关键之一。

第 4 章引用和参考文献

1　卜小蝶. Internet 资源收集与整理的方法探讨. (台)资讯传播与图书馆学,1995,2(1):78～88. 引自该文注释[1]

2　E. A. Fox,L. F. Lunin. Introduction and overview to perspectives on digital libraries. JASIS,1993,44(8):441

3　L. F. Lunin. On scholarly publishing:print vs. electronic issues,benefits,challenges. (台)资讯传播与图书馆学,1995,2(2):8～19

4　George Bush. President's Report. Bulletin of the American Society for Information Science,April/May,1992:10～11. 参见:窦平安译. 第二次图书信息服务白宫会议总统报告. 国外情报科学,1992,10(4):25～27

5　H. King. Walls around the electronic library. The Electronic Library,1993,11(3):165～174

6 《中国大百科全书·图书馆学、情报学、档案学卷》"电子图书馆"（刘荣、袁名敦撰）条目. 北京:中国大百科全书出版社,1993:92

7 Gloria Werner 讲演;温国强译. 数字图书馆,或信息高速公路和全球网络. 上海高校图书情报学刊,1996(1):57～59

8 李华伟著;辛小萍等译. 网络化、电子化的虚拟图书馆——二十世纪九十年代的图书馆. 图书与情报,1995(3):73～75

9 M. K. Buckland. Redesigning Library Services: A Manifesto. Chicago: ALA, 1992:99～102

10 Robert Wedgeworth 著;汪冰译. 对图书馆用户的几点看法. '96 北京国际图联大会中国组委会秘书处参考资料(10),1996 年 9 月. 此文为 R. Wedgeworth 先生在第 62 届国际图联大会开幕式上的发言

11 Jan Olsen. Introduction to Cornell University's Albert R. Mann Library: a prototype for today's electronic library. Library Hi Tech,1994,12(3):32～37

12 Susan J. Barnes. An electronic library grows. Computers in Libraries,1993,13(8):12～15

13 Dian G. Zhao. Usage statistics collection and management in the ELINOR Electronic Library. Journal of Information Science,1995,21(1):1～9

14 Chen Ching－chih. What bonus information can you get from the Internet? Current awareness and free electronic publications/services. Microcomputers for Information Management,1994,11(2):125～131

15 Chen Ching－chih. Information superhighway and the digital global library: realities. Microcomputers for Information Management, 1994, 11(3): 143～155

16 邵晋蓉等. 电子图书馆——通向信息高速公路的桥梁. 图书馆,1996(3):29～30

17 Brian Lang. The electronic library: implications for librarians,academics and publishers. Libri,1994,44(4):265～271

18 杨宗英. 电子图书馆的崛起. 大学图书馆学报,1993(1):5～9,24

19 杨宗英. 电子图书馆的现实模型,中国图书馆学报,1996,22(2):24～29

20 石晓华. 论电子图书馆的建设与发展. 北京大学在职人员申请硕士学位论文,1995

21 傅守灿.电子图书馆及其相关技术和问题研究.现代图书情报技术,1996 (3):3~6

22 Willy Chiu:IBM Digital Library:a strategic transformation of libraries towards the 21st century. 1~12. IBM 公司 Digital Library 技术资料,1996 年 8 月

23 A. Morris. The Application of Expert Systems in Libraries and Information Centres. London:Bowker – Saur,1992:34~67

24 Marshall Breeding(ed.). Library LANs:Case Studies in Practice and Ap - plication. Westport,London:Meckler Publishing,1992:1~21

25 Chu Heting. Internet and digital libraries:their implications for developing countries. In:Proceedings of the 4th Beijing International Symposium on Co- mauter – Based Information Management,1994:32-1~32-9

26 Mark Kibby et al. The network is the library. EDUCOM Review,1989,24 (3):15~20

27 Willy Chiu:IBM 数字图书馆客户方案. 1~32. IBM 公司 Digital Library 技术资料,1996 年 8 月

28 E. Hodgin. Library profile:Hong Kong University of Science and Technology Library. Asian Libraries,1992,2(3):7~12

29 Linda T. Lee. New technologies applied in the Library of HKUST. In:Proceed- ings of ISAL'96,Shanghai. Sept. 1~4,1996:276~287

30 (日)岸本重治著;刘玲芝译.电子图书馆实现的可能性.黑龙江图书馆, 1992(2):79~80. 原文载于:日本电子情报通信学会志,1990,73 (8):879~881

31 M. C. Deschamps. The electronic library. Bielefeld Conference,1994. Libri, 1994,44(4):304~310

32 Nicholas Negroponte. Being Digital. New York,N. Y.:Alfred A. Knopf,Inc., 1995. 参见:胡泳等译. 数字化生存. 海口:海南出版社,1997

33 比尔·盖茨,内森·迈哈沃德等著;辜正坤主译. 未来之路. 北京:北京大 学出版社,1996:28~29

34 张道福,李一平. 现代图书馆、情报中心的基本模型与信息技术. 现代图 书情报技术,1995(2):40~45,28

35 同33,149 页

36 William Saffady. Digital library concepts and technologies for the manage –
ment of library collections: an analysis of methods and costs. Library Technol-
ogy Reports, 1995, 32(3): 238

37 曾民族. 信息技术的发展对信息行业的影响. 情报学报, 1994, 13
(1): 13~23

38 冉建国. 多媒体计算机技术及其系统产品. 中国计算机用户, 1993(12):
11~14

39 何泌等. 多媒体技术及其对图书馆的影响. 现代图书情报技术, 1995
(5): 34~37, 41

40 M. M. Aman. Multimedia: a new challenge for the information professions.
(台)资讯传播与图书馆学, 1995, 2(1): 11~24

41 H. Bornman et al. Hypermedia, multimedia and hypertext: definitions and o-
verview. The Electronic Library, 1993, 11(4/5): 259~271

42 J. F. Hines et al. The use of the World – Wide Web in UK academic library.
Aslib Proceedings, 1995, 40(1): 24

43 陈雪华. 全球资讯网在图书馆的应用. (台)资讯传播与图书馆学, 1995,
2(1): 57~70

第5章 电子图书馆对传统图书馆的影响

印刷书刊,尤其是印本图书作为传统图书馆收藏的主要信息载体,在历史上曾决定了图书馆的历史使命、服务方式、组织结构、人员、经费及馆舍外观等,也即是"馆藏、馆员、馆舍"这三要素是以印本书刊为基础和核心的。但从70年代开始,图书馆被一个新的信息时代惊醒,开始面对汹涌澎湃的信息革命浪潮、令人眼花缭乱的信息技术进步以及一群令图书馆员困惑甚至无所适从的新型信息载体。计算机、通讯、网络、海量存贮、信息压缩、多媒体等技术的飞速发展和相互渗透、融合,联机数据库、光盘出版物、网络化信息资源等数字化信息的持续爆发性增长,不断变化中的社会信息需求,构成了21世纪前夜当代信息环境的变化面和重要特征,将使身处信息革命浪潮中的图书馆经历一个从以印刷书刊为主导的"图书秩序"(the order of books)到以数字化信息为主导的"数字秩序"(the digital order)的重大变革[1]。

适应信息环境的变化和"数字秩序"的图书馆,应当是新型的、现代化的电子图书馆,而不是仅作为一个场所、静态书刊资料汇集地、只能开展有限服务的传统图书馆。电子图书馆综合利用先进信息技术并使之成为图书馆管理的普遍工具,馆藏资源以数字化信息为主体,通过完备的网络通讯设施为尽可能多的用户提供尽可能多的且经过选择的信息资源,联机信息检索、电子文献传递将使用户得到即时(just-in-time)的优良服务,图书馆界孜孜以求但又进展甚缓的资源共享在电子图书馆时代将得以实现。无疑,电子图书馆是传统图书馆在 21 世纪的发展方向,虽然目前尚难以准确把握电子图书馆的所有特征和功能,但发达国家出现的电子图书馆雏形和我们前文进行的描述,已能勾画出它的某些特征,初步展示了未来电子图书馆的风采。

从传统图书馆到电子图书馆的转变是一种必然趋势,但这种转变不是一蹴而就的激变,而是渐进式的转变,这将是一个长期的过程,需要图书馆界和全社会付出更大的努力,做更多的工作。电子图书馆观念的形成及其特征的逐步展现,将对图书馆的许多方面,如馆藏发展、技术服务、读者服务等产生重大影响,而且需要传统图书馆重新思考其使命和宗旨,重新设计图书馆工作流程和组织结构,重新教育和培训图书馆员,甚至重新定义图书馆和图书馆员的社会角色等等。总之,"图书馆正处在重大的、眼睛一刻也不能眨的状态中,因为图书馆服务的根基正在处于变化的过程中"[2]。本章主要从可能产生的变化和带来的问题的角度,研究电子图书馆的发展及其观念对传统图书馆的影响。

5.1 电子图书馆与传统图书馆的比较

5.1.1 观念方面的比较

电子图书馆与传统图书馆相比较,不同之处首先体现在人们对图书馆的认识和看法上。传统图书馆从最早期的藏书楼形态演进到近代的公共图书馆阶段,再发展至现代的自动化图书馆阶段,已经发生了很大的变化,甚至图书馆一词本身的含义也已大大拓展了。但是图书馆处理的信息载体依然是以纸介质文献为主,图书馆自动化实现的主要是采访、编目、流通、期刊管理等内部作业的自动化,尽管到 90 年代初 OPAC 系统已经历了三代的发展历程,但它提供给用户的是一个或几个图书馆馆藏的书目信息,这对于用户的需要来说还是不充分的,体现出自动化图书馆对用户的帮助还十分有限。尽管图书馆已程度不同地实现了自动化,但由于众多的原因,传统图书馆往往被视为一个场所、收藏静态印刷书刊的仓库。而电子图书馆将是一个有序的、充满弹性和活力的、多功能的机构,存储、处理、传递电子信息资源和以用户为中心提供电子信息服务是其重要任务,它看起来更像一个信息服务中心、信息检索与传递系统,而不仅仅是一个信息资源中心,更不会仅仅是一个堆满书刊资料、不引人注目的场所。

就观念方面而言,我们认为从传统图书馆发展至电子图书馆至少将有以下几方面的观念转变:

1. 从作为场所的图书馆到作为信息提供者的电子图书馆。作为信息提供者而不是书刊存储基地的电子图书馆,将不仅能为学者、专业人员等提供更准确及时的专业信息,还将渗透到人们的日常工作和生活中,跻身于信息服务行业,从而具有更强的社会功能和更多的职责,而不再只是一个机构或场所。

2. 从以图书馆为中心到以用户中心。前文已指出"面向用户"或"用户驱动"是电子图书馆的重要特征。在图书馆和用户的关系方面,传统图书馆是以图书馆为中心,读者或用户利用文献的主要方式是到所属的图书馆或达成协议的其他图书馆查找和利用文献,接受图书馆员的各种服务;而电子图书馆则完全以用户为中心,换言之应是"全心全意地为用户服务"。因为在众多的而且都颇具竞争力的信息源中,图书馆只是其中的一种选择,读者可以不通过图书馆而通过计算机网络获取电子信息,也可以不到图书馆而利用电子图书馆的资源和服务,有些读者甚至会终生不入图书馆大门却终生享用电子图书馆的服务。总之,从以图书馆为中心到以用户为中心是一种重要的电子图书馆观念,有人把这种观念的变化比喻为图书馆的"天动说"向"地动说"的变化[3]，看来是有道理的。

3. 从以书刊文献为中心到以电子信息为中心。印刷书刊文献是传统图书馆的物质基础和重要资源，由于书刊文献是人类文明与文化的重要记录载体，所以它在图书馆中的存在仍将是长期的。但必须看到，电子信息资源的增长幅度已远远超过了印刷文献，而且印本资源与电子资源的增长比率继续向后者倾斜[4]，传统图书馆的不少馆藏印本文献已开始进行数字化转换并加入到电子信息世界中，所以在电子图书馆时代，印刷书刊文献虽继续存在，但其重要性已不似以往，电子图书馆的"馆藏"主要是图书馆内外的电子信息资源。

4. 从拥有馆藏到提供信息存取再到选择性存取。通过购买、交换、接受捐赠等方式获得书刊文献，即拥有馆藏文献实体是传统图书馆的核心要素。电子图书馆在"拥有"与"存取"的两难选择中明显地偏向于存取，广泛的可存取性是电子图书馆的重要特征，也是其追求的重要目标之一。电子图书馆虽不能拥有用户所需要的所有资源，但能为用户的需要找到合适的资源和使用途径，能给用户提供信息存取的可能性。提供选择性存取的意思是关注电子信息资源存取的效果和效率，尽可能节省用户的时间并帮助用户准确地查找资源。比如，已崭露电子图书馆雏形的一些图书馆在网络上建立了 WWW 站点，将 Internet 网上的电子信息资源与本馆的服务重点和专业范围进行匹配，把大量有关的网上资源的目录分门别类加以组织，使用户的存取具有较强的选择性和针对性。

5. 从对技术的认识角度来看，从传统图书馆到电子图书馆的观念转变表现为：从图书馆中单项技术的应用转变为电子图书馆应用综合的、集成的高新技术；从集中式信息系统到分布式信息系统；从使用新技术实现图书馆功能的自动化，到利用新技术增强存取和传递图书馆并不实际拥有的信息的能力[5]；从主要支持图书馆员的技术到能增强用户信息吸收利用能力的技术;从本馆的信息提供网络化、本地区所有信息提供者的网络化到全国性网络和环球"网络之网络"(如 Internet)。

以上五方面的观念转变不是静止的、孤立的,而是相互联系的。它们共同构成了从传统图书馆到电子图书馆在观念方面的范式转移。下面着重从"以图书馆为中心→以用户为中心"、"以文献为对象→以信息为对象"、"拥有→存取"三方面展开论述。

1. 以图书馆为中心→以用户为中心。Sack 将这种转变称为"从图书馆轴心论"转向"读者轴心论"。以用户为中心首先意指按照用户需要来组织资源和服务,并不仅仅指物理上的、实际地拥有资源和提供服务,而且包括甚至主要是提供联结相关资源和服务的能力。Gapen 曾指出:"以用户为中心(user - centred)意味着不仅要将本馆、本地的印本或电子形式的资料提供给用户存取,更重要的是要使用户能通过电子网络存取和传递外部世界图书馆、商业性信息机构及其它知识资源中心的信息。也就是说,要利用技术将许许多多图书馆的资源和信息服务联结到用户那里,创建一种资源和服务的协同机制。"[6] 我们理解 Gapen 的意思是电子图书馆应发展分析和联结资源与服务的协同作用机制,成为用户通向外部图书馆乃至整个信息环境的一个界面或窗口。以用户为中心还意味着要求按照用户行为和要求来理解、设计有关方法技术,把提高用户的信息利用能力和效率作为根本目标和评价标准。前文第四章曾谈到美国康奈尔大学的 A. Mann 图书馆在向电子图书馆方向转变时,是如何结合用户需要设计电子图书馆的信息系统与服务的。1993 年 Mann 图书馆为开发新的网关再次专门进行了较大规模的用户调研,用户们希望或建议该馆[7]:进一步扩大电子信息资源的内容(如增加更多的资源,即使其检索界面还不统一;尽可能多地提供全文资料,包括重要期刊和参考工具书的全文,必须包括图片和图表;提供视频、音频、图像和多媒体资料);

使该馆的网关为更多人服务（如向没与 Internet 相连的、地理位置分散的用户服务；探索创新性的传递选择，如卫星传输；通过计算机网络将电子图书馆向公众开放）；提高学生用户的使用水平（如让所有学生都参加电子图书馆信息资源使用与存取的课程和培训）；提高课堂教学对资源的使用（如通过网关传递教学辅助材料、试卷、通报、与课程有关的软件和数据库以及多媒体等）；增加新的界面特色（如根据用户的要求和偏好，在保证信息安全的情况下保留用户个人化的数据库使用目录文档；支持多种平台，使跨数据库检索更加容易并能同时存取多个数据库；使数据传输更加简便；确保系统能指引"未连接"的资源，诸如印本资料和尚未网络化的计算机化资源等）；增加文献传递特色与功能（如提供内部文献传递服务、提供可能的馆际互借位置、连接商业性文献传递服务机构以及提供按需扫描等）；加强对用户的帮助（如教会更多的用户使用电子图书馆系统；提供联机交互帮助；用户界面应在资源选择上提供"智能"帮助；参考咨询馆员也应能提供指导；允许用户通过类似公告板的设备互相帮助等）。用户们对电子图书馆的要求可谓复杂多样，它一方面反映了用户们对电子图书馆功能和服务的希望，另一方面也表明电子图书馆如果要获得成功并让用户满意，就必须以用户为中心来合理配置各种资源、人力和技术要素，其重要性诚如美国学者 T. Saracevic 所言："正在出现的新一代信息系统是走向成功还是失败，取决于能否极大地增进对用户信息获取和利用过程的理解。"[8]

2. 以文献为对象→以信息为对象。这种观念的变化已不是什么新鲜话题，但电子图书馆的以信息为对象并不仅仅是书目信息，而更多地包括 G. Werner 所说的"真正的"信息，即全文信息、图像、视频音频等多媒体信息。由于计算机网络的扩展、存贮技术和信息压缩技术的进步、信息检索技术的发展，电子出版物以及其它电子信息源越来越多，学者和专业人员迫切希望从图书馆获得最新信息和最有用的信息,要求图书馆提供联机目录、期刊论文目次页、索引、文摘、电子参考工具书、百科全书、书刊的全文电子信息以及声音、图像、动画、三维图形等等。以满足用户需求为核心任务的电子图书馆必然要以信息为中心,这点和传统图书馆完全不同。传统图书馆以印刷文献为物质基础,使图书馆服务范围和结构都受传统文献及其处理过程的影响,形成了文献[9]所称的以文献为中心的"僵硬"体系。这种以文献为中心的观念首先体现为图书馆组织结构的"文献化"[10],如图书馆内部结构和服务的组织严格按文献处理流程划分并限定在一系列狭小和孤立的部门,缺乏人员和服务有机融合。其次体现为图书馆服务的文献化,对文献的描述和服务都实际停留在文献这一物理单元层次和实体上,没有对文献包含的丰富信息内容及其相互关系进行深入挖掘和揭示,因而难以灵活地利用文献内的丰富信息内容开展多形式的信息服务,而且一旦文献本身或文献查检线索传递到用户手中,服务也随即宣告完成,用户对信息的利用被排斥在图书馆员的视线和能力以外[11]。张晓林认为这种"文献化"的观念和态势既不能充分满足用户需要,又不能令人信服地展示图书馆的能力和智力内涵,而且在现代信息环境中这种图书馆的地位和重要性都受到极大冲击,因此必须突破"以文献为中心"的束缚,实现以文献为工作对象到以信息为工作对象的转变。从以文献为中心到以信息为中心的转变,是发展电子图书馆的必然要求,而且对信息的理解要更加全面,至少要认识到信息载体的多样化、信息类型的多样化、信息来源的多样化以及信息传递方式的多样化等方面。

3. 拥有→存取。从强调拥有馆藏(ownership)到注重存取能力(accessibility)的转变至少有两方面的含义:一是图书馆在提供信息服务时,不需要必须拥有某种形式的文献载体,因为网络可以向用户提供外部的各种电子信息资源,更需要的是信息的使用权,即图书馆的存取能力或提供的可存取性要比实际拥有重要。二是人们衡量传统图书馆的服务质量时经常将馆藏拥有作为最重要的指标,图书馆只有实际地拥有文献实体,才能提供用户借阅和复制。但在电子图书馆时代,虽然馆藏量仍是衡量图书馆的一个指标,但对其它图书馆和外部信息资源的存取能力,相对于馆藏实际拥有量来说,正变得越来越重要,更何况电子文献的重复拥有对图书馆来说是没有什么实际意义的。

表5－1是对拥有与存取进行的对比。

表5－1

基于拥有馆藏的图书馆	基于存取能力的图书馆
图书馆被认为是仓库	图书馆被认为是网关
强调本地存贮和使用传统印本馆藏	强调存取网络化的资源
用户实际地浏览	用户电子化地浏览
价值体现在馆藏的规模大小	价值体现在信息的可得性与传递能力
追求自给自足的"随手可得"(just in－case),目标是通过实际采集资源形成档案性馆藏	强调快捷、高效的"即时提供"(Just-in time),目标是在用户提出要求的时候提供信息和存取能力

来源:根据文献[12]修改、整理。

5.1.2　深层特征的比较

仔细考察图书馆的发展历史,我们会清楚地发现,第一代纸介质图书馆和第二代机械化图书馆(Michael K. Buckland 的断代方法[13])的核心特征是图书馆作为一个场所而存在。Buckland 把电子图书馆看作是第三代图书馆。而这里"图书馆"的含义已经发生了变化,正如我们在第二章中探讨电子图书馆思想演变史时指出的那样,电子图书馆看起来更像是一个过程、节点或者叫机制。这与传统图书馆的场所形象相比,的确显得更加抽象。

作为场所的传统图书馆具有以下几方面的深层特征:

1. 组织基础是公共图书馆;

2. 核心资源是所收藏的印刷品；

3. 每个图书馆主要是带有自治色彩的单位[14]；

4. 图书馆充当了图书馆专业的机构基础；

5. 图书馆的目标是多重的；

6. 图书馆的社会定位是社区；

7. 图书馆的用户定位是服务于每个人；

8. 图书馆的社会责任是组织与管理知识；

9. 图书馆应该免费提供服务；

10. 图书馆学的知识基础主要是人文、社会科学；

11. 社会与文化因素是推动图书馆变革的主要动力。

上述 11 方面虽不尽全面，但能够基本刻划作为场所的传统图书馆的核心特征。我们在第四章曾讨论过电子图书馆的特征，但更多的是从技术方面进行描述。这里结合与传统图书馆特征的比较，再将电子图书馆的深层特征进一步挖掘出来。

1. 组织基础方面。传统图书馆的组织（或机构）基础是公共图书馆，为什么这么说呢？虽然图书馆的类型多种多样，如有公共、学术、专门、学校图书馆等等，但从整个世界图书馆的发展史来观察，正是 19 世纪公共图书馆的激增，为现代图书馆职业作为一门专业登上舞台奠定了机构基础，而且许多关于图书馆的问题（如西方的智力自由和非常普遍的有偿与无偿之争）往往是发轫于公共图书馆且使其承受的压力也最大。因此，从这个角度看，我们认为作为场所的传统图书馆的组织基础是公共图书馆。而电子图书馆的组织基础则很可能是学术图书馆和专门图书馆。不仅电子图书馆思想演变史上的大部分人物都来自科技界或供职于研究/专门图书馆中，而且当前电子图书馆试验大多数是由大学图书馆和专门图书馆进行的。电子图书馆的设想如果变成现实的话，那么其实现顺序很可能会是专门图书馆和学术图书馆→公共图书馆→ 一般的学校图书馆。公共图书馆界在 80 年代初也已经注意到电子图书馆萌芽的迹象,其例证是1981年美国哥伦布公共图书馆和OCLC召集公共图书馆代表试图发起成立"电子图书馆协会"(Electronric Library Association)[15],与会者们展望了"无墙的图书馆"利用"联机时代的工具"为"电子村庄"的用户提供服务的可能性。十年之后的1991年,美国图书馆协会(ALA)在全美进行了一次民意调查,在调查报告《在计算机时代使用公共图书馆》中指出:"仅在书架上存放图书已不能充分满足电子时代图书馆用户的需要……68%的应答者相信从公共图书馆联机存取信息将很有价值……在逐渐演进的电子时代,公共图书馆正变得更像一种服务概念。"[16]以上两个例证表明,电子图书馆的思想虽源自专门/学术图书馆,但也逐渐吸引了公共图书馆。

2. 服务定位方面。阮冈纳赞在1931年提出的"图书馆学五法则"中重要的一条就是图书馆服务于每个人,这是图书馆整体意义上的最高理念和基本宗旨,我们用不着过多解释。而在电子图书馆时代,这种情况变得复杂起来,我们的理解是源自于专门/学术图书馆的电子图书馆很可能首先面向学者和研究人员、大学师生等,而后随着公共图书馆的逐步转变,再面向全社会进行服务。我们的理由如下:几乎所有的电子图书馆项目都优先考虑试验为学者和研究人员提供服务,这点在当前的电子期刊试验方面更为明显;电子图书馆概念经常地与"电子化学者"、"学者的工作站"、"学术交流系统"等[17]名词相伴出现;学者和专业人员的信息查询习惯和需要构成了电子图书馆的用户模型,等等。由于首先面向学者和专业人员,为了满足他们对最新和最有用信息的需求,电子图书馆势必将从原来的强调收藏转向突出快速存取,本馆收藏的重要性将逐渐降低,而提供存取信息的重要性将显著提高。为了提高国民生活质量,公共图书馆也要充分地利用电子信息技术为公民提供快速的信息存取和服务。加拿大学者Birdsall预测未来可能除了一些娱乐性资料外,所有的相关文献都将是电子化的[18]。日本学者山本毅雄也持有类似的看法[19]，他预测：公共图书馆方面除针对一般读者的一部分图书（文艺书、小说、实用书等）以外，参考图书（辞书、百科全书、年鉴等）将主要使用电子文献；大学图书馆中除了一部分学生学习用的参考书外，学术研究用的书刊资料基本上是电子文献；专业图书馆则基本上使用电子文献。他们的观点也从侧面支持了电子图书馆的组织基础是学术/专门图书馆的论断。

3. 自治性与合作方面。传统图书馆的核心资源是其馆藏（主要是印刷文献），其开展的服务也多围绕着印本馆藏进行。虽然传统图书馆一般都有其母体机构或上级单位，但强调本身拥有馆藏并据以服务，使每个图书馆的运转都带有相当程度的自治色彩，即作为场所的传统图书馆具有自治特征。与此形成鲜明对照的是，强调利用电子网络的电子图书馆是依靠合作实现的。自治性使传统图书馆的整个体系被分解为一系列缺乏内在联系和外在协调的孤立的馆藏、机构和服务，而电子图书馆的建立基本上是合作性的努力，要求放弃这种固守本地本馆自治的传统。当前电子图书馆试验项目中几乎没有一例是由图书馆独立进行的，事实上，电子图书馆的发展需要信息交流链中的每个方面的积极参与、密切配合、相互理解和支持。在这种合作性的电子网络环境中，图书馆的本体含义更加抽象，看起来颇像一个节点。

4. 图书馆的目标方面。这里所讲的目标有点类似于职能概念。虽然1975年国际图联在法国里昂召开的"图书馆职能科学讨论会"上提出了图书馆的四项社会职能，即"保存人类文化遗产、开展社会教育、传递科学信息、开发智力资源"，并得到了比较广泛的认同，但是从本质上看，其目标是多重的、甚至有点含混不清，而且一旦论及到不同类型的图书馆，上述表达就很容易引起争论。电子图书馆的目标或者说社会职能到底是什么或是否还继续沿袭上述四大职能，现在下结论还为时尚早。但有一点比较明确，即快速地把信息传递给用户,或者用台湾沈宝环教授的话来说:"在最短的时间将以适当形式制作的资讯,提供读者作恰当的运用"(the right information to the right person at the right time in the right format for the right use)[20],是电子图书馆非常明确的目标之一。至于保存人类文化遗产问题,则更为复杂,需要慎重的思考。但也有人已提出了大胆而富有新意的观点:现任美国保存与存取委员会(Commission on Preservation and Access)主席的 Patricia Battin 女士提出:"图书馆员真正的革命是生产、存贮、传播和使用不同形式和载体的信息的能力。由于这些特点和数字化技术的使用,要求我们对保存概念给出一个新的定义:为在尽可能远的将来提供存取所积累的人类文明记录而采取的策略和行为。"[21]这就是说,保存并不仅仅是静态的保存,保存的目的也扩大到了存取,Battin 甚至认为"保存就意味着存取所记录下来的知识"。美国国会图书馆、日本国立国会图书馆、梵蒂冈图书馆等在电子图书馆试验中,使用数字化技术将精心挑选的珍稀历史文献进行转换和数字化存储,其目的恐怕不仅是保存它们,而且还包括通过网络让更多的人充分利用(研究或欣赏)这些人类文化与文明的珍贵记录。

5. 无偿与有偿方面。"无偿与有偿"或者"免费与收费"问题是近几十年来一直困扰着传统图书馆的两难选择。传统图书馆基本上一直恪守"图书馆免费提供服务"的原则,因为它是公共部门、公益性机构。美国全国图书馆与情报科学委员会(NCLIS)执行主任 Peter R. Young 曾对免费与收费两方面的历史沿革、特点与长处进行了详尽的比较,他指出:"虽然信息的产生、分享、控制、传输、价值判定、保护、分配和交换等的方式已发生了变化,而且这种变化正改变着公共部门和私营部门的角色和机构关系,但图书馆到底应该收费还是免费仍是一个悬而未决的两难问题,需要在国家政策、观念及图书馆的使命等方面做通盘的再思考。"[22]看来,即使到了电子图书馆时代,无偿与有偿问题仍将困扰着人们。

但有迹象表明传统图书馆坚持无偿服务已受到了挑战,电子图书馆有可能采取合理收费的策略。前文中许多项目都在研究电子图书馆的收费价格问题,CMU Mercury 电子图书馆项目的负责人 W. Y. Arms 的态度更是非常明确,他认为:"既然承认信息是一种经济学意义上的商品,那么电子图书馆就是面向市场经济(market-economy)的,是受市场和需求驱动的。"[23]电子图书馆的建成将需要大量投资,企业界人士之所以对电子图书馆大感兴趣并斥以巨资积极参加试验,原因之一恐怕就是认准电子图书馆的使用会给他们带来丰厚的回报。在这种情况下,电子图书馆会继续坚持"免费提供服务"的政策和宗旨吗? 我们不想妄做论断,但也表示怀疑。

6. 知识基础方面和变革的动力方面。从施莱廷格开始的早期的图书馆学一直与人们的识字传统密切相关,具有浓厚的人文色彩。随着图书馆职业的不断专业化,图书馆学主要作为一门人文、社会科学登上了学术舞台。直到第二次世界大战结束,美国图书馆界对技术革新还基本上持冷漠态度,孟广均教授在考察其原由后发现"这是出于当时在美国图书馆界具有极大影响的图书馆学学术中心——芝加哥大学图书馆学院的态度"。[24]芝大图书馆学院的学术定位显然表明传统图书馆的知识基础是人文、社会科学。但这种情况在二战以后,尤其是从 70 年代开始已发生了较大的变化,其显著标志之一就是 information science 开始大规模进入图书馆学院课程体系,对此现象的过程和意义文献[25,26]有详细的论述,本文不做讨论。仅想指出的是,传统图书馆的知识基础已经发生了变化,更多地融合了来自 information science 的知识和技术。图书馆学教育也发生了巨大变化,科目的变化、课程内容的变化、教学方法与手段的变化以及专业名称、院系名称和隶属关系的变化等等,标志着图书馆与情报学(LIS)教育已进入一个从根本上再阐释这一专业的任务和性质的时期。过去充满人文底蕴的传

169

统图书馆的知识基础强调"3C"，即编目（catalog）、流通（circu-lation）和馆藏（collection）；现在的知识基础除了上述 3C 外，计算机（computer）、通讯（communication）和控制（control）也是必不可少的。至于电子图书馆实现后，旧的 3C 会发生什么变化甚或是否需要进行根本性的修改（想一想电子出版物有可能在产生阶段即进行了预编目，勿需馆员进行再编目；流通根本不再是借借还还的概念；馆藏还包括"虚拟"馆藏等），当前尚不宜断言。但无疑的是，电子图书馆的建设需要更多的信息技术支撑，需要更多的具有信息科技背景或经受过再教育、再培训的人。仅有人文、社科的知识基础是不够的，但过分强调信息技术的作用也欠妥当，关键是如何把两部分知识基础有机整合起来。例如，信息的吸收利用不仅涉及到信息、信息技术，还涉及到人和社会的因素，与人的认知机制、信息利用心理、信息行为等人文因素和社会因素密不可分；再如，电子图书馆的特征之一就是联网，有相当多的信息资源来自于网上，并通过网络传递出去，这就十分需要从网络整体高度对信息资源进行协调和管理，如制定相关信息政策、标准、管理规章等，去协调网络上的各个节点图书馆、协调各种涉及信息活动的资源；还有，电子图书馆的进一步发展和实用化还面临着法律方面的许多问题。这些都是不可能纯粹用信息技术解决的，需要从人文的角度综合利用信息资源管理等各方面的理论和技术知识

变革的动力方面，现代图书馆事业的出现和图书馆的增加往往被视为社会、经济和文化推动作用的自然结果。电子图书馆出现的可能性来自于计算机、通讯、存贮、网络等技术领域的融合与创新，以及社会信息需求的推动。信息技术前进的步伐一直在加速，而且已经形成了强大的向前发展的惯性力，它推动着传统图书馆走向自动化图书馆，又将成为自动化图书馆向网络化的电子图书馆演变的主要推动力之一。

5.1.3　基本业务的对比

表 5 - 2 将电子图书馆与传统图书馆的基本业务活动进行了对比。

表 5 - 2　基本业务活动比较

类型 业务活动	传统图书馆	电子图书馆
馆藏发展 与管理	— 选择书刊、视听资料等加入馆藏 — 典藏 — 书架维护 — 装订与保护	— 选择适于电子转换的资料加入馆藏 — （数据库等的）版本控制[27] — 系统维护
采访	— 了解需求[28] — 资料具体采购 — 资料送达 — 费用支付	— 了解需求[28] — 用 EDI（电子数据交换）方式订购电子资料 — 将现有资料转换为电子形式 — 版权管理 — 电子资金汇兑（EFT）方式付款
编目	— 手工编目	— 自动化编目
标引	— 人工标引	— 自动标引
目录	— 卡片目录	— 电子目录 — 虚拟目录
借阅	— 预约 — 流通 — 催还 — 定题资料服务[29]	— 提供暂时性资料（自动设定期限）[30] — 传递资料 — 自动传递有关信息 — 互连的图书馆间交换资料 — 通向传统图书馆服务的界面

（续表）

类型 业务活动	传统图书馆	电子图书馆
读者服务	— 帮助用户查寻和检索资料 — 指导用户利用图书馆 — 读者资料使用情况	— 组织图书馆电子资源 — 资源引导 — 联机帮助 — 联机建立读者使用情况文档

来源：以文献[29]为主，但结合[27,28,30,31]进行了修改。

表5-2中以电子出版物（电子信息源）为处理对象的工作流程是在电子图书馆已经实现的条件下进行的。在这种前提下，一切工作都采用了计算机，信息全部实现了数字化，已建立起采集处理、存贮和提供电子信息的体系结构。两方面相比较，许多业务活动的名称还是一样，但内涵已发生了质的变化，图书馆运作环境的变化也使各项业务的执行方式大不一样。正如绪论中指出的那样，电子图书馆将以一种新的方式执行图书馆的功能，包括新型的信息资源、新的采访和馆藏发展方式（包括更多的资源共享和电子订购服务）、新的存储和保存方法、新的分类和标引方式、与用户的新的交互模式、对电子系统和网络的更多的依赖性，以及图书馆在知识、组织、经济等方面的显著变化。下面结合表5-2对两方面的业务活动进行概括性的比较：

1. 馆藏管理方面。由于处理载体是电子出版物并以电子形式存储书刊资料，理论上讲信息总是可以让用户查询、观看的，因而电子信息的存储不再要求收藏印本文献所需的书架或书库，传统图书馆中与馆藏管理等有关的任务，如表5-2中书刊资料的上架、排架、归架、倒架等书架维护工作以及书刊装订修补等工作都很可能不复存在。当然这种情况是在传统印本馆藏达到最大程度的数字化之后才出现的。但一般而言,随着向电子图书馆的演进,印刷文献的购入量逐渐减少,将新收到的出版物上架及流通后归架等工作量将会显著减少。电子图书馆数据库中的字符编码文本或电子文献图像不会遭受到频繁使用及粗心处理等造成的损害,尤其是电子文献图像,它在文献保存与保护方面的技术优越性,使很多人认为它可以取代缩微胶片保存方式和传统的影印方式[32]。在表5-2中,数据库等的版本控制成为电子图书馆馆藏管理工作的一部分。这里"版本"的概念也不同于图书的"版本",因为电子图书馆中数据库是主要的信息组织形式,不仅参考工具书变成了动态的可在联机环境下不断更新的数据库,杂志相对于固定的印刷品形式也变成了动态的电子文件,因此及时掌握版本的变化和内容更新情况并通告用户就显得很有必要。另外,馆藏管理中系统维护工作也很重要,由于电子图书馆所有工作都使用计算机,所以系统的日常运作维护和安全维护必不可少。

2. 采访方面。传统图书馆中采访包括选择和接受资料、书目核对、复本核查、具体购买(或交换、接受捐赠)、验收、支付费用等。电子图书馆中采访的主要是电子信息,其目的是通过购买、订阅等方式取得数字化信息以纳入本馆馆藏,或经过签定协议取得信息检索权和使用权。电子图书馆中采访的方式可能是这样的[33]:了解需求之后,联机核查书目资料以确定准确无误;具体采访过程由图书馆自动化系统处理,用电子数据交换(EDI)标准方式直接将订单传至出版商计算机中;订购手续完成后,出版商自动将所订资料以档案传输的方式传至图书馆计算机系统,或将资料存贮在磁带、磁盘或光盘中送到图书馆;如果图书馆购买的是使用权,那么出版商只需给出密码(口令字)或检索软件;订购过程结束后,图书馆可以用电子资金汇兑(EFT)的方式联机转账付款。电子图书馆的图书馆自动化系统将自动处理所有催缺或取消订单等工作。

3. 分类编目等方面。目录是传统图书馆业务活动的基础和保证,分编业务也是图书馆技术服务工作的主体。在以图书馆为中心的传统图书馆环境下产生和使用的分类法是为图书馆和馆员提供的业务工具,并不是为方便用户使用馆藏资源而设立的检索工具。因为传统的分类法和分类业务工作的主要用途在于类分文献、集中排架以便查检和浏览,分类法的使用对于用户而言是非常困难和繁琐的,所以图书馆用户一般并不通过分类号来检索馆藏资源。在以用户为中心的电子图书馆环境中,并且在传统馆藏已完全实现数字化或图书馆不再收藏印刷型资源的情况下,传统的分类业务工作和分类法也就失去了其存在的根基。因为此时用户完全可以联机浏览目录、方便地使用各种机读索引从各个角度进行资源检索,甚至还可以浏览全文或进行全文检索,分类号似乎就没有存在的必要了。当然,诚如我们前文所提过的观点,在传统馆藏尚未完全数字化或图书馆继续收藏印刷型资源的情况下,传统的分类工作与分类法还将继续存在,但图书馆员在此方面的工作量将大大减少。如果有些信息不存放于计算机主机上,而是存贮在磁盘、磁带或其它存储媒介上,需要的时候将资料找出来并用计算机进行检索,这时只需给予一个简单的流水号并用条形码技术处理就足以辨识,是否使用某种分类体系的分类号并不重要[34]。

目录方面,电子图书馆使用的电子目录将逐渐取代传统图书馆的卡片目录(事实上现阶段有些图书馆已开始冻结卡片目录,转而使用联机公共检索目录)。电子目录使图书馆摆脱了传统卡片目录存在的检索点少、揭示不完全、空间占用大、目录维护开销大、检索时间长等缺陷。电子图书馆的电子目录在内容上不仅包括图书、期刊等文献的书目、索引和文摘,还将包括事实与数值等在内的参考数据库,即内容大大扩展了。此外电子目录的功能也将进一步完善,如用户界面更加友好且趋于一致,检索性能方面检索点更多而且允许自然语言检索等等。电子图书馆中的印本文献

174

编目工作将在很大程度上实现网络化联机编目,由联机编目中心等机构统一完成,其它图书馆主要通过计算机网络查检所需书目记录,再通过拷贝编目的方式达到避免重复、共享编目成果的目的。此外,在联机编目网络中对书目数据的规范控制也是联机实时进行的,图书馆可以很方便地使用文档,从而大大提高书目数据的质量和标准化程度。但是由于电子信息源的增多并成为图书馆的主体资源,人们对于主要针对纸本资料的 AACR2 编目规则和 MARC 格式能否完全胜任对网络化信息资源的编目,则提出了疑问。有人指出[35],MARC 和 AACR2 主要处理传统图书馆资料,而这些资料实际上存放在图书馆内,对于处理远程的、数字化信息来说,MARC 和 AACR2 则不够用,比如对 Internet 资源来说,还缺乏适于对联机杂志、快讯(newsletters)、首页(home pages)、listservs、newsgroups 等进行编目的规则。

4. 借阅等方面。60 年代以来,图书馆广泛使用了计算机系统管理图书等资料的流通,但这类系统并不能保证用户会及时归还,从图书馆中借出的书刊资料可能会被用户忘记搁哪了、无意或有意损毁、或迟迟不还以至永不归还。在以电子文献为主要馆藏的电子图书馆中,图书或其它资料实际上并不流通。字符编码文本或电子图像页面可以电子化地传递到用户计算机终端,供用户阅读、检索、浏览、打印。由此图书馆馆藏的完整性得以保证,读者对电子图书等也根本不存在独占、超期、催还、破损等问题,借阅的本质和方式将完全不同。由于电子图书馆允许多个用户同时存取信息,所以传统图书馆中用户在资料使用方面的一些冲突现象可以克服(如传统图书馆中存在藏书的阅读与个人的一时占有的不可分离性,即想要看的书必须借到手,无法利用已借出的书);电子图书不受其实际存放位置或复本数量的限制,不同地理位置的用户可同时共享一本电子图书,而既不必到图书馆来,又不受图书馆开馆时间、阅览空间等限制。这就是说,电子图书馆实现后,将从读者亲自去图书馆查文献、借阅书刊,变为读者可以在世界任何地方的终端前通过网络查询任何一个开放的电子图书馆的电子文献。可以形象地理解,电子图书馆的阅览室延伸到了所有拥有计算机的用户的办公室、实验室或家里。

5. 读者服务方面。传统图书馆的读者服务重点在于文献的借阅和参考咨询,如指导读者利用图书馆、帮助用户查寻和检索文献等。在传统图书馆中,实际地接近和取得文献是用户存取和利用信息的先决条件。虽然用户在办公室、教室或家中的远程工作站上可以检索图书馆的联机目录或其它书目数据库,但用户必须亲自到图书馆来获取所需文献或要求(可以联机)通过邮寄、特快专递及其它途径取得文献。而电子图书馆的实现则显著增强了用户的信息检索能力和图书馆的远程文献传递能力,不仅允许用户联机检索图书、期刊论文和其它资料的全文,而且当用户通过联机目录和其它数据库的检索确认了所需出版物后,图书馆可将以字符编码形式或电子页面图像形式存贮的电子文献传输至远程用户的工作站,供用户显示浏览或经授权后打印。概括地讲,电子图书馆读者服务是朝着缩小服务中所存在的各种制约,可以采用更多、更有效的服务手段和方式的方向发展。这种读者服务不再是简单的借借还还所代表的"物的传递",因为技术的进步使用户自身利用图书馆的各种操作简单、功能日趋完善的系统进行自我服务的可能性大大增加了;也不仅仅是提供给用户通过网络存取信息的机会(当然这非常重要),电子图书馆需要联接、组织、筛选切实符合用户需要的各类信息资源,为用户提供资源导引服务并在用户检索时提供联机实时帮助;电子图书馆信息资源的日趋多样和复杂,不仅要求图书馆员再学习、接受再教育,而且对用户的素养和信息利用能力也提出了新的、更高的要求,需要图书馆更有效地加强参考咨询工作,指导读者利用新型信息资源,增强用户的信息识知(information literacy)能力。总之,读者服务方面的重点从传统图书馆文献借还体现的"物的传递",转变为电子图书馆对读者进行知识援助和信息识知能力培养的"知的传递"。

5.2 电子图书馆的发展对传统图书馆的影响

上节从观念、深层特征和基本业务活动三大方面对电子图书馆和传统图书馆进行了比较。应该指出,这种比较的出发点是以构想中的电子图书馆业已实现为基础的,更确切地说,是一种前瞻性分析比较。诚如许多专家指出的那样,90年代以来发达国家的一些自动化基础良好并逐步实现了网络化的图书馆开始向电子图书馆转变,但从总体来看,即使是这些发达国家的图书馆事业,目前也仍处于从传统图书馆向电子图书馆转变的过渡阶段。在这一过渡阶段,信息技术的进步和信息环境的变化,将使电子图书馆的雏形初步展现并获得进一步发展,电子图书馆的服务观念也将进一步深入人心,从而对传统图书馆的许多方面产生重大影响。

本节试图从馆藏发展、技术服务、读者服务等角度尝试性地对电子图书馆的发展可能产生的影响进行梳理。需要说明的是,在迈向电子图书馆的进程中,传统图书馆的馆藏发展、技术服务和读者服务三者之间并无严格的区分和界定,尤其是技术服务(采访、分类编目等)和读者服务(阅览、流通、参考咨询、用户教育等)之间的差别正渐趋模糊,有时甚至混合为一个整体。馆藏发展作为一种观念、作法与过程,经常横跨技术服务与读者服务两大方面,也难以明确其归属(发达国家图书馆组织结构中往往单设馆藏发展部)。可以预见,在电子图书馆时代,这三大方面将在以用户为中心的信息服务体系结构中重新整合。

5.2.1 对图书馆馆藏发展的影响

从理论上讲,馆藏发展是指在分析社区和读者需求、评价馆藏的基础上,根据制定的馆藏发展政策,使图书馆馆藏的输入(选择与采访)和输出(淘汰与剔除)达到最佳状态的一种过程[36]。从动态的实践角度看,馆藏发展是图书馆有系统、有计划地依据既定方针政策建立馆藏,并且评价馆藏、分析馆藏强弱,了解读者对馆藏的使用情况,以确定能够利用馆内和馆外资源满足读者信息需求的工作[37]。从中可见,图书馆馆藏发展涉及的内容和业务很广,但我们认为其核心在于依据动态、灵活的馆藏发展政策进行具体的运作。

电子图书馆作为一种发展趋势和观念已为越来越多的人所认同。随着电子图书馆的逐步发展以及电子出版物、电子信息源等的持续爆炸性增长,图书馆势必要参与对电子出版物、电子文献等的收集、处理、存贮和提供利用,这就会对传统图书馆馆藏发展的内涵、馆藏构成、馆藏质量评价标准等产生较大影响,使之呈现出一些不同以往的特点并带来很多有待解决的问题,传统图书馆的馆藏发展政策也就需要相应地加以重新调整和制定。具体而言,这些影响体现在以下几方面:

1. 馆藏发展中馆藏的内涵。在向电子图书馆转变的过渡阶段,传统图书馆馆藏的内涵发生了较大的变化。其一,社区和用户的需求是制定馆藏发展政策、进行馆藏发展活动的重要依据,在用户利用馆藏形式多样化、信息需求多样化、信息资源与获取途径多样化的今天,馆藏的含义首先超越了印刷书刊资料、缩微资料、视听资料等范畴,延展至各种电子出版物、电子信息资源,即包容了各种不同信息格式(录像带、磁带、软盘、CD - ROM 光盘等)和信息类型(应用软件、书目文档、全文信息、数值文档、多媒体等)。这是从图书馆实际收藏的角度来看的,馆藏包括实际拥有的传统印本馆藏和各种电子格式的馆藏（多是封装型电子出版物）。其二，馆藏内涵的变化还体现为外部信息资源成为图书馆的"虚拟馆藏"。这实际上是图书馆馆藏发展在观念上的一大突破，即完整的馆藏含义已成为"物理实体馆藏＋虚拟馆藏"。实现联网的图书馆可以连接到各种商业性电子文献传递（供应）中心、联机信息检索系统、电子杂志中心以及 Internet 等各级网络，这些外界信息资源虽本不属图书馆自身拥有的资源，但由于图书馆通过网络能连接检索到它们并提供给用户，无形中这种资源也变成了图书馆馆藏的一部分，即"虚拟馆藏"得以实现。"虚拟馆藏"对图书馆馆藏发展有着积极的意义，因为它扩大了图书馆的资源范围，提供了增强信息服务能力的机会，但它对馆藏发展政策也提出了新的问题。如网络化的虚拟馆藏如何落实，在馆藏发展政策中给予什么样的位置和优先级别等。由于计算机渐趋普及和通讯网络日趋完善，用户在拥有自己的设备的前提下也可以自主地去连接资源，这样图书馆在调整和修订馆藏发展政策时就必须考虑：用户的需求是否一定要借助图书馆的馆藏，或者说是否一定要通过图书馆这一渠道才能获得满足？图书馆馆藏发展政策是否真正体现了用户需求[38]？其实这一问题已远非馆藏发展政策方面的问题，它更涉及到图书馆在信息网络中的地位和作用这一根本性问题。

2. 馆藏发展目标的再定位。传统图书馆馆藏发展的指导思想是收集用户当前所需和将来可能需要的全部资料并在本馆加以存贮。在图书馆难以承受购置所有资料的费用和扩大馆舍的压力的今天，面对着"快速变化的用户需求、快速变化的研究兴趣、快速变化的经济状况"这三种变化的挑战，伴随着信息技术的快速进步，这种思想已经受到越来越多的质疑和批评，许多人试图重新定义馆藏发展的地位和任务，重新对其目标进行定位。Summers 指出，图书馆的馆藏发展将从根据用户的潜在需求收集资料转变为根据用户的现实需求来提供信息[39]。由于馆藏发展的目标和重点转移到尽可能满足用户的信息需求,而不是怎样建立一个不断发展的大的本地馆藏,所以馆藏发展就不再偏重于采购文献资料,而是要求馆员学会怎样鉴别和检索到用户们所需的信息。有些激进的学者宣称,在财政紧缩时期,馆藏发展面临的首要问题是"抛弃选书是馆藏发展的主要职能这一观念"。[40]我们认为,在向电子图书馆发展的过渡阶段,由于还有大量印刷书刊出版,所以完全抛弃选书尚嫌不够成熟,但"抛弃选书是馆藏发展的主要职能"一说是可以接受的。事实上,一些西方国家的国家图书馆已经接受了这一认识并在身体力行。美国国会图书馆馆长 Billington 指出:"针对美国正在建设信息高速公路这一事实和社会背景,有必要对国会图书馆的馆藏发展目标重新定位。国会图书馆的馆藏是国家战略信息库的一个组成部分,将为信息高速公路提供知识产品。"[41]为此,该馆调整了购书经费的使用结构,用于购买 CD－ROM 光盘和机读资料的经费大幅度增加(从 1988 年的 9477 美元增至 1992 年的 245695 美元,5 年增长 26 倍)。国会图书馆在其1993 年制定的 7 年战略计划中将馆藏发展的目标分为两个阶段:1993—1996 年将依靠减少馆藏积压和确保文献收集以保证其核心服务,1997—2000 年依靠馆藏数字化,将 500 万件重要的核心馆藏进行数字化并录入光盘,形成全文数据库,并引入电子查询和电子文献传递系统,以提高该馆为国会和全国的服务能力与质量。显然,为了适应信息高速公路和电子图书馆发展的要求,国会图书馆不再仅仅是收集、保存印刷本的静态的文献仓库,而是有系统、有步骤地通过建立多种书目数据库和全文数据库来形成动态的国家战略信息库,为社会和用户提供所需的信息产品。这不仅是图书馆馆藏发展目标的再定位,而且是整个图书馆在信息时代中社会角色的再定位。

3. 馆藏质量的评价。"虚拟馆藏"的引入导致了馆藏构成的转变,馆藏发展目标的重新定位和馆藏构成的变化,既使图书馆馆藏发展从一馆封闭式的自我建设转变成为图书馆网络的、区域的、全国的乃至全球的信息资源的掌握和选择,又使图书馆馆藏质量的评价标准发生了变化。在向电子图书馆发展的过渡阶段,使用权和存取能力将比本馆实际拥有显得更为重要,存取的质量很可能成为评价馆藏发展质量与成效的关键性标准。众所周知,传统图书馆的馆藏发展强调选书,实际上就是强调书刊采访的质量,所评价的对象是文献本身,如采集到并实际入藏的书刊的数量、结构、重点、强项弱项等。而电子图书馆时代评价馆藏质量就不能仅以本馆实际拥有多少文献和多少电子出版物为标准,而应该是评价图书馆在整个信息环境中为用户提供的选择性信息存取能力,选择性存取(并不仅仅是提供存取机会)的质量高低反映了满足用户需求水平的高低。在评价馆藏方面,以存取质量为尺度大有取代以采访质量为标准之势,美国研究图书馆协会(ARL)在其第117次年会上就曾鲜明地提出:"ARL 成员馆的资格和定级应该根据其对联机或计算机网络资源的检索质量来决定,而不是由图书的采访质量来决定……。"[42] 图书馆通过网络获取的信息资源往往不是资料本体,而是信息资源的网络使用权,所以需要努力获得每个重要的网络化信息资源的使用权[43]。由于存取和使用比较特殊或有知识产权限制的网络信息资源时,往往需要得到授权或付费,所以图书馆的馆藏发展政策在调整时就必须体现出这些方面的要求。

4. 预算的含义及其分配。传统图书馆的经费预算有很大一部分用于购买书刊,称之为"资料预算费"或"购书经费"。使用权和存取能力的日渐重要,不仅使预算的分配使用发生了较大的变化,而且"资料预算费"的含义也拓展至"存取预算费"[44]。就资料预算经费的使用形式来说,将从传统图书馆基本上是购买这种单一形式,转变为购买、租借、联网检索等相结合的形式;传统图书馆的资料经费的投资价值基本上是转移到实物形式上,即金钱转移为每一件实实在在的文献[45]，而在迈向电子图书馆的过渡阶段，资料经费除转换为实物形式外，更多地将转换为服务的形式。因为图书馆的馆藏既包括了本馆实际所有的信息资源，还包括了所能连接并提供服务的网络化信息资源，而使用这些信息资源（尤其是联机数据库）需要缴纳一定的费用，如入网费、检索费、租借费等。总之，为了获得对外部信息资源的检索权和使用权，资料经费中将有一部分用于存取，而且随着电子信息源的进一步增多，存取费用所占比重将会更大，也就是图书馆馆藏发展中一次性投资行为（主要指以纸张、缩微形式存在的图书和期刊）减少，连续性投资行为（主要指联机目录、全文数据库、电子期刊等的重复租借、检索）显著增加。

经费分配使用结构的变化已经在有些图书馆的馆藏发展政策中体现出来。例如，澳大利亚国家图书馆于 1993 年调整了其馆藏发展政策，除了强调加强对非印刷型资料的收集外，政策中明确提出调整购书经费分配使用结构，逐渐减少购买国外印刷型出版物的种类与数量，把节省出来的大量经费用于建立各种馆藏书目数据库；在文献收集上，有些文献只购买较便宜的电子版以取代其印刷出版物，对于时效性强的期刊将主要靠通过国内联网从国内各地的数据库中检索利用，还将通过国际联网直接存取国外期刊[46]。在电子图书馆试验性建设方面进行了大量富有成效的努力的日本国立国会图书馆（NDL），为了适应用户需要及电子出版和远程通讯网络的发展，也于 1993 年调整了馆藏发展政策，正式将电子出版物、数字化资料和联机数据库等纳入馆藏发展的范围[47]，并采取了如下几项举措：增加电子出版物获取方面的经费，从 1993 财年的 3 万美元激增至 1995 财年的 77 万美元（约 26 倍），用于购买或租借光盘、添置或租借检索设备以及建立 CD－ROM 网络；制定"日本国立国会图书馆资料采集政策说明"，确定电子出版物的内涵、采访的范围与方式以及选择的标准；在电子出版物被纳入日本呈缴本制度之前,通过合同和协议方式与电子出版物生产/经销商建立合作关系;试行采访 CD - ROM 并提供服务,同时进行印本馆藏数字化试验。1996 年,NDL 经过精心选择收集到约 1500 种电子出版物(70% 为 CD - ROM,30% 为软盘)。由于这批 CD - ROM 可供用户在局域网上检索到约 700 种外文期刊的全文,所以 NDL 打算从 1997 年起逐渐停订与 CD - ROM 内容重叠的纸本外文期刊。

上文表明,馆藏发展政策的调整和修订、馆藏发展方向的变化是非常需要的,而且是不可避免的。馆藏发展政策应该明确地指出选择纸本、电子格式或其它格式的资源时使用的标准和策略,应该覆盖合作馆藏发展以及远程存取这两大关键性问题,应该就现阶段如何在拥有馆藏和存取两方面保持恰当的平衡给予指导性的说明。总之,馆藏含义的拓展,虚拟馆藏的引入,馆藏结构和馆藏发展目标的再定位,馆藏质量评价标准的变化以及经费分配使用的变化,都要求馆藏发展政策的调整和方向性变化,甚至是重新定义[48]。

5.2.2　对图书馆技术服务的影响

本小节所指的技术服务主要包括文献选择与采访、分类编目等方面。其中的文献选择和采访与图书馆馆藏发展关系较为密切,但由于它们较多地涉及具体业务工作,所以暂且列于技术服务类别下加以讨论。

1. 文献选择与采访方面

(1)图书馆面对越来越多的电子信息资源,需要设立新的文献选择标准。以电子期刊为例,1994 年版的 ARL《电子期刊和快讯指南》列出了现有网络中的 1800 种学术论坛和 440 种电子期刊及快讯(newsletter),1995 年版(第 5 版)则收录了 675 种电子期刊和 2500 种学术论坛[49]。这种成长态势迫使图书馆需要认真考虑如何选择电子期刊等电子格式的信息。现在虽已有很多图书馆通过 Internet 的 Gopher 提供存取电子期刊,但拟定了具体选择标准的却不多。1994 年 Parang 和 Saunders 对 ARL 119 个成员馆进行了调查,目的是了解研究图书馆提供存取电子期刊的情况。结果表明,62% 的被调查者均提供存取电子期刊,但只有 5 家拟定了电子期刊的选择标准[50]。美国内华达大学图书馆是其中比较成功的一个,它们认为在选择电子期刊等电子格式资料时至少应考虑以下标准[51]:①电子期刊的内容应能支持学校课程计划和教师研究兴趣;②信息的新颖性是至关重要的;③教师要求订购;④价格合理;⑤交互性或联机格式非常重要;⑥由图书馆订购和存取胜于个人的重复订购;⑦学术性电子期刊和经过鉴定的电子期刊的订购优先于电子快讯类;⑧长期的档案性存取并不重要。

(2)图书馆文献选择与采访的渠道增多,能够采集到第一手的信息,但由于电子信息的类型和载体多样化,使图书馆在选择采访时需要考虑诸多因素,因此选择采访工作的难度加大了。图书馆在采购书刊或接受读者推荐的资料前,必须经过书目核查这一步骤,以往可能是借助纸本选书工具来核查或选择打算购买的书刊,而当前这类选书工具多已电子化:或是以 CD - ROM 光盘形式供图书馆摘录书刊订购数据,或是以联机数据库形式进行联机采访,这些进步无疑大大提高了图书馆工作的效率和准确性。尤其是随着图书馆网络的建立和 Internet 等计算机网络的发展,网络上的许多资源可以协助图书馆员更有效率地处理选择采访工作。例如,Internet 网上美国 Vanderbilt 大学在其 3W 服务器中相当完整地整理了图书馆采访方面的信息,包括图书馆采访业务工作所需的各种书目核查工具、相关组织和机构、出版商和代理商、有关的电子期刊和电子论坛、一般参考资源和环球网(3W)参考资源等[52]。信息网络的联通,使图书馆采访方面不仅可以电子化地传递采访要求和各种数据,而且选择采访工作所需的信息渠道也进

184

一步得以畅通和丰富,更使图书馆有可能采集到第一手信息。众所周知,在以纸介质占主导的信息环境中,图书馆采访的书刊往往是已被出版商过滤(根据出版政策和利益等)后的正式出版物(即第二手资料),至于第一手信息(如研究人员的通讯、讨论等)则苦于缺乏有效的手段和渠道而无法有效地采集和提供服务。由于信息网络都具备有电子论坛(electronic forum)和电子公告栏(bulletin board system,BBS)等功能,所以不仅可随时公告最新的信息,而且电子论坛因吸引了越来越多的人就特定主题参加讨论,产生了很多富有价值的信息,作为图书馆一方,就可以通过网络将这些并不需出版商介入而产生的有价值的信息采集到馆并提供给读者。此外,随着很多单位将未发表的但又具备很高价值的研究报告等灰色文献进行数字化转换并存放于网络中,图书馆通过网络采集这类电子格式的灰色文献的可能性也大大增加了。

显然,由于书目工具的电子化和在电子网络上联机采访的实现,图书馆采访部门大大减轻了选书和订购的负担,手续也大大简化。但同时由于印刷文献的不断电子化,电子图书、电子期刊及其它电子资料(如研究报告、预印本、统计资料)的日益增多,也使图书馆的选择采访工作面对很多新的问题,从而加大了选择采访的难度。比如对电子出版物的采访,图书馆首先面临着有限经费情况下对传统出版物和电子出版物如何分配购置费用的问题;其次,电子出版物加入馆藏,需要相应的计算机设备、通讯条件、检索软件,还需要图书馆为用户提供相应的培训和适当的物理环境;第三,即使是电子出版物也有多种形式,如美国的《心理学文摘》除印刷版外,还有磁带、软盘、光盘、本地联机和远程联机五种形式,它们所需的硬件设备、网络支持条件、收费情况以及使用时需要的基本技能都不尽相同,尤其是费用方面差别更大(从磁带形式收费175美元/小时到远程联机利用收费60美元/小时不等),因此,采访时就必须全面地综合考虑多种因素,选择判断的难度由此大大增加;第四,信息网络的联通使图书馆采访时能更快、更广泛地获得纸本书刊的出版信息,而对于 CD – ROM 等电子出版物的出版发行信息还没有一套理论上有效的信息渠道可供使用,当电子出版物数量日渐增多之时,这种信息的匮乏所带来的后果就不容忽视了;最后,对电子出版物的选择采访也对采访人员提出了更高的要求:采访人员不仅要熟悉各种电子出版物出版发行的特点、获取方式,能够比较不同形式的电子出版物在成本效益、所需技术条件和用户培训需求等方面的差别,还要能够利用网上的电子邮件、电子公告栏等工具获取出版信息,并积极与其它图书馆的采访人员进行交流,共同增强在网络上收集、获取电子出版物的能力[53]。上述林林总总的问题,将使习惯于纸本书刊采购的采访人员面临巨大的挑战,不仅采访人员要以开阔的胸襟进行再学习、接受再培训以增强采集和处理能力,而且电子格式信息资源的获取还要求图书馆各业务部门的全面参与、慎重对待,与整个图书馆的整体建设密不可分。

(3)适应电子图书馆发展的需要,必须在文献选择采访方面引入新的思想和概念,建立新的信息采集模型。朝着电子图书馆方向快步迈进的美国康奈尔大学 A. Mann 图书馆,在电子出版物和电子媒体资料的选择采访方面大胆地引入了新思维,修改针对传统书刊资料的选择采访程序、决策方法和选择方针,建立了系统选择电子出版物的概念框架和组织模型[54,55,56]。下面对 Mann 图书馆的一些富有启发性的创新加以讨论

在概念框架方面,Mann 图书馆提出了三种概念:①"主流化"(mainstreaming)。这一概念用于描述图书馆怎样仔细地把各种信息传播的新形式整合到现有馆藏、服务、政策和业务中。其目的是把多种信息形式和存取机制无缝地加以整合,形成对用户友好的信息资源与服务体系结构。当图书馆拥有的硬件、软件、通讯条件足可支持处理某种形式的电子出版物时,则认为此种电子出版物

完全可以采集并提供服务,软盘和 CD – ROM 型电子出版物在 Mann 图书馆已被认为是"主流化"的形式。②"信息类型"(information genres)。这一概念反映的是图书馆在组织电子资源时对各类型电子出版物的划分方式,划分信息类型的依据是信息资源的特点及其使用的方式。Mann 图书馆共划分了 5 种类型:应用软件(多为软盘和 CD – ROM 出版形式,通过文件服务器存取);书目型电子信息(多为软盘、磁带、CD – ROM 形式,也可远程存取);数值型电子信息(软盘、磁带、CD – ROM 形式已主流化,目前远程联机存取尚受限制);全文型(CD – ROM、磁介质形式,可通过独立工作站、局域网、广域网及 Internet 连接等进行存取,需特定检索软件,对存贮空间和显示设备要求较高);多媒体信息,此种类型不是根据所传播的信息的类型,而是根据信息表现形式来划分的,目前 Mann 图书馆的基本条件尚难以支持远程存取多媒体信息,因而多媒体信息目前还不是主流化类型。③"类型专家"(genre specialists)。主要负责识别和评价新信息资源,选择符合馆藏范围和质量标准的电子出版物,确定最合适的检索机制并把选择结果推荐给 Mann 图书馆电子资源委员会做最后决定。

在组织模型方面,由于电子信息的采集将影响到预算分配、选择采访、编目、参考咨询、用户指导等方方面面,需要各部门的密切配合,所以 Mann 图书馆设立了电子资源委员会(Electronic Resources Council,ERC)。ERC 负责对类型专家推荐购买或租用的电子信息资源进行评论,在综合权衡之后做出决策。ERC 的职责还包括协调各业务部门的活动,促使各部门在采集组织电子信息资源和提供服务方面密切合作。ERC 的成员包括采访馆员以及馆藏发展、技术服务、读者服务、信息技术等部门的主任,他们各司其责,如采访馆员负责初评电子出版物以及获得使用许可、签署合同和协议,信息技术部主任负责评估图书馆的基本设施是否能够处理推荐上来的某种形式和类型的电子出版物。电子出版物经常有多种出版形式，类型专家先推荐最优先的形式，ERC 经讨论后决定哪种存取方式最适合本馆、最符合成本效益。如 BIOSIS 数据库有磁带、CD－ROM、远程联机等几种形式，ERC 决定最有效的存取方式是保留印本订购（档案性保存），同时租用磁带版 BIOSIS 数据库（用 BRS 检索软件）并通过校园网传递。

Mann 图书馆在选择电子资源时，充分考虑到为特定类型的电子信息提供何种存取级别（是在校园网上让用户交互性地存取，还是只能运行在馆内局域网上，抑或是在馆内独立工作站上检索）。根据用户需求的期望水平、资源使用的方式、合同协议的限制以及费用等因素，Mann 图书馆将电子信息资源划分为五层存取级别：第一层，通过 Mann 图书馆网关系统在校园网上传递。这类资源预计需求量较大，要求使用的媒体和软件能提供"即时性响应"（很短的响应和处理时间），包括 Mann 本馆配置的以磁介质存贮的文档和 Mann 连接的资源，如 Dialog 数据库和 Internet 上可存取的文档。第二层，通过网关系统在校园网上传递，但预计同时使用的数量不会太大而且可以接受稍慢的检索速度，包括存贮在光盘上的期刊全文和使用量相对较少的书目型、数值型信息，以及运行在馆内 CD－ROM 局域网上的文档。第三层，按照需要通过网关联机传递的资源，即这类资源并不总是联机传递的，包括用户偶尔使用但又需要专门软件和处理的数值型数据库等。第四层，不在校园网上传递，但可在馆内局域网上存取的资源，包括某些使用频次适中的 CD－ROM 书目型文档和大多数应用软件。第五层，只能在图书馆内独立工作站上使用的资源，包括许可证协议严格禁止在网络上传递的资源，以及所有使用频次较低的文档。根据上述五层存取级别的划分，类型专家在选择时推荐相应的存取级别，ERC 再就此进行评论，根据图书馆处理电子资源的现有能力作出最后的决定。

从上文的介绍和分析可以看出，Mann 图书馆在采集、组织电子信息资源以及提供电子信息服务方面已经迈出了关键性的一步,取得了一些宝贵的经验。由于 Mann 图书馆正在试验性地建设电子图书馆并把电子图书馆作为明确的发展方向,所以我们可以认为,成功发展电子图书馆的关键,首先在于结合图书馆自身的任务和基础设施条件,系统地分析、审慎地采集电子信息资源。

(4)在向电子图书馆转变的过渡阶段,"按需出版"(on－de－manding publishing)情形的增多将影响图书馆的采购方式。所谓"按需出版",是指信息提供者的资料库中已存有大量的电子全文,当使用方查检到所需文章及该资料的书目信息后,通过网络向供方提出订购要求,供方即按照订购者的要求将所需电子全文传送到订购方指定的网络节点上[57]。这种"购买文章"的方式,与传统图书馆订购一本书籍或续订全年期刊的方式无疑有很大差别,可能会引起图书馆采访方式,尤其是期刊采购方面的重大变化。

2. 分类编目方面

在图书馆技术服务中分类编目过去一直占有非常重要的位置,但近十几年来这种重要性已经受到了很大的冲击。早在 1982 年 F. W. Lancaster 就曾预测"分类编目等技术服务工作将迅速减少"。[58]今天看来,他的预测基本上是正确的。无论是利用 CD－ROM 书目光盘套录所需书目记录,还是通过联机编目将网络数据库中的书目记录直接套录并稍作修改,抑或采取外界承包编目(outsourcing cataloguing)、合同编目(contract cataloguing)等方式[59],图书馆的原始编目量确实是大大减少了。受图书馆编目自动化和联机编目的影响,编目员也开始向两极分化:小部分编目馆员因其丰富的经验和知识,成为编目质量的监督和管理者,负责检查从联机网络或 CD－ROM 中套录下来的记录以及进行原始编目;大部分编目馆员则成为对知识和技能要求不高的联机编目人员,或调往其它部门从事别的工作[60]。

而在目前的信息环境中,Internet 资源的雨后春笋般的增长、电子信息资源在图书馆中的不断引入,对熟悉纸本书刊分类法、编目规则(如 AACR2)、机读编目格式(如 MARC)、联机目录等的编目馆员及其编目工作提出了新的挑战。尤其是电子图书馆的发展,"对编目馆员提出了全新的要求,他们需要设计新的工作流程"。[61]进入到电子图书馆时代,人们自然会问:以往的分类法还有没有用? 编目规则是否适用于多媒体信息? 全文数据库如何编目? MARC 机读编目格式能否处理全文型的电子图书、电子期刊中的文章以及使用了超媒体技术将多种媒体整合的数据库? 等等,可谓问题叠生,而其中任何一个问题现今都很难回答。下面仅就两个问题讨论一下电子图书馆的发展对分类编目馆员及其工作的影响。

(1)编目工作量的减少和图书馆电子信息资源的增多,赋予编目馆员新的、对知识和技能要求更高的任务。我们仍以上节中提到的 Mann 图书馆为例说明这方面的影响[61]。如前文所述,Mann 图书馆将电子信息资源划分为 5 种类型,编目馆员和其他馆员一起为这些电子资源提供组织框架。在数值型电子信息方面,Mann 图书馆采集到美国农业部经济研究中心的约 140 种数据文档,图书馆决定用 Gopher 服务器的形式传递信息以便导航和套录具体文档。编目馆员(原始编目员)和该馆信息技术部有关人员一起承担了设计 Gopher 组织结构的任务,为每一文档创建了具体的目录和子目录,并指导采访人员往子目录中装载文档。这种任务显然不同于传统编目员的工作。在全文电子期刊方面,Mann 图书馆为了提供浏览和全文检索电子期刊的网络环境,开发了基于NCSA Mosaic 环球网浏览器的网关,电子资源编目馆员参加了这一开发过程。在书目型电子信息方面,由于编目馆员在书目创建方面具有丰富的经验和知识,图书馆就要求信息技术人员与编目馆员合作开发一个可检电子资源目录数据库,要求对网关电子资源提供更全面的描述,以及要比康奈尔大学的 OPAC 系统提供更多的检索点。编目馆员和类型专家合作建立了数据库主题指南中的记录,由类型专家负责提供主题范围和具体的存取说明,而编目馆员负责确定记录结构、组织方式。此数据库建成后,用户可以从不同的角度了解 Mann 图书馆现有的电子信息资源。上述情况表明,编目馆员通过加强培训、学习新技术(尤其是计算机和通信网络方面)、扩大知识范围、增强合作意识,在其它方面馆员的密切配合和协助下,完全有可能胜任处理电子信息资源的新职责,完成他们以前从未承担过的新使命。

(2)Internet 网络因其网上信息资源极其丰富而被人们喻为一座庞大而无形的"虚拟图书馆",为图书馆扩大资源范围、提高服务的手段和质量提供了有利条件,同时西方国家图书馆界也在认真思考和热烈讨论如何参与 Internet 的发展,如何向网络提供更多的图书馆的电子信息,如何向网络用户贡献图书馆专业的知识和经验。而这其中,分类目录的制作似乎是图书馆界最擅长和重视的课题之一[63]。但遗憾的是,目前 Internet 资源分类目录系统多数均非图书馆界开发,而且这些系统采用的分类方法与传统的图书分类方式也大相径庭。

以美国斯坦福大学建立的 Internet 资源分类目录系统 Yahoo 为例[64],可以看出这些系统的分类特点。Yahoo 基本上是利用 HTML(超文本置标语言)制作的分类目录系统,收集 Internet 上许多 WWW、Gopher、FTP 服务器并按学科加以分类。Yahoo 所使用的分类方法是开发人员自行设计的,主要依照现有 Internet 资源的种类加以区分,本着方便用户浏览和可能喜好的原则,将资源分成艺术、商业与经济、计算机与 Internet、教育、娱乐等 19 大类[65],大类之后再进一步细分。因为用户利用 Yahoo 分类目录系统可以很容易地掌握 WWW 等资源类型和分布,所以随着 WWW 的日益流行,Yahoo 的重要性也日益增加,有人估计 Yahoo 很可能是目前世界上用户最多的分类目录系统(平均每天20万人次使用)。尽管如此,Yahoo系统中还存在着分类不当、不一致的现象,同时,网络资源的包罗万象和迅速增长,也使仅依靠少数人的知识判断即能正确分类变得越来越困难。所以文献[64]的作者提出,类似Yahoo这样的分类目录系统的建立很适合图书馆界的参与,因为图书馆界在资源收集、分析、整理方面所具备的专业素养能对分类目录的建立有所助益。

为了发展收录更为精确的Internet资源目录,图书馆界的老搭档OCLC联合众多图书馆进行了两大计划:NetFirst计划和Internet编目计划[66,67]。NetFirst计划利用资源自动收集系统(Robot)技术采集Internet资源,借助图书馆专业人力加以筛选并且编制资源记录。Internet编目计划与图书馆目前的合作编目做法类似,所不同的是编目对象为网络上的电子信息资源。由于网络资源既非各馆实际拥有,又具有变异速度快、价值不易判断等特点,所以对参与此编目计划的图书馆来说无疑是全新的体验和经历。OCLC联合了188所图书馆对Internet资源进行合作编目,其编目格式为在USMARC中加入856字段(Field 856)的内容。无疑,OCLC的Internet编目计划如能成功,专业水准的分类和准确的记录这两大特色将使其能在Internet网络中占有一席之地。但OCLC的做法成本相当高(耗费相当多的人力和时间),而且不易跟上网络资源的增长速度(该计划初期只收录了5万条记录),这些不足使一部分专业人士进一步思考:使用MARC格式对Internet资源编目是否够用而且实用[68]?由于Internet上颇有价值的信息资源日益增多(如一些重要期刊已终止印刷版,只能通过Internet存取其电子版),而庞杂的信息又使寻找和检索Internet上的有用资料越来越困难,有时甚至不大可能,所以图书馆尤其是学术图书馆需要对Internet资源加以组织提供用户使用。但是,需要加以组织是一方面,如何组织则是更为重要的另一方面。其中,如何对

Internet 资源进行编目将是编目人员以至整个图书馆界面临的一个重大问题。

5.2.3 对图书馆读者服务的影响

读者服务是图书馆依托书刊文献和电子信息资源、工作人员、设备设施等所有资源为读者提供服务的工作,它是馆藏发展、技术服务等各项业务工作的最终价值体现。读者服务工作的内容因图书馆的任务、规模、服务对象的不同而有差异,但一般情况下大中型图书馆的读者服务都包括馆藏服务(阅览、流通等)、参考咨询、公关宣传、读者教育等项目。

流通部门是图书馆内较早使用计算机实现自动化的部门,图书馆处理读者书刊资料借阅的效率已得到很大提高,工作人员的劳动强度不仅大大减轻,而且也节省了读者书刊借阅的时间。随着信息技术的发展与应用,书刊借阅、视听资料和缩微资料服务、复制、馆际互借等传统读者服务得到进一步的发展,而且一些新兴的读者服务项目,如 OPAC 服务、联机检索服务、光盘服务、信息网络服务等,扩大了读者服务的内涵,提高了图书馆为读者服务的质量。电子信息资源及其服务的引入,既改变了传统图书馆读者服务的面貌,又对读者服务工作的重点、工作流程等提出了新的要求。

1.参考咨询方面

参考咨询是图书馆员对读者在利用文献和寻求知识、信息方面提供帮助的活动和工作。传统上图书馆参考咨询工作以协助检索、解答咨询和专题文献报道等方式,向读者提供事实、数据和文献线索。在现代信息环境中,随着电子图书馆的发展,传统图书馆的参考咨询工作发生了较大变化,主要体现为:

(1)参考咨询工作的物质基础发生了变化。参考工具书、检索工具书等集中配备建立起来的参考馆藏是传统参考咨询工作的物质基础。书目、索引、文摘、年鉴、手册、名录、辞书、百科全书等参考信息源,因其自身的特点正成为电子出版技术的重要应用领域,越来越多的参考工具资料已被转换为电子形式的光盘或联机数据库,成为电子出版物。以可以进行自动检索的全文数据库形式加入参考信息源行列的电子版工具书,具有强大的检索功能,检索的角度、深度和广度可以随不同的用户和不同的检索目标而改变,而且还允许对文本进行有目的的抽取、排序、重新组合,从而产生新的信息产品,因此电子版工具书的引入使图书馆获得了强有力的参考咨询工具。计算机全文数据库的优势,远远超过了传统参考咨询人员的"博览群书"、"强闻博记"[69]。随着图书馆进一步向电子图书馆转变,许多经典性著作和资料价值极高的著作将成为电子出版物,图书馆将拥有丰富的参考咨询电子信息源,参考咨询工作就可以利用各类数据库(书目、事实与数值、全文型)进行系统全面、高速准确的查找,参考咨询工作的流程和面貌就会发生新的变化。

充分利用网络信息资源为读者服务是通向电子图书馆的必然要求。丰富的网络信息资源既扩大了参考咨询工作的物质基础,又对参考咨询馆员提出了新的要求。一位优秀的参考咨询馆员不仅要熟悉各种电子版工具书的使用,也要熟悉网络中参考咨询方面的信息并善于利用网络资源加强对读者的参考咨询服务。为有效地使用网络资源提供参考咨询,参考人员必须学会利用各种网络资源指南与检索工具以了解网络资源的总体情况;善于利用网络中一些单位的经常被使用的快速参考工具资料,来解答快速参考型的咨询问题;充分利用网络中的 OPAC 来回答读者有关书目方面的问题;还要熟悉 Internet 网上的联机数据库、电子期刊、最新期刊目次查询等资源的分布情况。总之,参考信息源的变化,既提供了扩展参考服务空间、提高服务水平的机会,又向参考咨询人员提出了更新知识、提高技能、适应信息环境的要求。

（2）参考咨询活动完成的方式有了新的变化。传统的参考咨询工作方式是在馆内设置参考咨询台（reference desk），到馆用户与馆员以面对面直接交流的方式完成咨询活动，馆外用户则以函件、电话等形式提出参考咨询要求。由于计算机终端的广泛使用和通信网络的连通，用户利用图书馆的方式也发生了变化，很多用户并不直接到图书馆接受面对面式的咨询，而是通过电子邮件将参考咨询问题发送至参考人员的电子信箱，参考人员再将咨询答案或所需的参考资料用电子邮件传送到读者的电子信箱内。由于读者的问题多种多样，参考人员总有无法完全解答的时候，这时参考人员可将有关问题公布在网络上，寻求其他馆员或网络用户的帮助，这种方式经常可得到意想不到的回应，对于参考馆员来说这无疑是完成咨询过程的一种新方式。

不仅参考咨询活动完成的方式呈现出新的特点，而且参考咨询业务的范围也大大拓宽了。仅就参考人员回答问题（不管通过什么方式）的内容来看，以前参考服务多集中在有关文献的问题或指引文献线索[70]，而现今由于图书馆中各种类型、形式的数据库的增多，读者或用户更多的问题是有关数据库的内容、数据库的选择与检索系统使用、机器操作与设备问题、远程通讯软件的使用等。回答这些方面的问题要求参考人员具备较多的技术知识，更熟悉电子信息源的使用。用户咨询问题范围的扩大，还加大了参考咨询人员的工作量，使参考咨询工作更加繁忙。如美国康奈尔大学 Mann 图书馆的参考人员发现，为用户提供的数据库等电子信息源越多，用户所提出的问题数量也相应增加。该馆 1994 年由参考馆员解答的咨询量比 1993 年多了整整 1 万次，其重要原因之一就是数据库品种和数量的大幅度增加[71]。为了保证参考咨询服务的质量并能为更多的用户服务，图书馆读者服务部门工作的重心也相应地转到依托电子信息资源加强对读者的参考咨询，读者服务部门的人力重新调配也是在所难免。从书刊流通等繁重体力劳动中解放出来的馆员，以及保留本服务、书库维护、馆际互借等方面的工作人员，在经过培训以后，需要把部分时间投入到参考咨询服务方面，承担起新的服务职责。如帮助用户选择和使用合适的数据库，向用户解释数据库的结构、检索界面并帮助用户进行复杂的主题查寻。如此，参考咨询不再单纯是回答读者的问题，参考咨询人员还需要参与制定研究计划、解释和说明复杂的书目检索方法、建立多种数据库的检索策略、进行联机检索等业务活动。

（3）参考咨询馆员作为信息检索中介（intermediary）所提供的检索服务将渐趋减少。在此方面，参考咨询馆员主要发挥指导检索的作用，即指导用户更明智、更合理地选择数据库，指导用户进行更有效率的检索，而不是代替用户直接上机操作并进行检索。

"馆员中介式"的检索服务曾是参考咨询的重要形式。1991年时几乎美国所有的大学图书馆和研究图书馆都可提供联机检索服务[72]。但为了控制检索时间和费用，这类服务往往需要参考咨询馆员的协助甚至直接由馆员检索，馆员的中介作用非常明显而且重要。这种情况在光盘数据库进入图书馆以后发生了变化，如前文所述的 Mann 图书馆自 1987 年引入 CD－ROM 后，中介式联机检索（主要是对 DIALOG、BRS 等）的次数从 1984 年的 1800 次降至 1987 年不足 400 次再至 1994 年不过 7 次[73]。的确，由于光盘及其阅读设备价格较低，使用时不受时间与次数的限制，图书馆光盘数据库检索服务就远远超过了联机检索服务。在通信网络欠发达的国家和地区，光盘检索更能占据统治地位。光盘数据库的这些特点提高了用户独立检索、自我服务的意愿和能力，削弱了"馆员中介式"检索的作用。信息处理与传递的电子化、网络化，尤其是 Internet 的发展，使读者更愿意利用自己家中、办公室或实验室中的计算机，根据自己的愿望检索网络上丰富的信息资源，以满足自己真正的个人化信息需求。通过 Internet 网络检索 DIA-LOG、BRS、OCLC、CARL 等以往需经馆员中介的数据库，不仅比传统的电话拨号方式检索要简单、快速方便许多,而且较快的信息传输速度可以降低联接数据库的检索时间,并且不必付长途电话费,这样经费就能节省不少。使用 Internet 检索联机数据库的另一大优点是很容易把检索结果套录到本地计算机上,用户对检索结果的处理还可以有多重选择[74]。可见,光盘数据库的引入和广泛使用已经降低了馆员中介检索的作用,通过 Internet 检索联机数据库等网络化信息资源又使用户进行自我检索和服务的机会大增。

参考咨询馆员在信息检索中的作用的降低,并不意味着在检索过程中完全退出,而是意味着工作方式由"前台"转向"幕后",角色由"代理检索"转为"指导检索"。CD – ROM 数据库是直接面向用户的,用户使用单种 CD – ROM 时可能不需要馆员的代理检索甚至指导,但现实中的用户往往要使用不同厂商生产的各类 CD – ROM 数据库,而异种 CD – ROM 数据库的不同使用方法和检索界面要求用户掌握众多的使用方法,这无疑加大了用户的负担,造成使用上的很大不便。有人曾对 CD – ROM 的用户界面进行过比较,发现 120 种光盘竟然有 50 类界面[75]。在还没有一种标准通用的检索软件可适应各类型数据库检索要求(显然 Z39. 50 信息检索协议在实际应用中还有待完善)的情况下,参考咨询馆员必须发挥其指导用户进行检索的作用。当然这对馆员自身也提出了很高的要求,但这种角色的转变在迈向电子图书馆的进程中无疑将会越来越明显。

2. 图书馆利用教育方面

图书馆利用教育或用户教育在西方国家有时也被称为书目指导(bibliographic instruction, BI)。图书馆利用教育的目的是提高图书馆用户使用资源的能力,使用户逐渐成为更具有独立性的信息查询者和信息评估者,同时扩大图书馆信息资源被利用的效益。长期以来,图书馆读者服务工作就比较重视加强对读者利用图书馆的教育,并在此方面积累了许多经验和知识。

传统的图书馆利用教育的内容偏重于文献方面的知识,如文献类型、检索语言、检索工具、检索方法、各类型工具书的使用法、目录卡片利用、专业文献检索与利用,以及计算机信息检索与数据库利用等。虽然计算机信息检索与数据库利用位列其中,但并没有作为用户教育的重点,当然这可能是传统图书馆主要收藏印本文献,计算机检索一般由馆员进行代理检索等原因所致。但是,信息技术的快速发展已经改变了图书馆所处的信息环境,尤其是在向电子图书馆转变的过渡阶段,图书馆的馆藏和服务也已经发生了很大变化。图书馆中电子信息资源的增多、Internet 等网络信息资源的引入,既对用户教育工作提出了更高的要求,又使图书馆利用教育在内容、方式和重点上有了大的改变。传统的图书馆利用教育将被信息识知教育所涵盖。

　　信息识知教育在 80 年代末 90 年代初成为美国、日本等国家图书馆界的一个研究热点,并逐渐被图书馆界以外的领域和人士所接受。信息识知教育的目标,简言之就是培养具有信息识知能力的人。美国图书馆协会(ALA)在一份研究报告中对具有信息识知能力的人作了如下描述:"具有信息识知能力的人,能够充分地认识到何时需要信息,并能有效地检索、评价和利用信息。即掌握了各种学习方法,知道怎样组织知识、发现和使用信息。这些人具有终生学习的能力,因为他们不管碰到什么问题或做什么样的决定时,都能够发现必要的信息。"[76]美国学者 Rader 对信息识知下了一个定义:"信息识知能力是在解决问题和做决定时具有有效地找到和评价信息的能力。包括在现代信息环境中求生存、谋发展的能力,迅速适应外部环境变化的能力,解决问题时能把合适的信息找出来的能力,还包括熟练使用计算机方面的能力。"[77] Rader 把培养用户的信息识知能力视为图书馆中的一场革命,它远远超越了书目指导的作用和范围[78],是传统的图书馆用户教育适应电子信息时代的必然发展趋势。

从实践中看,信息识知教育着重培养图书馆用户寻找信息和解决信息问题的能力,具体包括四方面的能力培养:①传统的图书馆利用能力,也就是目前图书馆用户教育的重点。这是其它信息识知能力的基础。②对媒体的识知能力。由于图书馆中除了传统的书刊文献以外,将拥有越来越多的非印刷型出版物,即现阶段的图书馆是一种多元媒体(poly media)并存的图书馆,用户需要了解多元媒体资料的形式、特性、使用方法等。③计算机操作与应用能力。④网络识知能力。网络识知能力在当前的信息环境中正变得越来越重要,它包括知识和技术两方面[79]。知识方面包括:能够注意全球网络信息资源和服务的范围与利用;懂得在解决问题和在日常生活中利用网络信息并发挥其作用;懂得产生、组织和提供可利用的网络信息。技术方面包括:能够利用一系列信息检索工具从网络中获取特殊类型的所需信息;能够熟练使用网络信息资源并通过结合其它信息资源提高信息在特定情况下的价值;能够利用网络信息分析和解决与工作或个人决策有关的问题,获取可提高生活质量的各种信息服务[80]。网络识知能力的培养引起了不少图书馆的重视,如前文述及的 Mann 图书馆,已把培训用户使用计算机和远程通信网的能力,视为新环境下图书馆用户教育的重点。从 1983 年以来举办了 1500 次向所有感兴趣的人开放的专题讨论会,共有 30186 人接受了各种培训,还向全校师生连续几年开设"在 Internet 信息海洋中冲浪"的课程[81]。上述四方面能力的递进反映了图书馆利用教育在内容、方式和重点上的转变。应该指出,用户只有既具备传统的图书馆利用能力,又具备多元媒体识知能力、熟练的计算机使用能力和网络识知能力,才真正称得上具有信息识知能力。

培养用户信息识知能力的重要性,将随着图书馆电子化程度的提高而愈发明显。电子图书馆的信息利用环境和传统图书馆有很大差异,对用户个人的信息利用素质和能力都提出了更高的要求。在信息时代,个人的信息获取利用能力,会对个人的事业成功、经济收入、社会地位即个人的生存能力产生直接的影响。信息获取利用能力的差异有可能形成社会中信息富有(information rich/haves)和信息贫穷(information poor/have-nots)对立的不平等情形[82]:一部分人因拥有知识(知道信息在哪)及技巧(知道如何获取信息)而能在许多方面处于有利地位,另一部人则有可能陷入不利境地。为了尽可能地缩小这种差距、提供相对平等的利用机会,图书馆有必要通过加强信息识知教育在此方面做出贡献。这也将是图书馆社会教育作用的重要体现和进一步深化。

5.3 电子图书馆的发展对图书馆员的影响

电子图书馆的发展给传统图书馆带来了很大的影响,举凡馆藏发展、技术服务、读者服务等传统工作项目,在工作手段、流程、重点、作法等方面都深受影响,出现了很多新的特点,对熟悉传统的图书馆作业和服务模式的图书馆员提出了新的更高的要求:不仅要求图书馆员进行适当的心理调适,还要求图书馆员进一步提高素质和能力以适应新的环境,而且图书馆人力资源结构也要做出相应的调整。作为一个抽象命题的图书馆员的角色,在历史上已经历过几次嬗变,在当今的信息环境中,伴随着电子图书馆的逐步发展,图书馆员的角色将面临着再次转变。

5.3.1 对图书馆员提出了新的更高的要求

1.图书馆员面临着信息环境变化所带来的巨大心理压力,但必须积极地进行心理调适。电子图书馆是大量高新技术集成化应用的现代化图书馆,即使是在向电子图书馆转变的过渡阶段,图书馆也越来越多地引入了电子设备、电子信息源和各种新的工具。

面对新的领域和用户新的需要,图书馆员自然会产生很大的心理压力。不熟悉或一无所知的新技术和设备、习惯的作业手段和程序的变化、日渐纷繁复杂的电子信息资源、新的和用户交互的模式,都会使图书馆员在一段时期内感到不适、不舒服,甚至无所适从,有时因心理调适不当还会产生抗拒心理。抗拒心理产生的原因主要是部分图书馆员现代技术意识较低,对信息环境的认同能力较差,对相关技术和方法的熟悉和掌握程度不足以应对工作需要和用户需求等。

但是,图书馆发生变化和变革已是不可阻挡的潮流和趋势,它要求图书馆员克服抗拒心理,走出心理上的误区,积极地调适自己的心态,尽早为电子图书馆时代的到来做好心理上的准备。图书馆的馆长在推动电子图书馆建设方面责任重大,向电子图书馆转变需要他们及早地接受电子图书馆的新观念,更清楚地认识图书馆事业的发展趋势和信息环境变化所衍生出来的新使命,而且图书馆管理范式方面的变化,如从有形馆藏所代表的"财产"管理到融合了高新技术的服务管理[83],从等级制管理到"项目小组"式的团队建设管理[84],都要求图书馆馆长先行一步进行心理调适,为将来的转变奠定坚实的心理基础。图书馆员也需要进行心理调适,如果图书馆员没有从心理、思想、态度和行为方式上经历一个向现代化的转变,那么图书馆引进的最现代化的先进技术和设备,所移植的各种先进且卓有成效的管理体制、组织机构形式和工作方法等,都只能成为保守、传统的图书馆员的一件摆设,难以发挥其应有的作用。国外有人甚至撰文警示:"部分过于保守的图书馆员因其对新技术的抗拒心理日渐严重,很有可能成为今日'卢德派'中的一员。"[85]* 这种警示虽多少是作者的推测,但无疑道

---

* 卢德派(Luddite):19世纪初英国手工业工人中一部分人用捣毁机器的手段反对企业主。[83]的作者将之引申为抗拒技术的人。

出图书馆员面对新的技术和领域时必须克服抗拒心理的重要性。

2. 对图书馆员的综合素质,包括知识、技能和观念都提出了新的要求。表现最明显的一点,就是图书馆既然有责任培养其用户的信息识知能力,那么图书馆员本身就需要具备信息识知能力。前几节在谈到电子图书馆的发展对传统图书馆各项业务的影响时,曾多次指出,新的业务内容和重点、新的信息服务手段和方式,需要图书馆员以开阔的胸襟、良好的心态,积极地进行学习和接受培训以提高自身的业务水平和服务能力。在向电子图书馆转变的过渡阶段,图书馆员的知识和技能也面临着更新和提高的需要。在知识方面,由于 CD – ROM 光盘等电子出版物和 Internet 网络信息资源逐渐成为图书馆业务工作的对象和据以服务的物质基础,因而不仅要求图书馆员进一步加深已经掌握的专业知识,还要求他们了解电子出版物的产生、生产、控制、传递和利用机制[86],掌握有关电子信息资源的组织、管理和处理等方面的知识。计算机和网络通信是电子图书馆的两大技术基础,因此图书馆员必须了解这些信息技术在图书馆中的应用知识,熟悉各类型电子出版物的检索软件和利用途径。在过渡阶段,图书馆员自身对网络的了解与认识也是至关重要的,否则,通过网络萃取信息、向网络提供本馆信息、为远程用户服务只能是一种空谈。为此,图书馆员要了解网络技术方面的基本知识,如局域网、广域网的基本技术和连接方式,本馆网络使用的软件类型,TCP/IP、域名和 IP 地址的含义,Internet 网络的功能(如 Telnet、E – mail、FTP、Archie、BBS、Net-News、IRC、Gopher、WWW、Listserv 等)和网络资源的类型等等。在技能方面,图书馆员需要具备借助计算机进行电子信息资源的采集、存贮、组织、控制和提供利用的技能,具有对纷繁芜杂的网络信息资源进行组织、筛选的技能,具有对各种形式(如软盘、磁盘、磁带、CD – ROM、联机)和各种类型(如书目、数值与事实、全文、图像、多媒体)的电子信息资源进行技术适用性评估和价值判断的能力,还要求图书馆员能对电子信息资源进行深层次的开发,形成新的信息产品和新的服务内容。

就图书馆员综合素质的构成来看,特定的技能构筑于特定的知识结构之上,而图书馆员的特定观念既影响其知识结构和技能的形成与发展,又使其自身不可避免地受制于一定的知识结构与技能。因此,图书馆员必须经过适当的心理调适,进而产生学习新知识、掌握新技能的强烈主观愿望,才有可能提高其知识水平和技能,才有可能把观念真正转变到“以用户为中心”、“以服务为中心”的轨道上来。图书馆员观念的转变在前文已多有论及,此处不再赘述。

3. 对图书馆人力资源结构的影响。主要体现在以下几个方面:

其一,图书馆人力资源的调配。图书馆业务的自动化和社会化,使图书馆的人力资源分布出现了变化。比如,图书馆流通部门已经不需要很多的人,书刊采购和验收等工作由于自动化的实现也需要重新调配馆员,分类编目等技术处理工作通过自动化(如联机编目、光盘套录编目数据)和社会化(委托编目、承包编目等)也日益成为一种主体参与度较低的自动化简便操作过程。这就需要图书馆根据业务工作量的变化、工作重点的转移进行人力资源的重新调配。荷兰图书馆专家舒茨曾指出:“由于信息在未来是一个发展的领域,(图书馆)必须配备更多的人员去做信息研究和咨询服务,同时也要加强自动化部门的人员配备。”[87]随着图书馆电子信息资源的增多,图书馆工作的重点将转移到各种信息服务上来,将有更多的馆员参与到以参考咨询为重点的读者服务中。美国康奈尔大学的 Mann 图书馆甚至已将读者服务部中原本负责书刊流通、保留本阅览、馆际互借、书架维护等工作的部分馆员,经重新培训后,调配到参考咨询部门,使他们成为为电子信息用户服务的“数据库助理”(databases assistant)。图书馆电子信息资源越多、电子化程度越高，对人力资源重新培训和调配的要求也就越迫切。

其二，图书馆人力资源的结构。除了需要具有图书馆与情报学（library and information science）知识和技能的专业人员以外，图书馆还需要一些具有较强信息技术背景的专业人员。由程序编制、网络设计、数据库开发、多媒体信息系统研制、自动化系统维护控制等方面具有较强信息技术背景的人员组成的图书馆信息技术部门，将在传统图书馆向电子图书馆的转变过程中发挥重要的作用。图书馆信息技术人员的作用具体体现在以下几方面：①维护作用。他们需要维护图书馆内所有的计算机、外设、网络硬件和软件，保证整个系统的正常运转。②开发作用。根据用户和其他图书馆员提出的信息存取要求和期望，提供管理和存取电子信息所需的第一流的技术解决方案，开发适用的软件应用程序[88]。③培训作用。培训图书馆员有效地使用信息技术，使其在管理和存取电子信息时能够自立。④推动作用。在为图书馆员提供技术背景的基础上，帮助他们正确地理解信息技术的作用，推动他们在日常工作中遇到问题时能创造性地思考，并能应用技术知识解决自己及读者的问题[89]。⑤联络作用。同图书馆母体机构所属的其他技术支持单位（如大学的计算中心、网络中心等）保持密切的联系和协调，也是信息技术部门人员的一项重要职责。⑥咨询顾问作用。信息技术人员不仅在图书馆内可以为馆员和用户提供咨询，还要代表图书馆参与母体机构在教学或科研方面的战略规划。例如 Mann 图书馆信息技术部的主任不仅参与了康奈尔大学农学院和生命科学学院的中长期战略规划制定，还担任了两院"电子信息技术应用顾问委员会"的咨询顾问。这无疑反映了图书馆在母体机构中影响力的增强。

其三，图书馆员的一般专业分工渐趋模糊，呈现出协同工作的趋势。电子信息资源的采集，需要采访人员、馆藏发展馆员、参考服务馆员、技术服务馆员、信息技术人员等各方面人力的紧密配合。Mann 图书馆建立的电子资源委员会就是电子信息资源引入后加强协同工作的最好例证。不仅图书馆员协同工作的趋势愈发明朗，而且图书馆员的专业分工渐趋模糊，如编目馆员经常需要参与设计图书馆 Gopher 系统的组织结构，参考咨询馆员也要和其他直接了解用户需求的馆员一起参与图书馆 WWW Home Page（首页）的内容设计与编排，等等。对于这种专业分工渐趋模糊的情形，澳大利亚图书馆学家史蒂尔（C. R. Steele）做了进一步的引申，他说："随着信息存取的变化，图书馆员的专业性也一定会跟着发生变化。我不赞成把我们自己划分成一个个很专门的领域，不管他是馆藏发展馆员、采访馆员、编目馆员，还是参考馆员、联机专家。在这种情况下，我们也许应该称自己为信息向导（informatron facilitators）。"[90] 显然，"信息向导"的概念是对图书馆员专业分工渐趋模糊现象的抽象和统合。这就引出了我们下一小节所要探讨的图书馆员的角色转变问题。

5.3.2　图书馆员角色的转变

角色（role）原是戏剧、电影中的名词，也称"脚色"，指剧本中的人物[91]。美国社会学家米德首先将它借用到社会心理学中，认为个人（或是自我）就是各种角色的总和，它代表对占有一定社会地位的人所期望的行为。概括说来，社会学中的社会角色是指与人们的某种社会地位、身份相一致的一整套权利、义务的规范与行为模式[92]。

借用"角色"一词来刻划图书馆员的职业特点、专业形象与声望、社会对图书馆员的期望等，在图书馆界已有很长的历史，而且"图书馆员的角色"这一种抽象命题几乎一直是图书馆界一个经久不衰的永恒话题。但有关研究表明，对图书馆员的职业角色进行严格的社会学意义上的研究（包括角色规定、角色期望、角色增强、角色冲突与和谐等方面），在图书馆学文献中少之又少，而且社会学界对这一问题也是漠然视之[93]。在浩如烟海的相关文献中，有两篇现在看来略显陈旧的、出自社会学家之手的文献引起了我们的注意。其一是 1961 年 W. J. Goode 发表在美国《图书馆季刊》上的文章[94]，Goode 在文中鲜明地提出："图书馆员的重大弱点在于缺乏深奥的知识基础，缺乏人们需要但自己无力做到的特殊技能。所以图书馆员们发现他们极难确定自己的专业角色和所依托的知识基础。"在该文的建议部分，Goode 提出："增强专业知识基础的追求方向应当是开发利用电子设备查寻资料并交给用户以及为更远距离的用户复制资料。"换言之，Goode 建议图书馆员把利用信息技术作为提高职业声望、增强专业角色的一种途径。作为图书馆界之外的社会学家，Goode 的观点颇为引人注目，引发了图书馆界关于"图书馆员是否为一专业"的长期争执[95]。其二，1983 年两位美国社会学家 Cline 和 Sinnott 在一部恰好名为《电子图书馆》的专著中（参见第一章）指出："图书馆日常工作和服务（技术服务和读者服务）的自动化，已经带来了连续变化。四平八稳的活动模式已被推翻，目前的通讯模式将导致新的、更有力的方法和媒介，图书馆员的角色将进一步转变。"[96] 我们列举 Goode 和 Cline 等的观点，并非想介入"图书馆员的专业性"这一更大的问题，只是借以说明：信息技术的进步和社会需求的变化推动着图书馆员角色的变化，伴随着电子图书馆的逐渐成形和发展，图书馆员的角色面临着再次转变。

图书馆员的角色同社会的发展一直息息相关。在生产力水平极其低下的远古时期，以甲骨、竹简、泥版、缣帛、莎草纸、羊皮等天然物质为载体的文献不仅数量极少，而且大都附属在王宫或寺院内，有特权的人垄断了这些文献。进入封建社会后，中国的毕升和德国的谷登堡分别在东西方世界将人类带入了印刷文明时代。造纸和印刷术的发明把人们从单纯依靠手抄、撰刻生产文献的繁重体力劳动中解放出来,图书的出现使大量复制、存储和流通文献成为可能。但当时图书主要为官府和少量有文化的人所控制,不向社会开放,建立这种"藏书楼式"的图书馆主要目的是存放图书,图书馆员的工作自然就集中在怎样保管图书上。这当然是一种非常狭窄、职责有限的工作,图书馆员的角色,用日本学者小野泰博的描述来说,是"作为闲职的图书馆员"。[97]资本主义的发展和启蒙时代(17 世纪后半期——18 世纪末)的到来,推动了图书馆的发展,不仅图书馆馆藏进一步丰富,而且更重视图书资料的组织化,"图书馆只有被人们利用才有意义"的观念被人们广为接受。如著名的学者 J. Lipsius(1547—1604)曾说过:"如果图书馆每天空空荡荡,只靠偶尔接待来馆者过日子,如果图书馆不是经常有学生出入,藏书也不能让人们利用,那又何必建立图书馆呢? ……那是虽有学术的外观,而实质则是怠惰和奢侈。"[98]文化的普及推动着图书馆逐步向社会开放。在这种情况下,17 世纪中叶苏格兰图书馆员 J. Durie 发表了著名的著作《改良的图书馆看护人》(Reformed Library – Keeper)[99],声称:"图书馆员不应该仅是图书的看护人和分发者,也应该是文化的布道者(preacher)。"文献[99]认为 Durie 的著作吹响了图书馆从"藏书楼"式的书库转变为文化传播大本营的第一声号角。这样,图书馆员的角色出现了重大变化,承担起"世俗文化布道者"(secular missionaries)的新角色[100]。19 世纪中叶公共图书馆运动的兴起,使图书馆向社会开放、为平民服务成为潮流,图书馆员真正地开始扮演文化"布道者"、"传播者"的重要角色,对社会的进步做出了重要的贡献。

从以上并非条分缕析的简单讨论中可以发现,在历史上,社会的进步赋予了图书馆员在社会中扮演的多重角色,是社会发展的需要推动着图书馆员角色的变化。书库管理员或图书馆看护人、文化布道者或文化传播者,是 20 世纪中叶图书馆步入自动化发展阶段前图书馆员所担当的主要社会角色。

20 世纪中叶以计算机为代表的现代信息技术开始步入图书馆领域,掀开了人类图书馆事业发展的新篇章。这时,推动图书馆员角色转变的动因中,除了社会发展和文化进步的需要因素外,信息技术的推动作用似乎越来越大,甚至占据了主导地位。图书馆学界用了大量的词语来描述自动化阶段中图书馆员的实践角色和期望角色:把关人(gatekeeper),协调者(mediator),中介(inter-mediary),信息向导(information facilitator),技术专家(techni-cian),学者(scholar),顾问(adviser),指导者(guider),数据处理员(data processor),文化管理者(curator of culture),把人与数据、知识和思想相连接的编织者(weaver),信息服务代理人(information service agent),信息经纪人(information broker),教员(teacher),过滤器(filter),信息诠释者(information interpreter)等等。类似的新奇名称在 70—80 年代的图书馆专业论文中俯首即拾。其实,在我们看来,这些名词主要是指图书馆事业发展过程中业已建立起来的一种或几种位置的不同表述。但是,勿庸置疑,作为整体意义上的图书馆员,其社会角色的内涵更丰富了:因应着图书馆所处社会信息环境的变化和社会对信息需求的日益强烈,图书馆员除继续扮演着"文化的管理者"[101]、"社会精神财富的保管者"[102]这些虽传统但非常重要的角色以外,图书馆员更多地涉入到信息领域,其角色也相应地发生了转变。概括起来,这一阶段图书馆员扮演着以下几类密切相关的角色:

1. 过滤角色和中介角色。称图书馆员为"过滤器"(filter)的说法最早出现在 1934 年,O. Y. Gasset 在其著作《图书馆员的使命》一书中指出:"图书馆员是在人与图书的洪流中插入的一个过滤器。"[103] L. Asheim 在 80 年代将图书馆员的过滤作用称为图书馆员对当代世界的特殊贡献[104]。出版物的日益增多,信息交流渠道的不断扩大,的确形成了一种信息过载的现象。为了使用户免受不相关信息的干扰,图书馆员有责任在适当的时候把适当的信息传递给需要的用户,这样图书馆员就充当了过滤器或叫把关人(gatekeeper)的角色。Asheim 还进一步对图书馆员的过滤角色进行了引申:"图书馆员的角色不仅是充当过滤器或把关人,也要使用户成为他们自己的过滤器。图书馆员的目标应该是利用他们对信息源的了解和所拥有的专门知识、检索技巧及书目控制能力,有创造性地、富有想像力地帮助用户在复杂、多维的信息资源中寻找他们所需的信息。"如果说用"过滤器"或"把关人"来描述图书馆员的角色,尚难以从本质上区分图书馆员同其它"把关人"(如出版商)的话,那么用"读者与图书馆信息资源之间的中介"来描述恐怕更为恰当。"中介"角色不仅在理论上得到了认可,而且也成为图书馆员重要的实践角色,尤其是在 80 年代西方图书馆广泛引入联机检索服务之后,社会对图书馆员的中介作用有了更为具体和深刻的认识,F. W. Lancaster 和 J. Tompson 对此曾有过详细的论述[105,106,107]。

2. 帮助角色和顾问角色。"图书馆员应当成为信息用户的帮助者和顾问"是图书馆界非常流行的一种认识,P. Gee 甚至鲜明地提出:"图书馆员所提供的就是帮助",[108] Lancaster、Eagle、Drabenstott 等人都认为电子时代的图书馆员应扮演信息顾问的角色[109]。图书馆员角色中突出帮助和顾问作用的原因有两个:其一,拥有专业知识和丰富经验的图书馆员,知道存在些什么信息资源、去哪儿能找到、什么时候以及从谁那里能获取资源,通过他们的帮助作用能节约用户的时间和精力,增进用户对信息和知识的理解,从而进一步丰富读者的生活。其二,中介作用出现了下降的趋势。局域网络和地区网络的使用、信息系统检索界面的逐步改善,使熟练的用户能直接存取自己所需的信息,从而减少了用户对图书馆员中介作用的依赖。但另一方面,图书馆员拥有的丰富检索经验与技巧,随着数据库等信息资源的种类、数量和复杂性的增加,使图书馆员逐渐从代替用户检索的中介走向辅助用户检索、提供检索经验和建议的顾问。Crea 等人 1992 年进行的一项调查研究支持了上文的这一看法[110]。

3. 教育角色。不仅公共图书馆员具有开展社会教育的职能，而且越来越多的大学图书馆员和专门图书馆员在其工作中已经扮演着教师的一般教育角色。无论是传统的图书馆利用指导、书目指导、向用户传授并与用户分享数据库检索技巧与经验，还是图书馆员参与研究计划的制定、解释和说明复杂的书目检索方法、帮助用户建立检索多种数据库的检索策略，究其实质，图书馆员进行的是知识传递工作，而不仅仅是将文献或其线索交给用户。通过知识的传递，图书馆员帮助用户获得所需信息并进一步提高用户发现、辨别、获取信息的能力，从而间接地提高用户的学习和研究能力，并使他们在工作中更富有竞争力，生活质量也有所提高。从这个角度出发，有人指出[111]，在教育体系中的任一阶段，图书馆员的行为和角色有时与教师的角色在本质上难以区分。Weise 强调：“当大学和学校深深受到信息技术的冲击和影响，传统的教师授课模式转变为基于问题的学习（problem – based learning）模式的时候，图书馆员的教育角色不再是无足轻重的，而是将得到进一步强化。”[112]

以上三种角色不是孤立的，而是相互联系的，共同构成了自动化阶段图书馆员的总体角色。80 年代中后期，Marsterson 对图书馆员的多重角色进行了梳理，提出了三个核心角色[113]：一是管理者（custodian），负责收集记录下来的信息；二是传递者（commu－nicator），利用所收集的信息回答用户的问题；三是教育者（educa-tor），将所收集的信息以有序的、可存取的方式提供给读者，并通过与读者的积极交互提高用户理解和获取信息资源的能力。我们认为，Marsterson 的概括是比较准确的，与上文论述的要点也是一致的。

90 年代以来，图书馆所处的信息环境发生了新的一轮变革。

计算机、通讯和网络技术、高密度存储技术、多媒体和超媒体技术等的有机结合及其在图书馆中的应用,电子出版物和 Internet 的广泛使用,推动着部分发达国家的图书馆从自动化阶段向网络化的电子图书馆阶段过渡。在这个过渡阶段,图书馆员的角色内涵又呈现出新的特点,面临着再一次转变。下面我们以电子出版物的影响为例进行简要说明。

电子出版物是融合了众多高新技术(包括奠定电子图书馆基础的技术)的新型信息产品。欧洲信息产业协会主席 D. R. Wor-lock 将电子出版的技术特性曾概括为七个关键词:技术融合、多媒体、突破空间限制、定制出版、轻便化、网络化、智能化[114]。对于电子出版的影响,曾民族教授做过精辟的论断:"电子出版技术和电子出版物不但将给传统图书馆带来革命,而且将像纸张发明、活字印刷那样推动社会的巨大进步并改变人类的生活和文化习惯与结构。"[115]的确,虽然目前断言电子出版物将完全取代传统出版物尚为时过早,但是它带给信息环境中每一构成要素的影响却是深远的,信息的生产、传递、交流、服务、消费等方面都将发生显著变化。

电子出版物和网络的发展确实使图书馆员在信息链中的角色受到了冲击。在传统模式中,图书馆员无疑一直扮演着信息提供者和用户(读者)之间的中介角色,形成了一个所谓的信息流通"金三角"。[116]而在新的环境中,一维的信息流通格局呈现出被打破的趋势:我们且不说在网络化的信息环境中出版者可能既是作者,又是发行者,还可能是联机服务商和最终用户,即集多种角色于一体,最显著的一点变化就是作为原始信息提供者的作者同作为信息产品最终用户的读者之间的直接联系大大密切了。Smith为此曾惊呼:"技术进步使用户们有可能绕过出版者和图书馆员,而直接与作者对话。如果再不引起注意的话,我们将会看到:用户和作者们将控制信息链,图书馆员和出版家们将被置于边缘。"[117]Smith 的警示并非危言耸听,大量的知名出版商纷纷投身于电子出版、电子期刊和电子图书馆试验,以确保自身在信息链中的角色和作用即是明证。撇开出版商(者)的角色不谈,也可以看到图书馆员中介作用的下降。读者获取信息的自由度更大了、渠道更多了,可以通过联机网络、个人计算机和存贮设备直接查询自己所需的信息,可以不到图书馆直接从出版商处取得信息,即使到图书馆来,也不一定非得依靠图书馆员。总之,读者直接获取信息的机会大大增加,对图书馆员的中介作用提出了有力的挑战。

挑战和机会往往并存。面对挑战,图书馆员不能处于一种"缺席"与"无语"的状态,而应是积极地应对挑战,紧紧抓住技术进步同时带来的机会。电子出版和网络为用户提供了在更大范围内直接存取信息的机会,但同时也把用户带入了一个陌生的电子信息海洋:数量越来越多的信息,尤其是 Internet 网络上的信息资源既极大丰富又异常庞杂;存贮信息的媒介不仅种类多样而且日益分散;帮助用户检索信息的技术远未达到人们想象的那样使用起来毫无障碍和绝对对用户友好……所有这一切都要求图书馆员尽快地适应信息环境,在以用户为中心的基础上,以一种新的角色来帮助和指导用户利用资源,并提高用户在复杂的信息世界中准确快速地获取信息的能力。事实上,至少在向电子图书馆转变的过渡阶段,用户对图书馆员的帮助、指导和培训作用还是持肯定态度的。1992 年,C. R. McClure 等人就图书馆员在 NREN(美国国家研究与教育网络)中的作用和角色问题,调查了 120 位图书馆用户。结果表明[118]:所有用户都认为 NREN 为图书馆员提供了新的机会;97% 的用户承认他们对网络上存在什么资源了解有限;89% 的用户要求图书馆员提供网络培训;95% 的用户认为图书馆员应该组织 NREN 等网络资源,所有用户都要求图书馆提供存取NREN 资源的机会;88% 的用户认为技术方面的障碍限制了他们对网络资源的使用;只有 10% 的用户认为他们可以不经图书馆员

212

的帮助而得心应手地使用 NREN 资源,也仅有 10% 的人认为 NREN 会绕过图书馆员。上述统计数字表明,用户对图书馆员的作用寄予厚望,同时也对图书馆员提出了更高的要求。

环境的变化和用户期望的变化推动着图书馆员角色的转变。图书馆界相应地用一些新的名词来描述图书馆员的角色,诸如信息资源管理专家[119]、主题专家、信息管理者、数据库生产商和系统设计员[120]、网络交换手[121]、网络导航员、知识导航员[122]、知识科学家[123]等等,甚至还有人建议使用 cybrarian[124] 这样一个新词作为未来图书馆员的称号。这些名词所体现的图书馆员的角色,无疑有些属于未来,有些则引起了很大的争议,有些则过于偏狭(如只集中在网络资源利用方面)。我们认为,虽然电子图书馆实现后图书馆员将扮演何种角色尚难以预料,但是在传统图书馆向电子图书馆转变的过渡阶段,根据信息技术进步提供的机会和可能性以及社会和用户的需要,图书馆员的角色仍将是多重的,它的内涵应包括:①信息资源管理者;②信息分析与组织者;③信息提供与传播者;④信息利用的导航者;⑤信息识知的教育者。以上五种角色我们用不着多做解释,前几节的有关研究已经表明了图书馆员从原有的角色向这些新的角色转变的趋势。值得指出的是,图书馆员传统的文化管理者的角色已经蕴含在信息资源管理者这一角色之中,因为印刷文献同电子信息一样,都是人类文化的结晶。"文化"的含义在现阶段也已经大大拓展了,并不是说只有管理传统的书刊文献才能扮演文化管理者的角色,更何况目前人类已处于一个传统意义上的文化与电子信息文化并存的新时代[125]。

图书馆员要承担起这些新的角色,无疑要付出巨大的努力,不仅在观念和心理上要做好充分的准备,而且在知识和技能上都需要显著的提高。这些对图书馆员的在职培训和继续教育提出了紧迫的要求,更对未来的图书馆与情报学(LIS)正规教育提出了很高的要求。不管如何,图书馆员必须接受挑战、勇于承担重任,必须不怕失败与挫折,必须敢于面对指责和越来越激烈的竞争,去为他们自己开创更美好的新天地。

第 5 章引用和参考文献

1 Tord Hoivik. Digital lib:an economic agenda for library research. Papers Presented at '96 Beijing IFLA General Conference,Beijing,China,August 25~31,1996:1~15

2 M. K. Buckland. Redesigning Library Services:A Manifesto. Chicago:ALA,1992:1

3 R. J. Sack. Open system for open mind:building the library without wall. College and Research Libraries,1986,47(11):535~544

4 L. M. Saunders. Transforming acquisitions to support virtual libraries. Information Technology and Libraries,1995,14(1):41~46

5 Chen Ching – chih. New tasks and new opportunities for libraries in the digital environment. Paper Presented at '96 Beijing IFLA General Conference, Beijing,China,August 25~31,1996:1~8

6 D. K. Gapen. The virtual library:knowledge,society and librarian. In:The Virtual Library:Visions and Realities (ed. Laverna M. Sanders). Westport,Conn. :Meckler. 1993:1~14

7 S. J. Barnes. An electronic library grows. Computers in Libraries,1993,13(8):12~15

8 Tefko Saracevic et al. A study of information seeking and retrieving. JASIS,1989,39(8):1~12

9 张晓林. 建立以用户为中心的图书情报服务体系. 见:汪恩来主编. 迎接廿一世纪挑战——中国图书馆事业改革研讨会论文选集. 1994. 11:43~49

10 E. Smith. The print prison. Library journal,1992,117(2):48~51

11 张晓林. 走向虚拟、走向辉煌. 图书馆,1996(1):12~15,11

12 A. S. Chaudhry. Exploiting network information resources for collection devel-

214

opment in libraries. In. Proceedings of '95 IFLA Genernal Conference(Booklet 0), Istanbul, Turkey, 20 ~ 26 August, 1995:24 ~ 35

13　同 2,10 页

14　W. F. Birdsall. The Myth of the Electronic Library – Librarianship and Social Change in America. Westport CT, London: Greenwood Press, 1994:85

15　S. S. Cherry. Electronic Library Association born at Columbus Forum. American Libraries, 1981, 12(5):275 ~ 276

16　A. F. Westin et al. Using the Public Library in the Computer Age. Chicago: ALA, 1991:9

17　T. C. Weiskel. The electronic library: changing the character of research. Change, 1988, 20(11/12):38 ~ 47

18　同 14,38

19　黄纯元. 新的信息环境下的图书馆情报学(下). 上海高校图书情报学刊, 1995(2):8 ~ 12

20　沈宝环等编著. 图书馆概论. 台湾台北县:"国立"空中大学, 1992:20

21　P. Battin. From preservation to access: paradigm for the nineties. IFLA Journal, 1993, 19(4):367 ~ 373

22　Peter R. Young. Changing information access economics: new roles for librarians and libraries. Information Technology and Libraries, 1994, 14(2):103 ~ 114

23　W. Y. Arms, D. S. Scott. Brief Review of Research on the Electronic Library at Carnegie – Mellon University. Mercury Technical Report Series No. 2. Pittsburg: CMU, 1990:2

24　孟广均. 历史的回顾与思考——对美国一段学科史的学习心得. 见:中国科技信息事业创建四十周年纪念文集, 北京:科技文献出版社, 1996

25　赖鼎铭. 图书馆员的训练应该追求什么? 图书馆工作与研究, 1995(1):3 ~ 11

26　王益明. 图书馆与信息技术——应用、影响和哲学. 北京大学博士学位论文, 1995:45 ~ 50

27　Marcia Rosetto. The new library materials and the management of information. Paper Presented at '96 Beijing IFLA General Conference, Beijing, China,

August 25 ~ 31,1996:1 ~ 24

28 郭红梅.电子出版物及其对图书情报工作影响的研究·中国科学院文献情报中心硕士学位论文,1996:28

29 M. Landoni,N. Catenazzi et al. Hyper – books and visual – books in an electronic library. The Electronic Library,1993,11(3):175 ~ 186

30 詹丽萍.从传统图书馆到电子图书馆,(台)资讯传播与图书馆学,1996,3(1):39 ~ 53

31 薛理桂.电子图书馆:新近发展及对图书馆事业的影响.(台)图书与资讯学刊,1994(10):1 ~ 15

32 W. Saffady. Digital library concepts and technologies for the management of library collections:an analysis of methods and costs. Library Technology Reports,1995,31(3):237

33 John Corbin. Technical services for the electronic library. Library Administration &. Management,1992,6(2):86 ~ 87

34 N. Catenazzi et al. Hyper ~ Lib:A formal model for an electronic library based on hyper – books. Journal of Documentation,1995,51(3):244 ~ 270

35 Zhang Allison,Sally Wood. Cataloguing Internet resources in academic libraries:issues and questions. In:Proceedings of ISAL '96,Shanghai,Sept. 1 ~ 4,1996:391 ~ 395

36 汪冰.藏书发展政策研究.中国科学院文献情报中心硕士学位论文,1994:11

37 吴明德.馆藏发展.台北:汉美图书有限公司,1992:3

38 K. S. Herzog. Collection development and evaluation in the electronic library. In:Encyclopedia of Library and Information Science(ed. Allen Kent). New York,N. Y.:Marcel Dekker,Inc.,Vol 53,1994:82 ~ 92

39 F. W. Summers. A vision of librarianship. School Library Journal,1989,35:27 ~ 28

40 J. G. Schade. The future of collection development in an era of fiscal stringency:a symposium. The Journal of Academic Librarianship. 1992,18(1):4 ~ 6

41 Library of Congress Information Bulletin 1990 ~ 1995:20

42 K. J. 比尔曼. 图书馆将如何偿付电子情报费用. 国外图书情报工作, 1993 (3): 41 ~ 45

43 李德竹等. 资讯网络时代台湾地区图书资讯服务的新方向. 图书馆论坛, 1994(3): 7 ~ 12

44 M. Getz. The electronic library: analysis and decentralization in collection decisions. Journal of Library Administration, 1991, 14(3): 71 ~ 84

45 张晓源等. 现代信息技术环境中的图书馆. 北京图书馆馆刊, 1996 (1): 71 ~ 79

46 王姗. 国家图书馆馆藏建设的比较研究. 北京图书馆馆刊, 1996 (1): 102 ~ 109

47 Meitetsu Haruyama. National Diet Library's approach to digital collections and the economic issues: with a dialogue between a librarian and an economist. In: Proceedings of '96 Beijing IFLA General Conference(Booklet 5), Beijing, China, August 25 ~ 31, 1996: 34 ~ 40

48 R. P. William. Eliminating all journal subscriptions has freed our customers to seek the information they really want and need: the result − more access, not less. Science & Technology Library, 1993, 14(1): 3 ~ 13

49 陈雪华. 全球资讯网在图书馆的应用. (台)资讯传播与图书馆学, 1995, 2(1): 57 ~ 70

50 E. Parang, L. Saunders. Electronic Journals in ARL Libraries: Policies and Procedures. SPEC Kit 201. Washington, D. C. : ARL, Office of Management Studies, 1994: 1

51 E. Parang, L. Saunders. Electronic Journals in ARL Libraries: Issues and Trends. SPEC Kit 202. Washington, D. C. : ARL, Office of Management Studies, 1994: 20

52 同 49

53 同 28, 29 ~ 30

54 S. Demas. Collection development for the electronic library: a conceptual and organizational model. Library Hi Tech, 1994, 12(3): 71 ~ 80

55 C. Tehopir, R. Neufang. Electronic reference options: how they stack up in research libraries. Online, 1992, 16(2): 22 ~ 28

56 Martin L. Schabach, S. J. Barnes. The Mann Library Gateway System. The Public – Access Computer Systems Review, 1994, 5(1):5 ~ 19

57 M. A. Drake. Buying articles in the future. Serials Review, 1992, 18 (1/2):75 ~ 77

58 F. W. Lancaster. Libraries and Librarians in an Age of Electronics. Arling – ton, VA:Information Resources Press, 1982:152

59 D. Gregor, C. Mandel. Cataloguing Must Change. Library Journal, 1991, 1 (April):44

60 同 26,22 页

61 同 59

62 J. McCue. Technical services and the electronic library:defining our roles and divining the partnership. Library Hi Tech, 1994, 12(3):63 ~ 70

63 Charles R. McClure. Libraries and the Internet. Westport, CT:Meckler, 1993:2

64 卜小蝶. Internet 资源收集与整理的方法探讨. (台) 资讯传播与图书馆学, 1995, 2(1):78 ~ 88

65 Yahoo Homepage(http://WWW. yahoo. com/)

66 OCLC Netfirst to improve end – user access to Internet resources. OCLC Newsletter, 215(May/June), 1995:4 ~ 5

67 V. T. Sha. Cataloguing Internet resources:the library approach. The Elec – tronic Library. 1995, 13(5):467 ~ 470

68 同 35,392 页

69 陈光作. 机遇与挑战——电子出版物对图书情报工作的影响. 见:辛希孟主编. 信息技术与信息服务国际研讨会论文集(A 集). 北京:中国社会科学出版社, 1994:123 ~ 127

70 Ruth Miller. The electronic library:access and service. In:Proceedings of the International Seminar on Information Technologies and Information Services (Collection B) (ed. Meng Guangjun). Beijing:China Social Sciences Publishing House, 1994:260 ~ 267

71 S. J. Barnes, The electronic library and public services. library Hi Tech, 1994, 12(3):44 ~ 61

72 C. Tenopir, R. Neufang. Electronic reference options: how they stack up in research libraries. Online, 1992, 16(2): 22 ~ 28

73 同 71

74 D. Lanier, W. Wilkins. Ready reference via the Internet. RQ, 1994, 33(3): 360 ~ 362

75 M. Dillon. Interfaces for Information Retrieval and Online Systems: the State of the Art. Greenwood Press, 1991: 9

76 同 19, 9 页

77 H. B. Rader, Information literacy: a revolution in the library. RQ, 1991, 30 (1): 25 ~ 29

78 P. S. Breivik, D. L. Jones. Information literacy: liberal education for the information age. Liberal Education, 1993, 79(4): 24 ~ 29

79 王瑞华. 用户教育与计算机、多媒体、网络文化. 现代图书情报技术, 1996 (2): 58 ~ 60

80 C. R. McClure. Network literacy: a role for libraries? Information Technology and Libraries, 1994, 13(2): 118

81 同 71, 58 页

82 R. D. Doctor. Information technologies and social equity: confronting the revolution. JASIS, 1991, 42(3): 216 ~ 218

83 查伦·S·赫特著；张金春摘译. 二十一世图书馆的憧憬. 国外图书情报工作, 1993(3): 6 ~ 10

84 M. Ojala. How do you manage in the 21st century? The Electronic Library, 1993, 11(1): 163 ~ 164

85 Keith C. Wright. Computer – Related Technologies in Library Operations. Hampshire, England: Gower House, 1994: 183

86 同 28, 33 页

87 P. J. Schoots. 公共图书馆是市民的第二起居室. 见: 吴建中编. 21 世纪图书馆展望——访谈录. 上海: 上海科技文献出版社, 1996: 14

88 T. Lynch. The many roles of information technology section. Library Hi Tech, 1994, 12(3): 38 ~ 43

89 S. Fowell, P. Levy. Developing a new professional practice: a model for net-

worked learner support in higher education. Journal of Documentation,1995,
51(3):271～280

90 C. R. Steele. 在广阔的知识海洋里做一名踏浪者. 见:吴建中编. 21 世纪
图书馆展望——访谈录. 上海:上海科技文献出版社,1996:6

91 刘献君等编著. 社会学. 北京:科学技术文献出版社,1987:70

92 胡昌平等编者. 信息社会学. 南昌:江西科学技术出版社,1990:43

93 W. Marsterson. Information Technology and the Role of the Librarian. Lon-
don,UK:Croom Helm Ltd. ,1986:10～11

94 William J. Goode. The librarian:from occupation to profession? Library Quar-
terly,1961,31(4):306～320

95 赖鼎铭. 图书馆员是专业吗?. (台)中国图书馆学会会报(总第 48 期)
1991:79～95

96 Hugh F. Cline,Loraine T. Sinnott. The Electronic Library:The Impact of Au-
tomation on Academic Libraries. Lexington, Mass. : D. C. Heath and Compa-
ny,1983:174

97 [日]小野泰博著;阚法箧等译;王善校. 图书和图书馆史. 北京:北京大
学出版社,1988:230

98 转引自:Sidney L. Jackson. Libraries and Librarianship in the West. N. Y. :
Mc Graw Hill,1974:172

99 转引自:Wang Shaoping. The librarian as infromation intermediary. In:Pro-
ceedings of ISAL'96,Shanghai,Sept. 1～4,1996:186～191

100 同 97,231～232 页

101 John F. Stirling. Technological developments in information transfer:some
implications for academic libraries. Journal of Librarianship,1982,14(4):
235～246

102 D. J. Foskett. Pathways for Communication. London:Cline – Bingley,1984:5

103 转引自:Charles R. McClure et al. Public Libraries and the Internet/NREN:
New Challenges, New Opportunities. Report of School of Information Stud-
ies,Syracuse University,USA,July,1. 1992:29

104 Lester Asheim. Ortega revisited. Library Quarterly,1988,52(3):215～226

105 F. W. Lancaster. The role of the library in an electronic society. In:Pro –

ceedings of the 1979 Clinic on Library Applications of Data Processing. Graduate School of Library Science, University of Illihonis Urbana Champaign,1980:112

106 F. W. Lancaster 著;郑登理等译校. 电子时代的图书馆和图书馆员. 北京:科学技术文献出版社,1985:166

107 J. Tompson 著;乔欢等译;赵燕群校. 图书馆的未来. 北京:书月文献出版社,1988:123～125

108 转引自 93,24 页

109 Connie Wu. Preparing for the future. Paper Presented at '96 Beijing IFLA General Conference,Beijing,China,August 25～31,1996:1～3

110 K. Crea,et al. The impact of in－house and end－user databases on me－diated searching. Online,1992,16(4):52

111 Bernard R. Gifford. The learning society:libraries without books? Special Libraries,1992(3):154～155

112 Frieda O. Weise. Developments in health sciences libraries since 1974:from virtual entity to the virtual library. Library Trends,1993,42(1):5～24

113 同 93,27 页

114 David R. Woriock. Publishing beyond the 1990s:seven key words. a se－mantic view of future developments. Libri,1994,44(3):289～298

115 曾民族. 信息高速公路环境下信息管理和服务的再设计. 中国信息导报,1995(2):18～21

116 N. R. Smith. The"golden triangle"－users,librarians and suppliers in the e-lectronic information era. Information Services & Use,1993(13):17～24

117 同上,18 页

118 同 103,11 页

119 周文骏等编. 图书馆学研究论文集. 北京:书目文献出版社,1996:368

120 Jens Thorhauge. The changing role of the library and information profes－sional. Papers Presented at '96 Beijing IFLA General Conference,Beijing,China,August 25～31,1996:1～8

121 同 90,7 页

122 同 31,12 页

123 Kennith E. Dowlin. The neographic library:a 30 – year perspective on public libraries. In:Libraries in the Future:Essays on the Library in the Twenty – First Century(ed. F. W. Lancaster). New York,N. Y. :The Haworth Press, 1993:36

124 转引自 109,Cybrarian 是 Cyberspace 和 Librarian 构成的合成词,可理解为"计算机控制环境中的图书馆员"

125 罗沛霖.有关文化领域的电子信息化问题.见:朱丽兰主编. 世纪之交:与高科技专家对话.沈阳:辽宁教育出版社,1995:55~61

第6章　关于发展我国电子图书馆
的几点认识

前述几章已概括阐述了发达国家和地区在电子图书馆、数字图书馆方面进行的试验性建设和取得的积极成果,充分说明电子图书馆的建设已成为世界图书馆界的一种趋势和潮流,是适应 21 世纪崭新信息环境的图书馆的技术模式和发展方向。电子图书馆雏形的出现,标志着发达国家和地区的部分图书馆开始从自动化图书馆阶段向更高一级的电子图书馆阶段演进。

信息技术革命的浪潮同样冲击着我国图书馆界,信息高速公路的建设和 Internet 网络的引入同样在改变着我国图书馆所处的信息环境。在新的信息环境中,面对着世界图书馆界为求生存、谋发展而竞相建设电子图书馆的潮流,我国图书馆界应该持一种什么样的态度? 如何认识我国图书馆所处的发展阶段以及与国外的差距? 我国图书馆界应不应该进行电子图书馆试验? 是否具备了一定的基本条件? 该采取哪些对策? 本章对这些问题发表一些认识和看法。

6.1　认清趋势,抓住机会

1978 年我国实行改革开放以来,图书馆事业取得了令人瞩目的成就,初步建成了一个初具规模、类型比较齐全、藏书比较丰富、服务方式多样和持续稳定发展的图书馆体系。1994 年我国已有各类型图书馆 258477 个,其中公共图书馆 2596 个,藏书 3 亿册,工作人员 4.5 万人;科研图书馆 8000 多个,藏书 10 亿多册,工作人员近 9 万人;高校图书馆 1080 个,藏书 4 亿多册,工作人员 3.8 万多人[1]。这些看似枯燥的统计数字,一方面反映了图书馆事业的进步,另一方面也体现出我国图书馆未来的持续发展具备了一定的现实基础。尤其可贵的是,在我国图书馆受种种原因所致在发展过程中屡遭磨难和挫折的时期,图书馆界在图书馆自动化、集成化系统、书目数据库和其它数据库建设、光盘与联机信息服务、管理改革、面向经济和市场提供增值服务等许多方面,都进行了大量探索,取得了许多富有成效的积极进展。此方面的数据、事实和材料卷帙浩繁[2],可谓举不胜举。

尊重过去是我们认识图书馆未来发展的一个基本出发点,但它并非沉溺于过去的成绩,并不妨碍我们清醒地了解图书馆事业发展中所出现的困难:诸如经费紧缺、书刊价格飞涨、文献资源保障能力持续下降、读者显著减少、设备和技术装备陈旧、服务手段和方式落后、专业队伍难以稳定等等,确实困扰着图书馆界。80 年代有人用低谷、危机等字眼描述图书馆所处的困境、状态,90 年代也有文献提出:"我国各级各类型的图书馆,都在不同程度地经历着艰难时世。"[3]用现实的眼光来衡量,这些描述无疑都是有道理的。然而最为关键的是,面对着世界范围内图书馆普遍存在着的困境,面对着众多以先进技术为依托的信息服务机构和信息行业的激烈竞争,面对着快速多变的社会需求和无法回避的信息技术冲击,图书馆界绝不能否定以往的成就和基础,绝不能悲观于困境,绝不能在来势凶猛的挑战面前等待观望,而应迎接挑战、知难而上,积极调整自己的方位,对图书馆在未来信息高速公路中的地位做出准确的判断,以此为依据积极地推进图书馆的自动化、网络化和电子化建设,从而改变落后和被动的局面。可以认为,我国的图书馆当前已处于一个变革的十字路口。信息技术的发展和图书馆服务对象的社会化乃至国际化,使图书馆在社会发展中的地位、作用、管理体制、服务方式以及对图书馆员的要求都在发生历史性的变革,而且这一变革将是今后相当长的一段时期内图书馆发展的首要特征。

变革的大方向何在? 这是一个重大的理论和实践问题。发达国家和地区在 90 年代新的信息环境中所采取的对策和发展动向表明,在实现图书馆自动化、网络化的基础上向电子图书馆转变,利用各种新技术更好地执行传统图书馆的使命,似乎已成为对图书馆变革方向的共识。当然,迈向电子图书馆时代的步伐即使是在发达国家和地区也不是整齐划一的,电子图书馆的完全实现还需要相当长一段时期。但它作为图书馆发展的新阶段,作为 21 世纪图书馆转变的方向,其观念和思想已逐渐被越来越多的图书馆界有识人士所接受和认可。

从总体方向和大趋势来说,我国图书馆界应该郑重地对待电子图书馆这一新生事物,把握住潮流和方向,密切依托我国日益改善的信息基础设施,在图书馆界自身紧密合作、政府和社会等各方面的共同努力下,积极地朝着这一大方向努力发展。我们认为,不能充分利用信息技术手段改造自身、强化各方面功能的传统形态的图书馆,在信息时代只能发挥极其有限的作用,也无法适应并"踏上"将来的我国信息高速公路。我国信息高速公路建成以后图书馆会是一个什么样子? 在江泽民同志建议由宋健主编的《现代科学基础知识》一书中是这样描述的:"图书馆将成为信息的汇合处,而不再只是图书的贮藏所。读者可以通过家庭内的计算机终端,利用电信网络系统查询各种信息,还可以通过与其它图书馆相连的网络查询有关信息,使信息资源的潜力充分发掘出来。通过可视图文和图文电视,人们可以交互地利用数据库的信息资源。"[4]显然,适应信息高速公路需要的将是变革后步入新阶段的图书馆,是实现了自动化、网络化和馆藏资源逐步数字化的电子图书馆。可以认为,电子图书馆也代表了我国图书馆事业的未来。

从现实来说,作为发展中国家的我国,在经济条件、科技水平、人口文化素质等许多方面都与发达国家有不小的差距;我国图书馆所处的发展阶段,从全国来看,仍处于从传统的手工作业图书馆向自动化图书馆演进,就是说在技术水平方面总体上落后于发达国家一个阶段。这一切决定了我国发展电子图书馆将是一个长期的艰巨任务,目前尚无力也不可能大规模地建设电子图书馆。

但是,无力大规模建设电子图书馆并不意味着我国图书馆界在这方面就有理由放弃,或消极等待,或冷眼旁观。我们认为,图书馆界应该持一种"既不消极保守,又不急躁冒进"的态度,应根据我国已有的信息基础设施条件,在图书馆自动化、网络化基础较好的经济发达地区和中心城市选择试点,进行试验性的电子图书馆建设,发挥其研究探索的基地作用、以点带面的示范作用和面向世界的窗口作用。事实上,在距离 21 世纪只有短短几年的今天,随着我国信息基础设施的显著进步,最新技术在部分图书馆中的应用,图书馆信息网络在一些系统和地区的渐次建立,Internet 网络在我国的迅速发展以及电子信息资源的增多,社会信息需求的日益旺盛和信息意识的提高,我们根据世界发展潮流和趋势确立电子图书馆这一大的发展方向,并着手进行研究和试验,已经不是奢谈,因为从网络、资源、技术、政策等方面分析(后文将详加论述),我国试验性地建设电子图书馆所需的基础条件早已不是一张白纸,更何况北京、广东、上海等地区的一些图书馆已经联合起来规划或开始了试验性探索。

在观念上,我国图书馆界需要认识到电子图书馆是图书馆在 21 世纪的发展方向,代表着图书馆的未来;在理论上,目前就应该抓紧跟踪和研究国外的发展情况与主要技术路线。特别需要指出

226

的是在实践方面,当前是把试验性电子图书馆建设提上议事日程、尽快加以部署和组织实施的时候了。其一,电子图书馆项目建设不应该只是发达国家和地区的"俱乐部",发展中国家和地区也应该根据国情早做准备。非洲有几个国家的大学图书馆(南非、纳米比亚、博茨瓦纳等)也已经在政府的帮助下规划实施跨国的电子图书馆项目[5]。其二,作为 90 年代的研究和建设热点,电子图书馆在发达国家和地区也还处于试验性建设阶段(有些甚至规模也相当小),只有短短几年的发展历史,我国图书馆界如果能抓住这一有利时机,协调各方面力量高水平、高起点地推进我国的类似项目,不仅能使一部分图书馆直接应用国内外最新信息技术成果,提高其自动化、网络化水平和信息服务能力,而且有可能缩小我国图书馆与国外的总体差距(包括观念、技术手段、服务方式和水平、管理、人员素质等方面),并在某些方面赶上发达国家和地区图书馆迅速前进的步伐。

6.2 我国建设电子图书馆的基础条件分析

第四章初步论述了电子图书馆的基本特征:普遍应用以计算机为代表的信息技术作为管理工具和手段,馆藏的电子化、数字化比重逐渐加大,提供远程检索和即时性服务,具备电子文献传递功能,尽可能提供馆内外丰富的信息资源,高度的开放和资源共享等。从这些特征可以看出,电子图书馆建设是对合作和资源共享要求很高的共同整体化建设,它以计算机应用和高速信息网络为依托,起步于图书馆的自动化和网络化,以各类电子出版物、各种数据库等电子信息资源为服务基础,以最大限度地开发利用信息资源、实现信息资源社会共享、满足社会和用户对信息和知识的需求、强化图书馆的社会功能为目标。根据这些认识,本节将从我国信息基础设施的进展、信息化水平、Internet 在我国的发展情况、图书馆自动化网络化的进步、电子信息资源情况、有关技术条件、政策和社会需求等角度,全面论述我国在发展电子图书馆方面已经具备的一些基本有利条件。

6.2.1 信息基础设施建设的进展与信息化水平

进入 90 年代以来,我国信息产业在全球信息化浪潮和全国经济市场化进程的有力推动下,以空前的高速度向前发展。与此相随的是我国在信息基础设施建设、经济信息化和社会信息化方面取得了较大进展,改善了我国的信息环境。

计算机产业及其应用方面,计算机产业产值规模从 1990 年的 50 亿元、1993 年的 205 亿元激增至 1995 年的 798 亿元,平均年增长率达 69.5%[6,7]。我国已拥有大中小各型计算机万余台,微机总装机量 1993 年底近 200 万台,1995 年已达 320 万台,广泛应用于各个行业领域,并已经快步进入家庭。1993 年家用计算机销售量约为 10 万台,家用计算机总数全国约在 60 万台[8](其中据估计广州市家庭计算机就有数万台[9])。据有关机构对家用计算机市场的预测,几年内我国家用计算机将平均每年增长 30—50%。家用电脑的增多和日渐普及,在联网的情况下,将使电子图书馆面向家庭终端用户实现信息传递和服务成为可能。不仅图书馆潜在的社会和家庭用户的计算机拥有量大大增加,而且图书馆自身的计算机拥有量和设备质量也大为改观,从北京图书馆装备的大型机,到一些大中型图书馆的中小型机和超级微机,再到各类图书馆的微型计算机,已有相当的数量。目前虽未找到对全国图书馆计算机拥有数的准确统计数字,但有材料报道[10],1995 年对全国公共、高校及科研系统的 3139 个图书馆的统计表明,共有计算机 6521 台,终端设备 2296 台。计算机作为管理信息资源和开展信息服务的工具,它在图书馆界及其社会用户和家庭用户中的渐趋

228

普及,无疑奠定了电子图书馆建设所需的最根本的基础。

通信产业和通信网络建设方面,作为我国发展最快的产业之一,通信产业的电信业务总量 1995 年完成 873 亿元,比 1994 年增长 47.4%[11],而且连续几年的增长幅度都在 45—60% 之间。1994 年全国电话普及率为 2.15%,电话总容量达 7000 万门(居世界第 6 位),1995 年达 3.7%,城市普及率达 15%,根据国家规划我国到 2000 年电话普及率将增至 8% 左右,发达地区达 30—40%,个别中心城市达 50% 以上[12]。1993 年重新组建并开通的中国公用分组交换数据网(CHINAPAC),到 1995 年底已覆盖全国所有省会、地市、70% 的县以及一大批乡,并与 23 个国家和地区的 44 个公用分组网相连。CHINAPAC 骨干网传输速率为 256Kbps,部分线路已提升至 2Mbps,CHINAPAC 被认为是"目前唯一有能力接通各类计算机、各种局域网的通信网;是一个规模很大、并有充分扩展能力、可通达每一个地点、可接入所有数据设备的崭新通信网;是数据库、电子信息源等电子出版物赖以生存的网络基础。"[13]此外,1994 年 7 月投入运行的中国数字数据骨干网(CHINADDN),传输速度达 2Mbps,为各种信息系统提供了不同速率的永久和半永久专线数字电路。1995 年 CHINADDN 骨干网已通达除拉萨以外的所有省会城市,DDN 的本地网也在抓紧建设,部分省市的省网、市网已经建成。在光纤网方面我国也具备了一定的基础,"八五"期间建成了 22 条高速光纤通信线路,"九五"期间将采用同步数字系列技术(SDH),形成布局合理、大容量、数字化、传输速率达 Gbps 的长途骨干通信网;同时,我国在对已有微波通信网进行数字化改造、扩建完善卫星通信网等方面都取得了令人瞩目的成就。

在应用信息系统建设方面,我国已初步形成由中央、省(市)、中心城市、县等四级信息中心构成的国家经济信息系统,在面向政府的宏观经济调控和决策支持、面向市场的信息资源开发等方面都取得了明显效果。金融、铁路、经济、科技、电力、民航、海关、财税、公安、气象、统计、科技信息等部门利用公用通信网和专用通信网也已建立了 30 多个较大规模的全国性信息网络系统。

经济信息化和社会信息化方面也受到我国领导人的高度重视。1993 年国务院国家经济信息化联席会议提出并部署了"三金工程",即金桥工程、金关工程、金卡工程。其中金桥工程的目的就是建设我国国家公用信息网络平台。金桥网不同于基本的电信业务网,它是信息网、多媒体网、综合业务数字网(ISDN)、增值业务网(VAN),可以提供 E – mail、EDI、多媒体业务、可视图文、电视会议系统、交互式文件传输、分布式数据库联机查询业务、电子仿真、电子公告板等应用。建成后的金桥网将成为我国信息交换和共享所需的"准高速国道"[14]。1994 年我国又启动了一大批信息化工程,如金税、金农、金企、金智、金盾、金宏、金卫等十几个"金"字头的项目齐驱并进。尤其是 1996 年 5 月原联席会议改建为国务院信息化工作领导小组,标志着我国的社会信息化工作也已正式列入最高决策层的议事日程。文化部在"九五"期间将启动"金图"工程,将在计算机技术、通信技术和数据库技术三位一体的基础上建立中国图书馆信息网络(CLINET)[15]。以上情况表明,计算机应用的逐渐普及和通讯环境的改善,不仅使图书馆处于一个今非昔比的大信息环境中,而且图书馆自身的信息化建设也受到了重视。这些将为选择试点进行电子图书馆试验性建设打下基础。

6.2.2 Internet 在我国的发展情况

Internet 网络的重要性是不言而喻的。从目前发达国家和地区试验的电子图书馆项目来看,几乎都是以 Internet 网络为依托的。因此我国的电子图书馆试验必须重视和依托 Internet 这一现实的网络环境,而且要充分利用 Internet 网络获取信息资源、提供服务并能逐渐向网上提供资源。为此,有必要了解我国同 Internet 联网的计算机网络。

据有关资料报道,我国是世界上第 71 个加入 Internet 的国家,目前已有 6 个 Internet 出口节点、7 条专线联入 Internet[16]。到 1996 年底,我国与 Internet 连接的计算机达 6000 台以上,用户超过 4 万人,均比 1995 年增长 150%,发展势头十分迅猛[17]。根据 1996 年 1 月颁布的《中华人民共和国计算机信息网络国际互联网管理暂行规定》[18],中国科学院、国家教委、邮电部、电子部等四个单位为有权直接与 Internet 联网的单位,其相应的互联网分别为:

1. 中国教育与科研示范网(NCFC)。NCFC 是世界银行和中国政府共同支持的大型计算机网络工程,是一个包括主干网、三个校园网(子网)、国内与国际联网等三部分组成的高速光纤计算机网络。NCFC 以 10Mbps 主干网(光纤)速率连接着中科院院网(CASnet)、北京大学校园网(PUnet)和清华大学校园网(TUnet),通信协议为 TCP/IP,NCFC 内部采用的联网技术主要是扩展的以太网技术,外部采用 X.25、IP 协议等和国内有关网络连通,在国际上已与 Internet 正式连通[19,20]。据报道,NCFC 网络已连接了北京中关村地区的 100 多个局域网,入网计算机近 3000 台,工作站以上计算机 700 余台。有关专家指出:"NCFC 可以成为全国网络的起点和未来的网络信息交换中心","可以以 NCFC 为基础建立中国的 Internet"。[21] NCFC 网络对联网的图书馆和文献情报单位具有重要而且深远的意义,它不仅为网络覆盖地区的文献信息资源步入现代化管理创造了良好的支撑环境,而且为实现网络环境中的联机联合编目、馆际互借、联机公共检索目录(OPAC)服务、即时性电子文献传递等堪为电子图书馆基础的工作提供了条件,将有力地推动我国图书馆自动化、网络化和资源共享的发展。

2. 中国教育与科研计算机网络(CERNET)。筹建于 1994 年的 CERNET 是国家有关部门实施的"211 工程"中公共服务体系的重要组成部分。其目标为:利用先进实用的计算机和网络通讯技术,把全国各地的科研单位、信息机构和高等院校连接起来,形成分布式、开放型信息网络,实现全国范围内信息资源共享和科技合作,并与 Internet 网络互连;成为高等院校等机构和各种信息用户进入世界科技领域的快捷方便的入口,建成培养面向世界、面向未来的高层次人才和提高教学质量和科研水平的重要基础设施。CERNET 一期工程(1994—1996)集中建设了全国网络中心、10 个地区节点、联结网络中心和地区网点的主干网以及与 Internet 联网;"九五"期间将逐步扩展到全国高等院校,最终建成全国性的科教信息网络[22]。CERNET 的初期网络应用系统包括[23]:电子邮件、图书情报查询服务系统、Listserv 和 Usenet news group 等电子新闻服务、网络文件传输和公用软件库、信息资源发现服务、远程登录和科学计算、远程计算机辅助教学试验、多媒体通信和计算机协同工作试验、网络目录服务、教育管理信息系统等。考虑到 CERNET 的潜在服务对象包括全国 1080 所大专院校近 300 万师生、4 万所中学 550 万师生和 16 万所小学 1.2 亿师生[24],所以 CERNET 的建成将极大地促进 Internet 在我国的发展。有关专家指出,CERNET 为高校图书馆的文献信息资源共享和信息服务能力的提高创造了一个优越的环境,提供了前所未有的难得机遇[25]。已经与 CERNET 相连的 10 个节点图书馆近期内可提供以下文献信息服务:国内外书目信息查询,利用 E – mail 实现快速馆际互借,利用图书馆首页(Home Page)为学科专业人员服务,图书馆电子论坛,CD – ROM 光盘数据库局域性共享,文摘、索引、全文数据库服务等等。

3. 中国公用 Internet 网(CHINANET)。邮电部推出的 CHI – NANET 是中国 Internet 骨干网,1995 年初与 Internet 国际互联网联通,同年 8 月正式对外服务,提供 E – mail、Telnet、FTP、Gopher 等基础网络服务。它的主要特点是用户入网方便(全国所有电信局、邮电局均可办理入网手续）和接入方式灵活（通过电话拨号、CHINAPAC、帧中继、CHINADDN 等均可入网）。

4. 电子部互联网（GBNET）。1994 年底与 Internet 接通，目前已接入 37 个单位、160 台入网主机、1600 个用户[26]。

除国务院规定的上述四大互联网以外，中国科学院高能物理研究所、北京化工大学、中国兵器工业总公司、中国石油天然气总公司、中国科技信息研究所等单位对我国 Internet 的发展也做出了历史性的贡献。其中，中国科技信息研究所 1993 年通过中科院高能所进入 Internet，并申请到 B 类 IP 地址，还在 10 个省市推广，通过中信所 Internet 服务器联接 Internet 的主机在"九五"初已达 70 台，用户约 400 个[27]。此外，国家科委也正在积极推进国家科技信息网络（STINET）的建设，以中信所计算机中心为网管中心的 STINET 于 1994 年底正式与 Internet 骨干网接通，其后迅速发展成为横跨十余个省市、具有 16 个子网的广域网。有关人士估计，1996 年年底该网可通达约 20 个省市，成为一个名副其实的全国性科技信息网络[28]。

综合以上论述，我们认为：与 Internet 互连的我国计算机网络的建立和投入使用，不仅为我国各类型图书馆和文献情报机构建设自身局域网和广域网提供了基础条件，从而可带动图书馆自动化和网络化的发展，而且一部分自动化基础良好的图书馆在联网后将有条件把精力投入在电子信息资源的开发和建设方面，开始试验电子图书馆的信息服务，如在 Internet 网上建立图书馆 WWW 站点，将本身拥有的电子信息资源加以整理建成本地数据库上网，同时通过 3W Home Page 对网络资源进行筛选、归类，为国内用户提供专指度很高的通过网络传递的电子化 SDI 服务。同时，我们还认为，网络环境的改善和 Internet 的引入，将不断地提高人们的信息意识，刺激用户（尤其是学者和研究人员）对快速存取电子信息资源的需求，从而为电子图书馆的试验性建设和逐步发展提供强大的需求推动。

6.2.3　电子信息资源

本小节所指的电子信息资源主要是我国生产的数据库、CD - ROM 光盘、电子期刊等。如果说计算机网络的建立和通信环境的改善为试验电子图书馆提供了外部条件,那么我国自产的电子信息资源则是电子图书馆面向国内外提供信息服务的重要物质基础。

在数据库建设方面,"七五"期间我国自建的文献、数值和事实型数据库已约有 300 个;1992 年国家科委等单位进行的调查表明,1991 年我国已有 806 个数据库,投入约 5—10 亿人民币;1995 年国家计委和科委等单位联合普查了全国电子信息资源状况,各方面共上报了 1500 个数据库和 200 多个电子信息服务系统,去掉重复的、国外引进的、规模太小以及仅作为内部管理使用的数据库,我国自建的有一定容量和规模、能提供对外服务的数据库共计 1038 个(调查截至 1995 年 10 月 31 日)[29]。根据 1992 年和 1995 年两次调查的有关结果对照,表明我国的数据库建设在数量、质量、内容、容量等方面有了较大的提高:1992 年统计的 806 个数据库中绝大多数由于数据量少、覆盖面窄等原因致使使用价值很低,只有 137 个数据库可在一定范围内使用,1995 年统计的 1038 个库中一半左右已在一定范围内提供不同程度的服务;1992 年的数据库容量在 10MB 以下的占 55.3%,而 1995 年容量在 10MB 以下的降至 33%,介于 10MB—100MB 之间的占 42%,100MB 以上的占 25%,表明短短三年间数据库的规模有了较大扩展;数据库的内容也由以科技领域为主转变为以经济和社会领域为主(科技数据库所占比例从 1992 年的 50% 以上降至 1995 年的 44%)。此外,我国的数据库类型中,二次信息(目录、文摘索引等)虽占较大比重,但已呈下降趋势,全文、事实、图形图像及多媒体数据库等品种已从无到有呈增加态势。无论是从我国最早引进国外数据库磁带和光盘,还是从自建数据库兴起并进而发展至具有一定的产业规模这两方面来看,图书馆和情报(信息)机构在我国数据库的发展进程中一直发挥着重要作用,现有的 1038 个数据库中的一半来自图书情报部门便是佐证。我们有理由相信,随着我国数据库业的产业化和社会化发展,将会有越来越多的、质量和规模都有一定档次的书目、索引、文摘、全文、图形图像和多媒体数据库,从而为电子图书馆提供丰富的电子信息资源,而电子图书馆的试验和逐步发展也将推动图书情报机构向社会提供内容更加丰富、形态比较多样(尤其是全文型)、质量较高、规模较大的数据库及其利用和服务。

在电子出版物方面,我国已从 80 年代中期仅有软盘(FD)载体的电子出版物迅速发展至 FD、CD – ROM、IC – Card(集成电路卡)、CD – I(交互式光盘)等多种载体并举的电子出版新格局。据新闻出版署对全国电子出版业的调查表明[30],1992 年以来,55 家经批准的电子出版单位共出版 FD、CD – ROM 型电子出版物近700 种,未经批准从事电子出版业务的 50 余家单位共制作和出版CD – ROM、FD、IC – Card 400 余种。到 1995 年年底,我国已经出版了 1500 种以上的 FD 及 100 多种 CD – ROM 型电子出版物。其中,CD – ROM 光盘是发展最引人注目的一类。90 年代以后我国开始出版发行中国 CD – ROM 光盘出版物,1991 年向国内外发行了第一张英文版 CD – ROM 光盘"Chinese Business",1992 年第一张中文版 CD – ROM 光盘《中国科技期刊 CD – ROM 光盘库》由中国科技信息研究所重庆分所向国内外发行。其后,众多公司、企业、出版单位和图书情报机构介入这一领域,推出了《邮票上的中国》、《中国教育信息库》、《中国旅游信息库》、《'90—'94 中国计算机报、刊全文数据光盘》、《'94 人民日报、市场报全文数据光盘》、《中国专利文献公报》等 CD – ROM 光盘出版物。1996 年又有一批新的光盘出版物问世,有代表性的如《中国学术期刊》光盘版(CAJ – CD)[31]。《中国美术全集》、《中国汉语大词典》、《中国大百科全书》等多部巨著的 CD – ROM 版也即将出版发行[32]。从以上事实可见,我国电子出版业的发展已具有一个良好的开端,而且随着电子出版管理体制的基本理顺(国务院已正式确定新闻出版署为归口管理部门并赋予了相应职能)、出版过程的电子化(计算机汉字排版系统在出版领域的应用越来越普及)、多种中文电子出版物制作平台的开发完成(如"全文数据库电子出版系统"制作工具、DOS 环境下的"多媒体电子出版物工作平台"、Windows环境下的"奥思多媒体电子出版物创作工具"等),我国在电子出版物的生产能力、创作水平、数量质量等方面将跃上一个新台阶。尤其重要的是,新闻出版署等政府部门已经注意到,我国许多采用了激光照排、轻印刷等计算机排版技术出版的书刊在出版前产生的中间产品——大量的电子文稿(有人估计每年约 700 亿字信息),尚未被充分利用,造成了大量的电子信息资源闲置。有关方面建议:如果能将这些数字化的信息加以适当处理,加工成电子出版物的机读数据并记录在软盘等介质上,研制和配备相应的检索处理软件,制作成电子版书刊等电子出版物,不仅可以充分利用被闲置的大量数字化信息,而且还能简化制作电子出版物的程序并节省成本,为我国发展电子出版物开辟一条捷径。"九五"期间有关主管部门已把将电子文本加工成电子出版物提上了议事日程[33]。这样,不仅电子出版物将大大丰富,而且也为电子图书馆的创建准备了信息源。

在网络化中文电子期刊方面,我国也迈出了可喜的一步。自从 1991 年世界上第一份中文电子期刊《华夏文摘》(China News Digest – Chinese Magazine)由中国新闻电脑网络(美国)出版以来,中文电子期刊的诞生已有将近 5 年的历史。1995 年 1 月,国家教委通过 CERNET 出版发行了国内第一份中文电子期刊《神州学人》。到目前为止,约有20多种中文电子期刊在Internet上出版发行[34],如清华大学与美国IBM公司合作推出的《华声月报》联机电子杂志,以及少数电子报纸(如《中国贸易报·电子版》)等。虽然中文电子期刊的历史很短、数量不大,多数由北美和欧洲的中国留学生、访问学者等出版,但可以肯定的是,随着我国国内计算机网络的扩大和中文信息处理技术的不断进步,中文电子期刊(杂志)将会得到很大发展。考虑到Internet网络上的全文电子期刊日渐增多,欧美一些大出版机构和图书馆在试验电子图书馆时都把全文电子期刊的远程传递、版权管理作为重点之一,所以我国的电子图书馆试验也应该密切注视有关动向,开展一定范围的中文全文电子期刊远程传递与检索试验。

6.2.4　有关的基本技术水平

本小节所论及的有关基本技术,主要是指发展我国电子出版物和建设电子图书馆全文数据库所需的两方面基本支撑技术:中文信息处理技术和中文全文文本检索技术。

关于中文信息处理技术。馆藏文献的数字化是制作电子图书馆数据库的前提,对原始印刷文献的数字化转换通常采用手工键盘录入或OCR扫描输入技术。由于汉字信息处理的复杂性和汉字不同于西文的特点,汉字键盘录入曾一直是中文信息处理的瓶颈问题。1974年8月以研制汉字激光排版系统和计算机信息检索系统为主要目标的"汉字信息处理系统工程"(即748工程),标志着我国汉字信息处理技术开始了系统研究,1980年颁布的《信息交换用汉字编码字符集——基本集》(GB2312-80)国家标准曾很大地促进了汉字信息处理技术的发展。到目前为止,据不完全统计现有各类汉字编码方案超过400种。国内键盘输入的设计方案已接近600种,在计算机上实现的方案有50种,影响较大且常用的有10余种[35]。主要的汉字输入编码方案,如五笔字型、自然码、拼音码、音韵码、智能码等,正朝着规范化、系统化和智能化的方向发展。

汉字 OCR 技术的发展克服了汉字手工键盘录入速度慢、效率低的缺陷。我国的汉字 OCR 技术起步于 70 年代末,现已取得重大进展。印刷体汉字识别技术已从实用走向商品化,识别速度上有的 OCR 设备高达 2200 字/分,平均识别率高达 95%[36]。此外,联机手写汉字识别已基本进入实用阶段,手写印刷体汉字的识别和联机自然手写汉字识别方面的研究工作也非常活跃。1994 年,国家智能计算机研究发展中心把北京信息工程学院、中科院沈阳自动化研究所和清华大学等三家分别开发的印刷体汉字 OCR 系统集成起来,实现了一个误识率低于 0.2% 的识别系统[37],初步显示了集成系统的优势。汉语语音识别方面也研制开发出一些实用系统,如"四达 – 863 声控汉语系统"、"中西文语音识别系统"和"赛德 919 语音识别与理解系统"等具有代表性[38]。汉字系统上的汉字库方面,GB2312 – 80 公布的计算机汉字库标准只有 6763 个汉字,显然已不敷使用(尤其是制作古文献全文数据库等大型电子出版物)。国际标准化组织等于 1993 年颁布了 ISO/IEC 10646 标准(《信息技术——通用多八位编码字符集(UCS)》),共收录 20902 个 CJK 汉字。由于简、繁、异体汉字均予收纳,又收入了大量次常用、罕用汉字以及日本、韩国的特有汉字,所以这必将有利于国内各类信息系统处理人名、地名用字,提高用字满足率,而且有利于对包括古籍在内的文献进行全文处理,为图书馆文献的电子化和数字化奠定了有利条件。此外,国内有单位已参照 ISO/IEC 10646 标准开发了大汉字库中文 DOS 平台,大汉字库目前已收集楷书单字约 8.7 万个,预计全部完工后收录汉字约达 10 万个[39],将能较好地满足全文数据库等电子出版物制作对汉字数量的需要。

关于中文全文文本检索技术。全文检索系统是在印刷型原始文献转换为机读形式的基础上,借助计算机的检索、打印输出等功能,直接为用户提供全文数据库的任何字、词、句、段、章、节等原始文献的系统,具有全文数据库、全文文本检索功能,可用自然语言检索等三方面是其构成内涵。全文数据库及其检索系统在西方国家发展非常快,基于文本的全文存储与检索技术被有些学者称为是当前西方电子图书馆建设中应用最广泛、相对较成熟的关键技术之一[40]。在我国,虽然由于中文处理的复杂性,全文数据库及其检索技术稍微滞后,但近年来随着中文信息处理技术的进步和全文型 CD – ROM 出版物的增多,全文文本检索技术越来越受到重视,在法律法规、新闻报纸、文学名著、学术论文、医学等领域,相继开发出一批中文全文文本检索系统,如《法律条目全文数据库》(上海交大)、《红楼梦数据库》(深圳大学)、《国共两党关系通史》(电子版)(武汉大学)、《新闻资料检索实验系统》(新华社等)、《基于自然语言处理的中文情报检索和处理系统》(北京文献服务处)、《TRIP 中文全文文本检索系统》(中国科技信息研究所在瑞典 PROLOG 公司研制的 TRIP 全文检索软件上汉化的中文系统,已用于十几个系统)以及《TRS 中英文全文检索系统》(北京信息工程学院)等。其中,武汉大学图书情报学院研制、武汉大学出版社发行的《国共两党关系通史》(电子版)是我国首部全文电子出版物[41],是利用电子文档并经过格式化处理、标引处理和建立索引等过程形成的全文数据库,还对全文检索软件作了改进和提高,以使之更适合电子图书的特殊要求。另外值得一提的是《TRS 中英文全文检索系统》。该全文文本检索系统的特点有:中英文兼容,中文采用自动分词和按词检索技术,全文数据库管理功能和全文检索功能结合,多窗口编辑和资料检索合为一体,可运行于多种硬件平台等。TRS 是目前中文全文文本检索系统中商品化程度最高的,已为国内外数十个系统采用[42]。从总体来看我国开发的专用和通用全文文本检索软件一般都具备单汉字和词检索、布尔逻辑、截词、位置检索等功能,部分软件实现了模糊组配检索、短语中西文混合检索、屏幕捕捉逐步逼近模糊检索等。值得注意的是,由于标准通用置标语言(SGML)使全文数据库的检索技术出现了一些变革,而且应用 SGML 制作的全文数据库作为电子图书馆系统的资源将发挥越来越大的作用,所以美日等国的一些学(协)会正在加紧研究和使用 SGML 制作全文数据库,SGML 应用也是一些电子图书馆试验的重要内容。在此方面,我国信息技术界、出版界、图书情报界一些人士已经注意到这一动向,初步的研究已经开始,如北京大学计算机研究所进行的"SGML 中文应用"试验[43]。

6.2.5 有关的政策支持

通过试验性建设电子图书馆提高我国图书馆的自动化、网络化发展水平,从而总体上加快我国图书馆事业的现代化进程,离不开信息环境的优化和整个信息产业的发展;而近几年(尤其是"九五"初)出台的一系列国家政策、规划及其实施将成为我国信息环境逐渐优化和完善的强大动力,从而为包括图书馆和文献情报机构在内的信息服务业提供难得的发展机遇。

从宏观政策和规划来看,《中华人民共和国科技进步法》、《中共中央、国务院关于加速科技进步的决定》和《中华人民共和国国民经济和社会发展"九五"计划和 2010 年远景目标纲要》等一系列重要纲领性文件,都以浓重的笔墨描述了我国信息网络的发展目标,强调了信息基础设施建设对发展国民经济和社会进步的重要意义。1995 年 5 月出台的《关于加速科技进步的决定》中明确提出:"重视科技信息的有效利用和传播,加强科技图书、资料和数据库建设。要有计划地建立全国科技信息资源传输的设施,建设连接全国科研机构、高等学校的科教信息网络,实现科技信息共享和交流的现代化。"[44]对包括图书馆和文献情报(信息)机构在内的信息服务业而言,这些机遇无疑是至关重要的。比如我们有理由期待国家在"九五"期间将加大对信息基础设施和信息资源等建设投入的力度,包括图书馆信息网络在内的信息网络建设将更具备外在条件等等。从长远来看,《国民经济和社会发展"九五"计划和 2010 年远景目标纲要》中提出:"我国要在 21 世纪前 10 年基本形成现代化通信体系,并使电子信息等高技术的产业化取得明显进展,特别是国民经济和社会文化领域应用现代化电子信息技术要有很大的发展,计算机应用在生产、工作和生活中的普及程度也要有很大的提高,还要初步建立以宽带综合业务数字网络(B - ISDN)技术为支撑的国家信息基础设施,使国民经济和社会的信息化程度显著提高。"[45] 显然,在 21 世纪初我国的信息基础设施和信息化水平将会有质的飞跃。如果我们从现在起就能高瞻远瞩地努力试验、培育和积极扶植电子图书馆,那么孟广均教授在 1994 年做出的预言"国外电子图书馆正式出现后的 15 年内,中国也将有电子图书馆,成为中国信息高速公路中的重要组成部分之一"[46],将会变为现实,电子图书馆的风采将会充分展现在国人面前。

从我国图书馆或文献情报单位所属的行业系统来看,教委所属高校图书馆系统、文化部所属公共图书馆系统、中科院所属文献情报系统等都根据新的形势提出了相应的规划并开始加以逐步实施。

在高校图书馆,当以"211 工程"文献信息服务系统建设项目为代表。作为"211 工程"公共服务体系的重要组成部分,高校"文献信息资源共享服务系统"的总体目标是:以 CERNET 为依托建立文献信息资源子网,以全国性和地区性文献信息中心为节点,连接进入"211 工程"的所有学校,并与国内外文献信息系统广泛联网,形成中国高校教学与科研的文献信息保障体系。合理布局基础上的文献资源保障体系建设、资源开发与数据库及检索服务系统建设将是该项目的主要建设内容,书刊资料联合目录检索、文献信息检索、源文献提供或馆际互借、科研立项和成果鉴定查新、书刊采购协作、联机合作编目等将是其主要服务内容。

在公共图书馆，文化部 1995 年推出了《文化科技"九五"计划及 2010 年长远规划》。其中图书馆方面的目标为[47]：在 21 世纪初首先在我国中南、华东、华北沿海地区建立图书馆自动化网络，然后扩大到其它三个大区，建立以省馆为中心、上连国家图书馆、下连各市图书馆或重要文献中心的计算机信息网络，实现联机检索、联机编目，使文献信息网络成为国家信息高速公路的组成部分。前文提到文化部将在"九五"期间启动"金图"工程，建立中国图书馆信息网络（CLINET）。文化部图书馆司有关人士提出[48]，首先在经济及技术条件好的地区建设几个地区图书馆信息资源网，尽快与 Internet 和国内其它信息网络互连；其次重点支持开发、完善技术比较先进、网络功能好、实用价值较高的图书馆信息管理系统；充分重视数据库建设，遵循国内外标准和规范，除 CN - MARC 等机读 MARC 格式数据标准外，重视 Z39、50、TCP/IP 等网络上各种协议的应用；逐步实现联合采购、联机编目等。"金图"工程的规划中还明确提出："发展较快的图书馆应建立电子出版物阅览室并逐步向电子图书馆过渡。"

在中科院文献情报系统，中科院 1995 年 7 月启动了中国科学院计算机网络工程 CASnet（又称"百所联网"工程），仅用半年时间就全部开通了分布在全国 24 个城市的 27 个主干网节点，实现了电子邮件、管理信息、科技文献信息的"信息三通"，并与国际 Internet 网互联。作为 CASnet 网上的重要应用系统——文献信息共享系统，将在"九五"期间建设一个以 CASnet 网为支撑环境的，以院文献情报中心为核心的，以四个地区文献情报中心、科大和八个分院为分中心，123 个研究所为节点的文献信息网络服务系统。该建设项目计划在广域网上逐步实现联机合作编目、书目文献信息查询与检索、馆际互借、采购协调等；在局域网上实现多媒体文献信息的查询检索；实现全院范围内多文种文献信息资源的共享，并与 Internet 网络互联；加强全院科学数据库的建设并引进一批实用的国内外数据库，在网络上逐步实现文献信息检索以及电子文献传递。沈英教授敏锐地指出："建立由 CASnet 等计算机通信网络支持的文献信息共享系统，实现文献情报业务的自动化、文献情报服务的网络化、文献情报资源的电子化、文献情报人员的专业化，将为在我国进一步实施电子图书馆计划打下基础。"[49]事实上，在中科院此方面的规划中很多研究项目已经直接瞄准了 90 年代的世界先进水平。

国家科委科技信息司在 1996 年拟定的《"九五"国家科技信息服务业发展计划》中提出要在"九五"期间建设"中国科技信息网络"，在网络环境下实现科技管理、科学数据传输、信息查询检索、联合编目以及多媒体信息等各项应用与服务。为此将重点开发国家科技信息计算机服务系统，建立网络环境下能互联互通和互操作的分布式数据库服务并重点建设文献、事实型和数值型数据库各 10 个；还计划到 1999 年将北京和部分省会城市科技信息机构、公共图书馆、大学图书馆、大院大所的信息资源管理实现自动化，并实现联机编目、采购协调、馆际互借、查询与检索、出版检索刊物等电子出版物[50]。越来越多的事实表明[51]，我国的科技情报（信息）界对电子图书馆这一新生事物也非常关注。周文骏教授曾指出："电子图书馆的种种特征意味着图书馆事业今后发展的趋势……图书馆工作与我国传统意义上的情报工作界限模糊化……。"[52]我们同意这一观点，并认为这种界限模糊化的进程将随着我国电子图书馆建设的启动和逐步发展而加速，科技情报（信息）界将是我国电子图书馆建设中的一支重要力量。

总之，以上各方面的政策规划为我国发展电子图书馆提供了政策支持。有些规划已经富有远见地提到了电子图书馆问题（虽然并不明确），如果这些规划能顺利实施和完成，那么我国逐步发展电子图书馆的基本条件将会更加有利。

6.2.6　图书馆自动化与网络化

　　虽然从概念和内涵上来看,电子图书馆并不是泛指图书馆内部业务的计算机化(即传统意义上的图书馆自动化),但它的实现无疑是以图书馆的自动化和网络化为基础的,并进而突破和超越图书馆自动化集成系统的传统功能,提高系统对馆内外用户的社会服务能力,逐步实现图书馆馆藏资料内容的数字化存贮、多媒体处理、联机全文存取和网络传输等要素。所以,实用的高水平的图书馆集成网络系统堪称电子图书馆的基础。

　　起步于 70 年代末期的我国图书馆自动化建设,经过试验阶段、单项业务系统阶段、多项业务开发应用阶段后,于 80 年代末期进入图书馆自动化集成系统发展阶段。进入 90 年代以后,部分地区一些已拥有实用的自动化集成系统的图书馆开始向网络化方向发展。总体而言,我国图书馆自动化的主流仍是集成系统,目前已形成了三种模式:①大型机系统。如北京图书馆的“中文图书采编检综合管理系统”,以 2 台日本 NEC 公司的 ACOS – 630/10 大型计算机并行操作,并配备 250 台中、西、日、俄文终端,支持 3.2 万个汉字。这套系统已进入 24 小时全天候运行,1996 年 3 月开始面向读者服务,读者可在目录厅的终端检索 1988 年以来的中文书目并查询 1992 年以来北图收藏的中文图书索书号。②中小型机系统。我国的大中型公共图书馆、高校图书馆、科研图书馆大多采用小型机系统。在国内较有影响和特色的自动化集成系统如上海交大的“西汉文兼容图书馆联机管理集成系统”(MILIS)和在MILIS 基础上优化发展的 UNILS,中科院文献情报中心的“传技整合性图书馆自动化系统”(TOTALS),广东省中山图书馆的自动化集成系统(ZSLAIS),华东师范大学的图书馆计算机集成管理系统(ILIS 及 ILIS – U),北京大学的图书馆自动化集成系统(PU-

LAIS)，中科院上海有机化学研究所图书馆的集成化图书馆管理系统（SIOCL）以及河北省图书馆计算机自动化集成系统（HBLCAIS）等等[53]。③微机系统。基于微机的图书馆自动化系统有两种方式：一是微机局域网系统，如深圳大学自行研制的"深圳大学图书馆计算机集成系统"（SULCMIS Ⅰ和SULCMIS Ⅱ），北京图书馆和日本 NEC 公司合作开发的"文津微机图书馆集成管理系统"，西安交大和郑州大学合作开发的"通用图书馆集成系统"（XULIS），成都科技大学图书馆开发的"图书馆微机网络信息管理系统"（LMNIMS），以及北京息洋电子信息技术研究所等研制的"通用图书馆集成系统"（GLIS）等。其中的 SULCMIS Ⅰ 和 SULCMIS Ⅱ 到 1994 年下半年已先后推广至海内外 70 多家用户。二是微机多用户方式。最典型的例子是文化部下达任务由深圳图书馆组织全国 8 个省级公共图书馆共同开发的"图书馆自动化集成系统"（ILAS）。ILAS 系统已分别在普通的 UNIX、XENIX、SCO. XE-NIX 和 VMS 操作系统下运行，并先后推广和移植到小型机 UNI-SYS – U6000、HP9000、MOTOROLA 系列和 Micro VAX Ⅱ 机上，分别实现了在微机、超微机、小型机和网络等多种环境下的运行，1996 年上半年已拥有 280 多家国内用户[54,55]。

总体而言，以上几种模式的自动化集成系统均由采访、编目、典藏、流通、期刊管理、公共查询等模块集合而成，图书馆业务工作的主要环节基本实现了自动化；系统立足于书目数据的资源共享，比较注重数据的标准化和质量控制；在吸取国外图书馆自动化系统所采用的实时索引、参数化控制等成熟技术的基础上，还结合国内情况在自动生成技术、多文种处理及汉字大字符集支持、中文自动断词等方面形成了自己的特色[56,57]。这些集成系统的应用和不同范围的推广，不同程度地提高了各类型图书馆在文献收集、加工、管理和服务等方面的现代化水平，在一定范围内实现了文献资源和书目数据的共享，促进了各项标准的制定与逐步完善，从总体上加速了我国图书馆事业的现代化进程。尤其具有长远意义的是,在自动化发展进程中培养了一支专业队伍,积累了比较丰富的经验,提高了图书馆和文献情报单位有关决策人士在依托计算机信息网络强化和扩大自动化集成系统功能等方面的认识水平,为我国推进图书馆信息网络的建设创造了有利条件。

在书目数据的标准化和规范化方面,1985 年北京图书馆依据 UNIMARC 制定了《中国机读目录通讯格式》(CNMARC),1988 年开始利用该格式编制与发行中文图书 CNMARC。此后,图书馆界对中文书目采用 CNMARC 作为标准、西文书目采用 LCMARC 作为标准达成了共识。1993—1994 年,北京图书馆又依据 UNI – MARC 手册制订了中国文化行业标准 CNMARC 格式和使用手册。该格式除适于专著和连续出版物外,还适用于测绘资料、乐谱、音像资料、计算机文件等多种类型资料,与 UNIMARC 兼容,只是针对汉语文献和汉字信息处理的特殊性,增设了一些必需的字段和子字段。CNMARC 格式的使用无疑将继续推动中国图书馆编目数据的规范化。北京图书馆机读目录数据库已包含了 1988 年以来中国出版的图书书目记录约 25 万多条,每年新增数据约 4—5 万条。1995 年北京图书馆按照 CNMARC 行业标准、ISO/IEC10646 标准(20902 个 CJK 汉字)研制并发行了"中国国家书目数据库"光盘版(CNMARC CD – ROM)。

作为我国图书馆自动化建设重要内容的数据库建设,越来越受到图书馆界的重视,在自建文摘、篇名、书目、索引等文献、书目型数据库方面取得了较大成绩。北京图书馆除建成了以《中国国家书目数据库(1988—1995)》为代表的一批数据库外,还将建设中国主题规范、中国名称、中国年鉴索引、中国博士学位论文等 10 余个数据库[58];中国科学院文献情报中心已建成中、西、日、俄文连续出版物联合目录数据库,中科院文献情报系统已建成 60 多个(其中 54 个为自建)科学文献数据库,根据规划到"九五"后期该院院网 CASnet 上运行的各类书目文献数据库约达 40 个,总数据量约 100GB[59];广东省中山图书馆通过自建、购买、二次开发、签署免费共享协议等方式,已可提供一批可供远程联机检索的书目型、题录型、事实型、全文型及动态型数据库,可通过网络免费共享的数据库也有 60 多个,很大程度地改善了该馆 ZS – LAIS 系统数据库品种少、信息量小的状况,成为国内公共图书馆规模最大的联机数据库系统之一[60];包括高校图书馆在内的一些图书馆还针对自身馆藏文献特色建立了一批专题数据库,全文数据库的开发也正在进行。光盘数据库自 1985 年首次引入以来,到 1994 年底据估计近 300 家图书馆和情报单位引进了约 100 余种光盘[61]。北京图书馆、北京大学图书馆、清华大学图书馆等还建成了光盘局域网。在建成中文数据库的基础上制作光盘,也成为图书馆和情报机构 90 年代以来积极参与我国电子出版事业的重点,如中科院上海有机化学研究所图书馆的“中国化学文献光盘数据库”、上海图书馆的“中文报刊社科文献题录光盘数据库”以及前文提到的一些 CD – ROM 出版物等。总之,数据库建设将继续成为中国图书馆自动化发展的重点。有关规划已明确今后十年还要建立中国古代、近现代的全部图书文献目录数据库,即中国善本书目、普通古籍(清代)书目、民国时期总书目(1910—1949)、1949—1987 年回溯书目、中外文期刊联合目录、全国报刊索引等机读目录数据库[62]。以上这些无疑将为文献信息资源的开发利用、图书馆信息网络的资源建设打下坚实基础。

90 年代以来,在我国一些经济技术条件较好、网络通讯设施比较完备的发达地区,部分实现了自动化的图书馆已经在积极推进自动化集成系统的互连,建立了地区性的图书馆信息网络。这些图书馆网络在我国图书馆事业发展史上将占有极其重要的地位,可以说我国电子图书馆的试验将从图书馆自动化集成系统网络起步。

1. APTLIN：即中科院文献情报中心、北京大学图书馆、清华大学图书馆三家图书馆自动化系统互联的"中关村地区书目文献信息共享系统"项目。该系统基于 NCFC 高速计算机网络，着重研究解决多个图书馆间的自动化联合作业与服务问题，旨在实现 NCFC 网上三馆的联机公共检索目录服务（OPACs）、联机联合编目和馆际互借管理等功能。此项目自 1993 年起步以来，采用分布式客户机/服务器技术，在 NCFC 网上初步实现了以统一界面和命令对三馆约 70 万条书目数据（覆盖约 350 万册馆藏）的 OPAC 查询服务、网上预约服务和联机合作编目作业。该项目初步解决了网上异构计算机之间的互联等关键技术问题和数据的统一规范问题。

2. 珠江三角洲地区公共图书馆自动化网络：这是起步于 1991年，由广东省中山图书馆牵头组织的我国第一个地区性公共图书馆网络。1995 年，该网络项目已建成包括两套 IBM AS/400 中小型机、NOVELL 局域网、CD－ROM 光盘检索系统以及通信设备在内的具有 90 年代先进水平的计算机系统，中山图书馆的主要业务工作全面实现了自动化管理，建起了一大批机读目录数据库，建立了以中山馆为中心的信息网络，通过 CHINAPAC 和电话网实现了联机公共目录查询、远程联机编目、数据传输业务等。到 1996 年该网络又有了较大发展[63]，新建了一批大型电子文献数据库（除书目型以外，增加了一些全文、事实型及混合型库）；开发成功 GDLINK 远程联网软件，实现了中山馆 ZSLAIS 和深圳馆 ILAS 两大系统互联；开发成功"新世纪电子图书馆"建库和远程检索软件；中山馆同北京图书馆、中科院文献情报中心、新华社、广东省情报所、广东省信息中心以及珠江三角洲地带几十个市、县、区级图书馆实现了联网，广东省的一批领导机关和企事业单位也加入了网络。无疑，已成为广东省图书馆的网络管理中心、编目中心、书目检索中心、电子数据库资源中心的中山图书馆，将因其资金、设

248

备、技术、数据库资源、联网用户、通讯环境等方面的相对优势,在我国电子图书馆试验性建设中扮演令人瞩目的角色。

3.中科院中关村地区书目文献信息系统:是中国科学院文献情报中心组织筹划实施的文献信息共享网络系统。它基于中科院院网(CASnet),通过网络向30多个院属京区研究所的用户提供联机公共书目查询、期刊联合目录查询、网上联机预约和续借等服务。几乎任何用户都能找到适合自己的方式和途径查询、检索院文献情报中心的OPAC系统。其中,院文献情报中心目录厅以及京区十余个研究所图书情报室采用的是客户机/服务器方式,NCFC网及Internet网上的其它用户采用的是Telnet远程登录方式,非网络用户可采用电话线和专线的终端登录方式。目前书目数据库中共有15万余条中西文数据(覆盖约150万册馆藏),计划每年增长2万条左右。该中心OPAC数据库目前每月的用户检索次数为6—8万次[64]。中科院文献情报中心已同该院上海、武汉、兰州、成都四个地区文献情报中心实现了异地同构计算机系统的联网。此外,如我们在上一小节介绍过的那样,中科院还在实施中国科学院"百所联网"支持下的文献信息共享系统建设,完成后将在CASnet网上建立起一个全院性的广域网上的文献信息共享系统,形成了一个实用的全国性图书馆自动化网络。

除上述具有代表性的图书馆网络外,高校系统中完成集成化的大学图书馆,已经开通了的基于校园网的公共查询网,成熟的小型机系统和微机局域网系统分别以不同的方式进入CERNET和Internet。条件较好的学校,如北京大学、清华大学、北京邮电大学、上海交通大学等已成为CERNET的节点并与Internet联网。随着CERNET的逐步建设,以CERNET为依托的高校"文献信息资源共享服务系统"将会取得迅速的发展,所有进入"211工程"的院校图书馆自动化系统互连以及与国内外文献信息网络的广泛联网,将为中国高等院校教学与科研提供信息资源保障和多方面深层次的信息服务。另外,军队院校图书馆信息网络也开始实施建设[65]。总参主管部门决定从 1994 年起,用 3 年时间和几千万元投入,在坚持硬件设备统一、操作系统统一、应用软件统一的原则下,为全军每个军校图书馆配发一套信息网络系统,建成各馆局域网(均为客户机/服务器模式的微机网络系统),以此为基础建设校园网,而后逐步发展建成军校地区网、全军院校网并与国家其它信息网络、国际 Internet 互联网相连。其它图书馆网络还有[66]:军事医学信息网,医学系统文献信息网络(CMINET)、上海图书情报联机检索网络等。此外,上海市正在加速建设连接大学、科研单位、机关和重点公共图书馆的地区网络。

6.3　我国电子图书馆试验的现状与问题

关于电子图书馆的梦想可以说是贯穿于人类 20 世纪的图书馆事业发展史。不过它的内涵逐渐由模糊混乱走向清晰(尽管今天仍然有多种理解),它的形象逐渐由虚幻走向出现雏形却是 80 年代以后,尤其是 90 年代信息高速公路勃兴之后的事。80 年代中期,美国学者 F. W. Lancaster 在《电子时代的图书馆和图书馆员》一书中表述的有关思想传入我国并引起了一定反响。1989 年出版的《宏观图书馆学》一书对 Lancaster 的理论进行了概括总结,指出:"我国图书馆界需要弄清楚:用户主要通过计算机网络从电子图书馆(或叫电子数据库、电子数据中心等)获取所需文献信息的情形在我国将于何时出现,我们为此需要做哪些工作,人们对图书馆的认识将要发生什么变化,电子图书馆又是怎么一回事情等等。"[67]但这些问题没有引起我国图书馆界的重视和认真思考。近两年来,随着我国图书馆界国际交流与合作的增加与扩大,以及图书馆发展所处外部环境的变化和条件的改善,在我国一度潜而未发的电子图书馆也成为热门话题,尤其是在 1996 年 8 月北京举行第 62 届国际图联大会前后达到高潮,不仅此前已经着手的一些试验性工作加快了步伐,而且又有一些图书馆提出了新的"电子图书馆"计划。本节即对这些最新的动态进行阐述并试图指出最基本的一些问题及其与国外的差距。

6.3.1　电子图书馆建设方面的准备工作和有关规划

1. 电子阅览室

在我国,电子阅览室被普遍认为是电子图书馆的雏形,已建立的电子阅览室正在实现未来图书馆的某些基本功能。从现实情况来看,这类电子阅览室一般包括多媒体阅览室和光盘检索室等。

——北京大学图书馆电子阅览室[68,69]:其中的光盘检索室 1993 年 10 月对外开放,建成一光盘局域网,最多可连接 90 余台机器,拥有 30 种光盘,开展了 SDI、科研查新鉴定、全文数据库检索等服务;多媒体阅览室 1995 年 2 月建成,但规模较小,仅有 6 台 486 多媒体计算机,收藏 12 种多媒体 CD – ROM。

——清华大学图书馆电子阅览室[70]:多媒体阅览室 1994 年 9 月开放,拥有 30 台多媒体计算机、200 多种多媒体光盘;光盘检索室建立了一组在校园网环境下运行的光盘文献库组(El、INSPEC、SCI、ABI/INFORM (R) SELECT、DAO 等 10 余种);清华大学的图书馆自动化系统已与 CERNET 和 Internet 相连,该馆馆藏目录检索已向 Internet 用户开放。目前除馆内设置的微机工作站组以外,设在全校各处(实验室、办公室及部分学生宿舍)的终端及几百位教授家中的 PC 机,都可以直接检索图书馆 OPAC 系统、光盘数据库局域网以及 CERNET 和 Internet 上的信息资源。

——广州中南电脑图书馆[71]:由广州图书馆与中南公司于 1994 年底合办,设于广州图书馆内,提供读者上机使用的 386 以上各类电脑共百台以上,馆内软件库内藏有 20 多万套各类软件。

——北京图书馆电子阅览室[72]：继 1987 年向读者提供单机光盘检索服务后，1995 年 3 月北京图书馆建立了电子阅览室，以此作为面向社会的信息服务窗口。电子阅览室收藏以计算机磁盘、光盘为载体的电子出版物，拥有丰富的信息库，所收藏的国内外光盘数据库多达百余种（其中国内 CD – ROM 20 余种），数据量近亿条记录，涉及文摘、索引、目录等书目数据库和全文数据库等类型。该电子阅览室还建立了计算机光盘局域网，具有 14 台检索工作站和 90 台光盘驱动器的规模，并在北图分馆安装了检索工作站（通过电话线与总馆光盘网连接）。该光盘局域网除与全军分组交换网联网外，还通过市区公用电话线、专用电话线以及三路无线通讯方式与国内的 CHINANET、CERNET 等联接，并通过它们与国际互联网 Internet 连接。该网络系统允许在局域网、校园网甚至广域网上的众多用户在同一时间、不同地点检索一个或多个光盘数据库，目前已发展 80 多个京内外单位用户，比较显著地提高了信息资源的利用率。

2. 电子图书馆实验室

在国家教委资助下，北京大学信息管理系于 1995 年建立了我国第一个电子图书馆实验室。该实验室的具体目标是跟踪图书馆信息处理的最新技术，改善和提高现代化教学手段，开展有关电子图书馆方面的理论与技术、多媒体技术、网络信息资源开发、光盘制作等方面的研究与探索，以求为我国电子图书馆的发展树立一个典范[73]。根据该实验室的设计方案，电子图书馆系统依托的网络环境分为四层，即系内局域网、北大校园网、国内网（NCFC、CERNET 等）和国际网（Internet）；采用客户机/服务器技术（一台高档 486 微机做服务器，若干台 386 和 486 作客户机，通过局域网和交换机连接，服务器运行 UNIX 操作系统，网络协议为 TCP/IP），通过网络可共享实验室的机读书目数据库等信息资源以及所联网络上的各类电子信息资源，还将尽量收集和购买以光盘和磁盘为载体的封装型电子出版物,研制和开发具有本系特色的数据库等。该实验室的初步建成,充分说明我国图书馆学界已经把电子图书馆作为一个重要的理论问题给予了高度重视(国家哲学社会科学基金申请指南中连续两年列出了"电子图书馆理论与实践"课题项目,也从侧面说明了这一事实)。虽然从目前掌握的情况来看,该实验室的研究工作尚未取得突破性进展,但它作为图书馆理论与实践相结合的研究与探索基地之一,将会对今后我国电子图书馆的起步和发展起到很大的理论导向、实践推动作用。

3. 电子图书馆方面的有关计划与构想

——清华大学图书馆的"数字图书馆"研究计划[74,75,76]:清华大学图书馆在自动化、网络化和资源电子化方面走在了国内图书馆的前列,上述电子阅览室和网络化服务只是说明这一事实的一个方面。清华大学 1996 年又对图书馆自动化集成系统(基于富士通超级小型机 K670/40 及相关软件)进行了全面的系统更新和网络升级,除将馆内局域网从现在的 10Mbps 以太网升级为 100Mbps 交换式以太网外,还将硬件平台和应用软件全部更新升级,实现了内部业务管理和读者服务的全面自动化。新系统由一系列功能各异的服务器及配套软件组成,除分别承担书目库、光盘库、参考文献库等的文件服务外,还有专用的 3W 服务器、通讯服务器等,到1996 年底全馆上网的工作站达 250 余台,各种文献服务器 24 小时不间断地面向校内外开放服务。伴随着图书馆自动化和网络化的发展,清华大学与 IBM 公司中国研究中心合作推出了"清华大学数字图书馆系统"建设计划,总体目标为:借助计算机技术完成馆藏资源数字化存贮和管理,通过网络技术向分布广泛的用户提供快捷便利的服务,从总体上提升图书馆的各方面功能。该数字图书馆系统被设计成通过 3W 服务器提供服务,把各种服务(包括传统图书馆的目录检索以及新的联机馆藏服务)集成在统一的Web Page(网页)下,任何一个 Internet 用户用 3W 浏览器都可以实现访问。目前,清华大学图书馆利用 IBM 公司研制的 InforSearch 全文检索软件工具包,在有关高校的支持与配合下,建成了具有中文全文检索功能的、收有全国 15 所高校万余篇博士和硕士学位论文的"中国高校学位论文联机服务系统",还推出了联机电子杂志《华声月报》电子版。该馆将与 IBM 公司密切合作,充分利用其丰富的软件和硬件平台,逐步将清华大学的科研成果、学位论文、该馆特藏、古籍善本珍品等实现数字化转换存储、处理和通过网络的检索传递,从而显露出电子图书馆的基本雏形。

——上海交通大学"数字化图书馆"建设计划[77]:上海交大计划在 2000 年创建一个数字化图书馆的现实模型,将该校图书馆拥有的数字化馆藏从 1996 年的 15GB 增至 300GB,包括联机目录、电子参考书(如索引、摘要、辞典、百科全书等)、电子全文杂志和会议录、多媒体有声读物、影视动画片及计算机软件等等,约占那时实际使用的馆藏文献的 25—30%。图书馆的网络由三个子网组成:①图书馆自动化集成管理系统,包括采购、编目、流通、期刊管理和 OPAC 等子系统;②光盘局域网,包括 CD – ROM、WORM、可擦写光盘、Jukebox 等各种光盘驱动器组、光盘塔及其上的各类光盘出版物;③多媒体网络子系统,将建立在 ATM 网络环境下,可提供 VCD、DVD 等的访问,甚至提供 VOD(Video On Demand,视频点播)服务。该图书馆刚刚升级的系统正朝着这个方向发展,馆内外用户可以通过图书馆的网络系统访问该馆的网络文献服务器、学校信息中心及联网的其它单位和外界图书馆的电子信息资源,也可经由图书馆网络到达交大的 ATM 校园高速光纤网(SJTUNET)、CERNET 并访问 Internet 上的全世界电子信息资源。

——上海图书馆的"数字图书馆"试验项目[78]:上海图书馆在 1996 年 12 月新馆落成之际,已经大大加强了图书馆的自动化和网络化建设,引进了 4 台 IBM RS6000 系列小型机,装配了采用客户机/服务器技术、具有图形用户界面(GUI)、可处理 CJK 汉字的 Dynix/Horizon 图书馆集成管理软件,并在馆内建起了 ATM 局域网。馆内配备的大量终端供用户查寻 OPAC 及其它信息,馆外用户可通过普通电话线、专线或上海科技网(SSTN)访问各类信息资源,并与 Internet 联通。在设备先进、经费相对充足的有利条件下,1996 年上图打算进行"数字图书馆"的试验项目,将扫描仪、服务器、光盘驱动器、CD – ROM Jukebox 和图像处理软件等整合成一个小系统,试验将上图丰富的古籍善本进行数字化存储、处理,为将来大规模的转换建成全文数据库、提供网络检索服务积累经验。

——"中国国家数字化图书馆计划"[79]:此项计划由北京图书馆、上海图书馆、南京图书馆、中山图书馆和深圳图书馆等大型公共图书馆联合向国家有关部门提出。其目标为:构建一个国家数字式图书馆原型,集中国家图书馆和地方图书馆中有一定特色或典型示范性的馆藏资源,通过遍布全国的数字通信网,向全国乃至全球提供示范性的中国国家数字化图书馆服务。该计划从技术上试图解决馆藏资源的数字化、数据的存储和管理、数字图书馆的访问和查询、图书馆服务的网络提供、版权管理等五方面的问题,正在考虑的数字化试验子项目包括:中国博士论文数据库、近代上海历史图片集、中国古籍善本(宋元明清)、中国电子出版物全文数据库、多媒体国粹文化声像数据库等。

——中国社会科学院电子图书馆计划[80]:该院图书馆制定的计划主要包括两个方面:①数字化:将图书馆文献信息转换为机读形式,构建社科院图书馆系统的机读书目数据库、期刊目录数据库、特藏文献数据库(如经济学文献库、法律和国际关系全文数据库等)、古籍多媒体数据库、事实数据库等;②网络化:通过网络接收和传递数字化信息。

——"广东省新世纪电子图书馆"计划[81,82,83]:这项计划是我国现今所提出的最完整、规模较大的电子图书馆试验项目。该计划总的实现目标是:以广东省中山图书馆的自动化集成系统(IBM AS/400 F10 和 B35)和广东省信息中心的 IBM AS/400 E60 系统为基础,以文献开发和数据库建设为核心,以提供优质的文献检索服务为目的,全面建设面向社会、面向家庭、面向 21 世纪的大型现代化电子图书馆,力争成为广东省信息高速公路的重要文献信息库,成为广东省图书馆自动化网络中心。根据可行性研究报告,电子图书馆项目的实施分两期进行:1995 年 1 月—1996 年 12 月,主要扩充系统、购置网络设备和增设线路,建成 10 个以上的全文、事实数据库,大量发展包括家庭用户在内的远程联网用户;1997 年 1 月—1998 年 6 月开通光盘多媒体和图像检索系统,在增加远程通信线路的基础上把电子图书馆的信息服务提升到新水平。该项目拟逐步开展 OPAC 服务、联机全文检索服务、原文扫描与传真、图像检索与传递、公众信息查询、联机教育课程信息服务、公用软件交流、CD‑ROM 光盘检索与外借等多种服务。"新世纪电子图书馆"项目已被列入广东省信息基础设施建设"九五"规划。1996 年中山图书馆同广东省信息中心合作开发成功了电子图书馆的网络系统,实现了双方 IBM AS/400 主机级联网,中山馆开发成功了自行建库、套录数据、加工电子信息等一批建库软件以及远程联网软件(GDLINK),建成、购买了一批电子数据库,网络系统中已运行着"每周新书通报"、OPAC、"百家报刊精选文库"、"专题资料全文库"、"馆藏核心期刊速报与传真服务"等十多个子系统。为了使该项目所建的数据库能面向社会发挥更大效益,中山馆又与邮电部门合作推出了"视聆通"多媒体电子信息网。该网是一个客户机/服务器模式与分布式网络相结合的计算机广域网,可通过 Internet 网络传输文本、图像、视频、音频等信息,现已发展近 2000 个用户。"九五"期间"视聆通"网络将在广东所有大中城市开通,中山图书馆的电子化信息资源将通过网络为更多的用户利用,从而在实现从传统图书馆向电子图书馆转变的进程中跨出坚实的一步。

1996年8月在北京举行的第62届国际图联大会为我国图书馆界进一步认识电子图书馆提供了很好的机会。会前,北京北成集团("人民日报50年图文数据光盘"等CD－ROM的生产者)与其它企业联合向大会组委会提出"营造电子图书馆"的计划,准备以投入硬件和软件产品、各类光盘(共计1500万元)的形式,免费赞助100家地区以下级图书馆并资助200家与图书馆建立了合作关系的信息咨询企业。大会期间主题为"数字化图书馆:技术与组织影响"的专题讨论会以及在IFLA历史上第一次把Internet引入大会的"电子图书馆展"吸引了大量的参观者,这些研究、讨论、交流和展览不仅提高了社会和公众的图书馆意识,而且增进了图书馆界人士对电子图书馆的认识和了解。《瞭望》、《中国青年报》等报刊对与会的众多图书馆专家的采访报道指出:"国内专家们一致看好电子图书馆,认为它是图书馆历史上一次最深刻最彻底的革命,是一切图书馆的未来之路。"[84]这些情况无疑表明,国内图书馆界有越来越多的人士在观念上已经认可了电子图书馆这一大的发展趋势。

6.3.2 存在的几点问题与主要差距

应该指出,上节中所描述的初期准备工作、实验室、项目计划等大多数仍处于构想阶段,没有太多的实质性进展,尤其是同国外的同类试验项目相比,无论是在构思的技术路线、试验内容、合作范围,还是试验深度等方面,差距都是非常明显的。

第一,在对电子图书馆的理解上,部分人士有一种简单化的倾向。比如,广州的中南电脑图书馆被有些报章称为"我国第一座电子图书馆"。我们认为,这种认识是不恰当的,至少是过于简单化。我们知道,电子图书馆涉及的技术内容和非技术性的人文因素极多,以至于国际范围内都处于试验阶段(不排除有些进展较快)。计算机、远程通信、CD - ROM 光盘都是最基本的技术和物质手段,提供"计算机 + 软件或 CD - ROM"服务在我国尚属先进,但在发达国家已是平常不过,那些国家的图书馆并没有因为有此项内容(可能内容更丰富、服务更好)而被称为是所谓的"电子图书馆"。因此,不能简单地认为计算机、网络、光盘进入了图书馆,那么电子图书馆就像上例一样唾手可得。英国图书馆馆长 Brian Lang 曾针对国外有些图书馆员对于电子图书馆的简单化理解,结合大英图书馆的现实发表了精辟的评论,对我们也不无启发。他说:"英国图书馆有电子目录、电子出版物、各类书目数据库、电子化的期刊目次页服务、电子全文期刊、电子文献订购和传递服务,也提供存取全国和国际性的电子网络,还在馆内建起了各类局域网。但这些并不表明英国图书馆已成为一座电子图书馆,能完全提供电子图书馆的种种服务。即便是在近期内向远程用户服务的能力也显不足。我们总长约 400 公里的书架上的馆藏估计只有0.1% 是电子格式的,我们还需要额外的资金完善大英图书馆的自动化系统和网络,需要与出版商就电子文献传递涉及的版税问题达成协议,需要解决硬软件兼容等方面的技术问题,需要培训馆员处理和使用新的系统与服务……总之,我们要做的事情很多,路还很长。"[85] 总之,我们必须对电子图书馆建设的长期性有足够的认识,同时也要有现在开始着手准备、试验的紧迫感。

第二,在研究的内容上与国外的差距十分明显。虽然可以认为光盘局域网所代表的电子阅览室是我国图书馆比较先进的信息服务模式,但光盘局域网及其远程访问在欧美已是比较普遍的基本服务,因此我国的电子图书馆试验虽从这里入手,但需要在对其进一步完善和加强的基础上尽快走出来开拓新的研究内容。从国外试验项目的内容来看,总体目标是尝试将文本、图像、声音等信息数字化并实现混合、高速联网和远程存取等,具体研究的内容更是十分宽泛,诸如:利用位映像技术存储手稿和图片并使用超媒体技术提供检索,大范围将文本馆藏进行数字化转换并研制相应的全文检索工具,设计不同计算机平台所需的用户界面,联机传递全文电子文献,语音、图像和自然语言检索技术,基于电子文献图像技术的电子期刊传递系统,远程电子信息传递的经济、法律模型及其社会学评价,等等。本书第三章对此进行了详细的研究。对比之下,我国所做的大部分工作只能说是最基础的,除清华大学图书馆(与 IBM 公司合作)的项目具有一定的先进性,广东新世纪电子图书馆项目具有一定的规模,"中国国家数字化图书馆"计划所构想的内容初步能跟上国外的发展以外,其它或仅是设想、或仅局限于引进光盘建局域网、或仍停留于书目等二次信息(全文信息涉及已很少,更勿论图像、声音等多媒体信息了)。差距最显著的方面在于馆藏资料内容的数字化,光是经 OCR 扫描完成的数字化图像的数量和可检索性就令我们望尘莫及,比如日本国立国会图书馆(NDL)的进展之快令人瞠目。当然,囿于我国的综合国力、图书馆总体技术水平等,我们还无力进行较大规模的馆藏数字化转换项目,也无力展开本书第三章所讨论的一些尖端的研究项目(如用虚拟实在(VR)技术开发用于浏览的软件)。但我们必须密切注视和跟踪以上那些研究动态和进展,适时地将成熟而且商品化的技术系统加以引进,与此同时着手试验一些新的内容。比如说,由几家合作、分工负责将图书馆馆藏的一些珍稀古籍进行数字化转换、存储,研制相应的全文检索软件,以图像数据库的形式存放在 3W 服务器中供用户通过 Internet 互联网存取。我们认为,我国的电子图书馆试验不应当,也绝无可能全面地开展上述发达国家进行的所有内容,只能有针对性地结合自身条件加以选择,以求在一点或几点上突破。

第三,展开研究的形式上。国外非常显著的一个特点是各方面的密切配合。电子图书馆建设是一项整体性很强的大系统工程,计算机界、软件工程界、通讯网络工程界、出版界、图书馆界及其它方面面结合成一个战略同盟是所有发达国家和地区在此方面的共同经验,其进展也表明这是一条必由之路。我国图书馆界需要认识到在试验和日后逐步推进电子图书馆时,单凭政府投入、图书馆自身资金和技术力量,是难以完成试验性建设这一艰巨任务的。因此,图书馆界应该在认识到自身是电子图书馆建设的主力之一的基础上,由条件相对较好的图书馆密切合作形成代表图书馆界的同盟,同时积极主动地与信息技术界、企业界、出版界等建立友好合作关系,吸收外界资金、技术和人力,在政府有关部门的支持和配合下,共同开展我国的电子图书馆试验。随着试验的展开,这种同盟与友好合作关系的建立就显得愈发必要,尤其是版权、标准、通信容量与速度、电子数据库开发建设等方面特别依赖于图书馆界内外的广泛合作。清华大学、广东省中山图书馆等项目能取得一些初步的进展,可以说部分应归功于它们同信息技术界(IBM 公司等)、信息中心、邮电通信部门等界外机构的合作。我们明确地提出,试验和建设电子图书馆,单靠个别图书馆、几家图书馆甚至图书馆界自身的力量,在目前的条件下,是难以取得什么大的进展的。因此有必要大力加强图书馆界同其它有关方面的合作。

第四,在作为电子图书馆试验基础的图书馆自动化建设方面,我国虽取得了较大成绩(见 6.2.6),但由于资金、规划、技术力量等方面的限制,与当前的国际水准相比还有一定的距离,尤其是在统一规划、网络互连、软硬件平台选择、开发技术上存在一定问题。现实情况是,多数图书馆处于从手工作业图书馆向半自动化、业务操作自动化图书馆过渡,少部分图书馆进入了以 OPAC 为基础实现业务全面自动化和自动化功能集成化的阶段,极少部分图书馆正在形成网络化的综合信息传递系统,各种区域性图书馆信息网络的初步建立代表着我国图书馆自动化、网络化的最新水平。由于发达国家 80 年代开始、90 年代全面进入网络化阶段,并正在向形成集成化智能化用户信息系统的电子图书馆阶段演进,有人估计的"我国图书馆自动化总体水准落后发达国家十几年"[86]就未言过其实。国外图书馆自动化集成系统普遍具有以下特点:①在系统体系结构方面,客户机/服务器模式以其开放的平台概念、较高的运行效率、灵活的可扩展性能成为主流,而国内大部分系统采用的是主机处理(host – based)模式,仅有中科院文献情报中心的 TOTALS 系统等少数系统,采用了 client/server 体系结构。②在用户界面方面,国外大多数系统已经或正在采用图形用户界面(GUI),尤其是在 OPAC 模块上更是如此,国内多数系统仍停留在字符用户界面(CUI)上。③在支持网络检索服务 Z39.50 协议方面,国外普遍注重支持 Z39.50 协议,图书馆自动化系统通过各自的 OPAC 功能,使用户能在同一界面上访问不同的数据库,而国内当前还缺乏对应于 Z39.50 这样的高层次网络信息检索标准。④在系统平台上,国外的系统大都选用 UNIX 这一工业标准为宿主平台。应用软件的开放性体现在采用标准的开放工具集或语言、提供数据层标准接口、提供应用层 API 标准接口等三个方面,国内虽已认识到将 UNIX 作为开放性宿主平台,但大多数系统仍缺乏开放性和互联性。⑤在系统网络化方面,有关专家认为这方面是国内最显不足的地方[87]。国外的自动化系统无论其结构是主机处理模式(占少数)还是客户机/服务器模式,都以网络为系统核心,支持 TCP/IP 等各种网络互连协议。⑥国外图书馆自动化集成系统在完善内部业务处理功能并扩展和延伸功能的基础上,更加注重于系统对用户和社会的服务能力。比如说 OPAC 模块普遍支持 Z39.50,允许用户以其所熟悉的检索界面查询任一遵循 Z39.50 协议的数据库,OPAC 系统所包括的信息已不仅仅是单馆或几个馆的联机目录等书目数据库,还有大量的全文资源、社会信息、特藏资料等等(如 Internet 上许多图书馆在 OPAC 系统中加入了全文数据库等）。我国图书馆自动化中的 OPAC 系统还处于初步发展阶段，为数不多的已开通 OPAC 服务的系统中，多数还局限于本馆图书目录且用户界面还不尽如人意，但近几年中科院文献情报系统、部分高校图书馆等在网络通讯条件改善的情况下大力发展了网络 OPAC 服务，初步改变了此方面落后的面貌。

第五，在计算机信息检索和数据库方面，前文已介绍了有关的进展与成就，但存在的问题与差距也不容回避。就计算机信息检索方面来说，我国已建成并投入使用的联机信息检索系统虽可看成是初级的网络化信息服务系统，但资费过高、数据库品种和数量不足、服务形式单调、受时间和空间限制、用户界面不友好、标准和协议各异等问题妨碍了它的普及应用。目前，我国计算机信息检索仍主要是字符串匹配型检索，而且多数情况下仅限于结构化文本，全文文本检索刚刚起步；信息检索系统基本都是封闭型系统，仅为少量的内部用户提供有限数量数据库的本地检索服务，联机检索和网络受到通讯设施和过时的计算机系统的严重制约，迄今尚无一个真正网络化的信息检索系统；现有信息检索仍以书目型信息检索为主，与国外形成了鲜明对照；大多数均是主机模式，采用受控标引语言型检索，检索入口点少，检索效率很大程度上仍取决于对主题词语的控制；在多数的大型信息检索系统中，命令式语言是访问文本数据库的唯一渠道，等等。此外，在数据库建设方面，宏观上与发达国家相比也还存在着一些差距。例如：①数量不少（世界商用数据库 1994 年共有 8776 个，我国 1995 年统计已有 1038 个），产值不大（据估计仅占世界总产值的 1—2‰[88]）。②发展不平衡。我国文献型的科技和工程库占一半左右，而国际上大部分为商业、金融等数据库；二次信息（书目、文摘、连续出版物目录等）数据库占绝大多数，全文型、数值型数据库比例不超过 30%，图形图像库的数量微乎其微，这些情况与国外的现状和大趋势正好相反。③数据库标准性、规范性差。格式不统一、检索软件多种多样、兼容性和可移植性差等问题限制了数据库作用的充分发挥。④单机使用多、联网使用少。同发达国家的数据库主要通过联网提供服务相比,我国所建数据库大部分在微机上单机使用或局限于小范围内自用,能联网提供服务的据估计不足10%[89]。⑤数据库发展水平仍处于初级阶段,其规模、容量虽有较大提高,但不及发达国家70年代的水平(如美国1975年平均容量即达到175MB)。⑥我国引进了大量的机读数据库磁带、CD－ROM光盘数据库,但存在着盲目引进、重复订购、利用率低下等问题,而且能够出口、上网的数据库目前还屈指可数。以上问题虽是针对信息服务业而言的,但在图书馆和科技信息界同样存在。鉴于各种类型的电子数据库(联机、批式、CD－ROM、软盘、磁带等)在未来电子图书馆信息服务中的重要作用,我国有关部门必须拿出相应的对策,加强投入、统一规划和管理,选准技术路线,并依托日渐改善的通讯网络环境狠抓应用和共享。

本节没有对我国发展电子图书馆中还面临着综合国力有限、管理体制和运行机制制约等方面的问题发表评论,将在下一节中结合对策与建议一并讨论。综合本节对我国在试验电子图书馆方面的初步进展和存在问题的论述,可以看出,同国外相比差距还是很大的,尤其是在试验的内容和一些基础工作方面。这要求我们在尊重过去的成就,认清逐渐好转和改善的基础条件,了解目前我国的状况、与国外的差距及国外发展的新动向的基础上,认真思考我国发展电子图书馆的基本策略。

6.4　关于发展我国电子图书馆的几点思考

6.4.1　关于发展路向的初步思考

首先,需要明确一个目的。发展我国电子图书馆的根本目的在于综合利用多种新技术促使图书馆在新的信息环境中更好地执行社会赋予的多重使命。这一陈述所包含的内涵十分丰富,同时又是一个高度综合和抽象的描述。自动化和网络化的图书馆是为实现这一目的而发展的,建立在它们基础之上(当然还有很多要素也至为重要)的电子图书馆,其目的也应该是借助技术、资源和智力,更好地执行图书馆的使命和发挥图书馆的社会功能,更充分地向社会展示图书馆在经济发展、社会文化进步中的作用。

其次,需要确立两种手段。第一,发展我国电子图书馆必须立足于国内合作,这是本书多次强调的一个基本观点。电子图书馆的基本特征之一就是资源共享,这必然要求图书馆界内部从观念和事实两方面打破多年来各自为政、条块分割的局面,密切地团结起来、以网络为依托进行整体化的建设。电子图书馆的建设无疑需要大量的投资和硬软件设备、大批能上网服务的各类型数据库和电子出版物、一批掌握现代信息技术和服务手段的专业人才,还需要与之配套的通信基础设施和广泛联网的计算机应用普及环境,这些不仅要求图书馆界的紧密合作,更要求图书馆界与外部的合作,尤其是与信息交流链中的有关方面和信息技术专家、企业等的合作。第二,积极地开展国际合作。发达国家进行的有关试验性建设几乎都是国际性的跨国合作项目,我国应该把能积极争取参与国际性电子图书馆试验项目作为带动国内试验性建设和发展的手段之一,这已不仅仅是国内图书馆同 IBM、Sybase 等国际性企业的合作。比如,美国科学信息研究所(ISI)1994年8月启动的电子图书馆项目(ELP)[90],广泛联合了出版机构、图书馆和IBM等信息技术企业,以ISI重要信息产品"近期目次/生命科学辑"(CC/LS)中收录的1350余种著名科技期刊为对象,选择了北美和欧洲8个图书馆为实验点进行远程电子期刊传输和浏览检索试验。进入ELP网络的我国刊物有北京的《中国科学》(B辑)和上海的《中国药理学报》。在我国图书馆中清华大学图书馆已具备的条件相当不错,又有和IBM合作开发"数字图书馆"系统的经验,为什么不可以考虑通过努力争取成为ISI的ELP项目中的一个实验点呢? 这样的跟踪和直接参与有可能为我国高起点地进行试验创造条件和积累经验。当然,这只是国际合作的一种形式,就电子图书馆理论和技术展开广泛而深入的学术交流、建设电子图书馆所需技术装备的引进和技术转让、具体项目的合作开发等也都是非常必要的。

第三,发展电子图书馆需要确立三个面向服务。其一,面向业务,这是最基本的层次。通过建立各种书目系统,包括国家书目、馆藏目录、期刊联合目录、科技会议论文联合目录、工具书联合目录及各种专题书目等一系列标准、规范和权威的数据库,实现网络条件下图书馆间的联机联合编目、馆际互借、采购协调等各项业务工作的全面自动化。其二,面向读者。要充分地重视和利用网络上(尤其是国际互联网)的信息资源,既提供给用户自行直接存取Internet的机会,又要对庞大的网上资源进行分类整理,加强资源引导服务;同时建立包括光盘检索系统在内的各种联机信息检索系统,方便、快速、高效地为用户提供包括各学科各专题文献索引、二次文献等各种信息的检索查询,并根据用户的需要进行电子全文文献乃至多媒体信息的网络传输。其三,面向社会。根据市场的需求,深入挖掘信息资源,加工整理成各类可上网提供服务的文献库、事实和数值库、全文库、图形图像库、多媒体数据库等,为社会提供全方位、高质量的信息服务。"面向业务"服务是基础,它已经跳出了在单机、单馆实现自动化的局限,放眼并置身于网络环境,依靠网络化实现图书馆间资源的共知、共享和共建。后两个面向则是图书馆服务和功能的更大范围的拓展,充分体现了图书馆的社会性和高度开放性,这也就是电子图书馆所要达到的目标和境界。

最后,我们认为,为了实现发展电子图书馆的目的和三个面向服务,当前最重要的是加强四个基础,即图书馆信息基础设施、信息资源、信息服务和人才四方面的建设,为电子图书馆的起步创造条件。与此同时,加强跟踪和研究国外电子图书馆建设的进展,精心选择试点、研究和试验内容,采用上文所述的两个手段,多方筹措资金,开始进行试验性的电子图书馆建设。以下部分将围绕这一发展思路提出若干"创造条件"和"进行试验"方面的建议。

6.4.2 加强我国电子图书馆所需基本条件的建设

发展我国的电子图书馆其最根本的依托就是我国的社会信息环境。据有关方面对目前我国计算机联网存在障碍的调查[91],经费不足、信息意识差、人才缺乏、通信条件差、信息资源不足、软硬件设备差、信息需求不足、政策不明确是主要障碍。这些障碍也将不同程度地制约着我国图书馆信息网络的建立和将来电子图书馆的发展。克服这些障碍,需要政府在政策和资金上、社会各界在提高信息意识和需求等方面做出共同努力。为了将来发展基于信息网络的电子图书馆,我们建议在以下几方面加强建设:

1. 努力改善图书馆信息基础设施条件

发展图书馆信息网络和下一步建设电子图书馆都需要一个相对良好的基础设施。它应该包括:①一个性能优良、稳定可靠、网络通信能力强、可支持多文种处理的开放式图书馆集成化管理系统。除能高质量高效率地处理和完成采访、编目、流通、连续出版物管理、公共检索等基本业务以外,在规划建立和更新系统时需要注意国外集成系统发展的新动向和新的功能,如在以上五个传统模块上增加其它信息服务模块以扩大集成系统的功能,如全文数据库查询、期刊目次页浏览、文摘索引数据库检索、图像等多媒体信息查询、在 OPAC 模块上集成 Internet 中 Gopher 和 3W 等的功能。必须充分认识到自动化集成系统若无网络功能则无法立足,只能成为所谓的"信息孤岛",因此必须强调上网连接能力,视网络化为图书馆集成系统的生命线。②一个性能优良的能和校园网(单位网)、地区网、国内网(如 CASnet、CERNET、科教网等)、国际互联网 Internet 相连的开放性局域网。该局域网应支持 TCP/IP、IPX 等主要协议,采用先进成熟的技术、网络拓扑结构和网络硬软件设备,坚持开放性和标准化等原则,能提供足够的网络处理和传输能力,且具有一定的升级和扩充能力,可满足若干年发展的需要。图书馆局域网是校园网或单位网中最重要的资源子网之一,应能提供本地数据库检索和咨询服务、网络化的光盘数据库检索服务以及广域网、国际互联网上各种信息资源的访问和检索服务等。

如前文所述,我国地区性的图书馆网络建设已经起步,高校图书馆、中科院文献情报单位、公共图书馆等系统,在"九五"期间系统内的图书馆信息网络建设方面将会取得较大的进展。这些地区性网络和纵向系统图书馆网络的互联,将构成真正的全国性图书馆信息网络的主体框架。为了发展图书馆信息网络,应当克服以往图书馆自动化应用软件开发中曾存在的"资金分散、项目水平低且重复"等缺陷,组织各方面的力量,在网络环境和新的软硬件平台上,加紧开发出与国外优秀软件水平相当的,采用客户机/服务器技术、图形用户界面和采用类似于 Z39.50 接口标准的图书馆信息系统,并扎扎实实地加以推广,以满足国内广大图书馆用户的需要,推动全国性图书馆网络的形成和发展。地区性图书馆网络建设和发展中应当尽快使联机联合编目、馆际互借、书刊采购协调、联机公共书目查询等网络应用走向实用化。

2. 高度重视电子信息资源的建设与利用

电子出版物和各种类型的数据库等电子信息资源是发展图书馆网络、开展电子图书馆信息服务的资源基础。应该指出,高度重视电子信息资源建设并不意味着现阶段就放弃传统的印刷型文献资源建设,而是应该在合理布局和高度协调的基础上不断加强,由国家图书馆和大型文献情报单位在国家的重点支持下形成经济、合理、有效、比较完备的文献资源保障体系,再也不能因循以前互不开放、重复拥有、总体保障水平很低的旧模式。由于这个问题已超出本书研究范围,这里不展开讨论。可以肯定的一点是,我国图书馆的信息资源建设应是开放式的资源共享型的共同建设。

应用 CD - ROM 光盘等电子出版物是改变我国图书馆馆藏结构单一(主要是印本书刊资料)、提高图书馆电子信息资源比重的快捷途径。我国应在统筹规划的基础上,合理引进 CD - ROM 等电子出版物,并以提高资源利用率、以多种方式为用户和读者提供信息服务为目的。在引进光盘等电子出版物中,需要了解电子出版物的出版信息,尤其是从 Internet 网上获取有关信息;尽量做到地区分布和种类数量的相对平衡,保证必要的较小的重复率,又要有较大的学科覆盖率;注意多渠道、多来源地获取电子出版物,充分考虑不同载体和传送形式的电子出版物对计算机和通信条件的要求及其对本单位的适应性(美国康奈尔大学 A. Mann 图书馆在此方面的经验可资借鉴);对于电子出版物足可取代的印本参考工具书、印本文摘索引等查检不便又颇占空间的文献,应大胆地停止订购其印刷版;对于与 CD - ROM 光盘内容相同的印本期刊(其中不乏国内多家单位重复订购的所谓高价期刊),在引进全文 CD - ROM 时,也要慎重地考虑逐步削减相对应的印本期刊的订数;引进 CD - ROM 光盘时还应该考虑其版权限制,因为有些 CD -

ROM 不允许放置网络上供多人同时使用,有些对于网络版不收取任何额外费用(如 H. W. Wilson 公司产品),有些需另付费用才可以在网上使用,有些(如美国 Silver Platter 公司产品)虽完全没有说明,但一般视同禁止;从充分发挥电子出版物作用来看,在尊重版权的基础上建立光盘局域网并提供广域网环境下的光盘数据库联机检索是非常必要的。另外,在我国自产 CD‐ROM 光盘不算太多的情况下,应当借鉴美国、英国、日本等国家的图书馆帮助政府制定光盘电子出版物呈缴制度的经验,认真与有关部门协商研究和确立向国家图书馆呈缴光盘电子出版物的制度。

发展图书馆信息网络、为电子图书馆起步做好资源准备,必须极其重视中文数据库的建设。从大的方面讲,这是我国计算机信息网络的资源基础和价值体现,事关国家信息自立之大局;从小的方面看,数据库建设既是图书馆自动化和网络化的基础,开发广泛实用、内容丰富的各类数据库,更是建设电子图书馆的必备条件。众多学者强调"以数据库建设为龙头带动自动化和网络化发展"是非常正确的。我国图书馆的数据库建设需要认真考虑以下问题:在组织形式上,既要集中图书馆界人财物各方面力量集中建设一批带有全局性的大型数据库,如全国图书文献目录数据库、全国中西文期刊和会议录等联合目录数据库等,又要发挥有条件的图书馆的积极性,鼓励其根据自身特点建设一批富有特色的中文专门数据库,同时鼓励联合协作、避免重复、资源共享;在数据库类型上,充分重视书目数据库这一现实重点,加强文献型数据库建设,同时逐渐加大对各种事实数值型、全文型、图形图像型及多媒体数据库的建设力度,尤其要把全文数据库的开发摆在突出位置;切实地强调数据库的标准化、规范化和上网服务能力,积极进行有关标准和规范的研究、制定和修订,尽量与国际标准保持一致,形成一套先进完整的标准体系,增强数据库生产者的标准化意识并切实保证对数据库建设标准的全面、严格执行;必须强调各种类型和形式的数据库的质量,为此,除坚持标准和规范以外,还应恰当地确定合适的建库方式,采用先进成熟的数据库技术,设计适应用户需求的数据库结构和类型、友好易用的用户界面,加强对各个环节的质量控制和评价,保证及时更新和长期发展等[92]。总之,需要通过各种手段(市场的、行政的、立法的等)保证图书馆所建数据库的建库速度、容量、质量和服务能力(联机检索、发行光盘、上网服务等不同形式),使现在开发的各种数据库能成为未来我国电子图书馆的有价值的信息资源。

3. 利用网络开拓新的服务

在努力建设开放式的多层次多类型的图书馆服务体系的同时,必须加强联机公共书目查询、联机信息检索、光盘信息检索等检索型服务,积极开拓网络环境下新的图书馆服务形式和内容。国家科委有关部门用德尔斐法进行的一项调研表明,在网络上用户所需信息服务的方式按相对重要性排序分别为:数据库检索、电子邮件、文件传输、光盘检索、共享公用软件、信息查询工具、多媒体数据传输、电子数据交换、电子期刊、电子公告板、远程使用网上计算机和外围设备、电子论坛、语音信箱等。已经联网的图书馆应当充分重视这些网络应用工具,积极开展新的图书馆服务。如清华大学图书馆通过电子邮件为校内读者提供快捷方便的信息服务,那么已连通 CERNET 的国内高校图书馆为什么不可以利用 E－mail 开展馆际互借服务呢?虽然我国还没有像美国 OCLC 那样的系统可广泛进行馆际互借服务,但利用 E－mail 通过 CERNET 网络开展馆际互借,作为过渡办法无疑是可行的。当然这必须是以上网图书馆都能提供 OPAC 服务为前提的。图书馆在建立 OPAC 系统开展服务的基础上,可以建立一批资料性和学术性较强、使用频率高的原文数据库,通过网络开展联机全文检索服务;可以提供按需扫描原文服务,用户在检索 OPAC 后联机向图书馆发出复制原文请求,一般情况是通过复印邮寄等手工方式服务,但根据用户要求的迫切程度,可利用扫描仪制作电子文件(只能是篇幅不大的期刊论文)通过 E – mail 发送给用户;还可以考虑开展图像检索与传递服务,如广东中山图书馆准备有计划地将价值较大的绘画、摄影作品、工业设计、广告和建筑设计、重大历史事件图片等用扫描手段制成电子图像,并标引题名、作者、主题、关键词和文献出处等,存贮在计算机图像数据库中,按需即时向用户提供电子图像传输服务。国外有些图书馆正在尝试提供类似 SDI 的电子化 SDI(E – SDI)服务,既允许读者联机浏览各个资料库,还提供读者注册、设立帐户、建档等功能,系统定期自动地根据用户预先提供的关键词或主题词表进行检索匹配,将与用户相关或感兴趣的文献传送至其电子信箱内。这种服务方式值得我国认真地研究并在日后信息网络的发展中加以借鉴。在网络条件下图书馆可开展的新服务远不止上述这些,将来还会有更新的服务方式出现,但所有这些服务都必须以合理地解决价格收费问题为基础,这一重大的现实问题希望能引起图书馆界的重视。

我国图书馆需要高度重视 Internet 资源,不仅把它视为虚拟的无形馆藏来有力地补充本馆有形馆藏,而且要善用 Internet 网络资源开展各种服务。例如,清华大学图书馆和上海交大图书馆等利用图书馆的 WWW Home Page,为校内部分重点学科的师生提供参考咨询形式的联机引导,让师生们以最快速度了解本学科国外研究前沿和进展情况,取得了很好效果。因此,上网的图书馆有必要加强对读者利用网络查找信息资源的引导、咨询和宣传教育。对中科院文献情报中心和四个地区中心用户的一项调查结果表明,绝大多数用户强烈要求加强对他们进行网络资源利用(包括国内网和 Internet 网)的培训[93]。结合本书第五章关于电子图书馆的发展对图书馆读者教育的影响的讨论,我们建议已上网的图书馆和暂未上网的图书馆都应大力加强对图书馆用户利用计算机和网络的培训、指导,只有大力开展这种适应变化与需求的读者教育,才能为图书馆员在电子图书馆时代扮演好"信息识知能力的教育者"角色奠定基础。

4.通过各种办法提高人员素质,加强队伍建设

荷兰 Tilburg 大学电子图书馆项目负责人 Leo Wieers 在展望电子图书馆实现的前景时,曾精辟地指出:"技术、合作和人才是三大要素,其中最重要的是图书馆员。任何一个想在未来有所作为的图书馆,其成功的关键在于馆员能否以开阔的视野清楚地认识到未来图书馆的任务和职能,能否受到富于进取的领导的激励和引导,能否以开阔的胸怀对待新信息技术和产品、新作业方式和服务的开发与引入,能否不断地学习新技术和知识、接受培训和再教育。"[94]的确,人才和队伍建设对于未来电子图书馆的重要性,早已在国内外图书馆界达成了共识。

在我国仍处于为发展电子图书馆创造条件、同时积极推进图书馆网络建设的时期里,就需要高度重视全面更新和提高图书馆员的观念、服务意识、知识结构、技能等。为了促进图书馆向自动化、网络化和电子化的方向发展,图书馆必须培养一支既熟悉图书馆基本业务、又具有计算机应用技能和远程通信知识,既了解各种形态信息资源、又具有较强的读者服务意识的专业人才队伍,以此为基础进一步带动图书馆全员素质的提高和知识技能的更新。发展图书馆信息网络和电子图书馆,对图书馆和情报学(LIS)正规教育和在职培训都提出了更高的要求。正规教育方面,有必要按新的专业标准、新信息环境的特点、图书情报事业发展的新需要加以调整、改造,培养和造就能够适应未来需要的新一代专业队伍。在职培训方面,必须开展多层次、多形式、多内容的广泛培训,尤其是目前就应切合与电子图书馆密切相关的领域加强培训,帮助馆员在观念和知识技能上为电子图书馆时代的到来做好准备。中国台湾图书馆界在此方面的经验可资大陆借鉴:台湾的"中国图书馆学会"每年暑期均举办各种研习班,如 1994 年一期"图书馆资

讯服务专题研习班"的课程覆盖电子图书馆、电子文件检索、个人电脑与资讯服务、光碟(盘)发展趋势、资讯与通讯的应用、全文检索的应用、网络资源在图书馆的应用、多媒体与图书馆、资讯服务与著作权等与电子图书馆有关的课题。国内图书馆界有关方面(如中国图书馆学会等)如能经常举办此类研习班、培训班,那么对图书馆员(尤其是各级负责人)更好地认识电子图书馆将有很大帮助。1996年8月由中科院、北大、清华三家图书馆联合邀请留美中国学者主讲的"信息高速公路与图书馆的未来"讲习班,内容涉及Internet网络信息资源与应用软件、信息网络化与图书馆服务变革、HTML和SGML、WWW服务器的开发建立和维护、Z39.50与图书馆系统的接口、电子出版物与图书馆业务的变化、OCLC和Dialog等公司应用Internet的情况、数字化图像处理技术在图书馆的应用、图书馆管理面临现代信息技术的挑战等众多的新思维、新技术、新知识,对国内图书情报界更新知识、开阔视野起到了很好的推动作用。总之,有关方面(如学会、协会)和大型图书馆应在图书馆员在职培训方面发挥更积极的作用,既要有计算机、通讯网络基本知识与应用方面的普及性培训,又要有上述两例中围绕电子图书馆相关领域开展的提高性培训,而且要经常开展并扩大参加培训的图书馆员的范围和数量,图书馆应为馆员提供必需的参加培训、接受再教育的机会。

6.4.3 关于开展电子图书馆研究与试验的建议

电子图书馆建设是摆在中国图书馆界乃至整个社会面前的一项长期、艰巨的任务。在我国信息环境日益改善、图书馆信息网络建设进程不断加快的情况下,作为电子图书馆建设主力的图书馆界,应该有适度的超前意识,正视发达国家图书馆事业加速发展的现实,认真部署和开展电子图书馆方面的有关研究和试验。

由于电子图书馆是对整体化建设要求很高的大工程,所以从长远来看,需要由权威的主管部门统一规划,分步骤实施建设。从现实情况出发,我国几大图书馆系统的主管部门需要密切合作,成立一个由各主要大图书馆馆长、图书馆专家、自动化专家及图书馆界外计算机、远程通信、网络、电子出版等方面专家组成的电子图书馆建设顾问(咨询)委员会,负责组织力量跟踪研究国外电子图书馆建设的技术路线、发展路向和进展,并就我国的发展策略进行科学论证和提供咨询意见,协助有关政府部门制定出符合国情、切实可行的电子图书馆发展规划,以确保能有计划、有步骤地推进,避免图书馆自动化建设中曾出现的"低水平重复居多、难度大的项目无人问津"的怪现象和弊端。

1. 加强对国外电子图书馆发展的跟踪研究

这是目前非常需要开展的工作。由于电子图书馆涉及的专业领域十分广泛,需要在图书馆学情报学、计算机科学、通讯科学及其它方面进行广泛的跟踪研究。对图书馆和情报界来说,要充分利用 Internet 网络上有关电子图书馆的研究成果,多渠道地了解国外的进展,深入地研究国外发展的不同模式、技术路线与特点、实用效果、存在问题,特别注意国外在从自动化图书馆向电子图书馆过渡过程中所发生的变化和根本性变革,认真研究电子图书馆对图书馆学和传统图书馆的影响,并对国外发展过程中涉及到的标准、版权、收费等问题给予高度重视。由于此方面涉及内容非常多,除开展分散研究以外,还应组织力量申请国家基金项目开展专门的跟踪研究。唯有密切跟踪发达国家的进展,才能不断地总结经验,为我国开展电子图书馆试验和未来发展提供理论依据。

2. 开展电子图书馆有关内容的试验研究

在我国经济比较发达、图书馆网络已经建成、社会信息需求比较旺盛的部分地区,一些图书馆自动化基础较好、网络环境较好且与 Internet 联网、电子信息资源相对丰富、经费较有保障、人员素质较高且技术力量较强的图书馆,可以联合起来开展一项或几项试验。如北京中关村地区是我国典型的智密区,信息基础设施较为完善,中科院文献情报中心、北京大学图书馆和信息管理系、清华大学图书馆等可以联合起来试验部分内容,比如开展化学(或其它三家都有且均具实力的学科)文献全文和图像网络检索试验,当然这需要与外界达成协议(如期刊出版者)或保持密切合作(如共同开发相应软件,合作将文本、公式、图表等转换成 SGML 文本等)。再如上海地区可由上海交通大学图书馆牵头组织部分高校图书馆开展广域网环境下的光盘联机检索试验;在广东珠江三角洲地区,中山图书馆、广东省信息中心等单位可将进行中的"新世纪电子图书馆计划"的内容尽快逐项实现,并进一步根据条件和国外成功的先例开拓新的研究内容,如与香港有关大学开展远程电子文献传递试验,等等。值得指出的是,上述三个地区的图书馆是目前国内相对较有条件开展试验的,不同地区的图书馆联合体进行试验的内容要经过充分的协商和协调,避免雷同;同时,图书馆联合体内各有关参与单位(不仅仅是图书馆,还应有计算机硬软件、通讯、网络、出版机构等方面)要明确分工,各有侧重。

在条件较好的几个地区以联合体形式分散试验各有侧重的内容的同时,北京图书馆、上海图书馆、广东中山图书馆、深圳图书馆等几家联合提出的"中国国家数字化图书馆计划"应尽快得到批准并着手进行试验性研究。北京图书馆早在 1991 年就引进了由法国 LASERNET 公司负责软硬件总承的光盘存储检索系统,包括有只读、一次写、可擦写光盘等,Sony 公司的 CD – ROM Auto Changers 具有 330GB 容量的图像存储能力,IBM AS/400 提供了数据库功能,纸张扫描机及缩微胶卷扫描机为系统的图像输入装置,14 台各带外设的微机与上述设备联结成 IBM 环形网,微软公司的视窗软件为用户和开发者提供了方便的 GUI 界面[95]。北图以此为基础开发了宋元善本光盘存贮检索系统,为图书馆珍贵资料保护提供了示范,完全可以进一步开发基于 client/server 的数字式存储与检索系统,通过网络(尤其是 Internet 网络)向更加广泛的用户提供原文图像检索与传输服务。国外有部分电子图书馆项目(如康奈尔大学的几个项目、IBM 公司与梵蒂冈图书馆等的项目)也是循着这个路线试验的。此外,作为该计划参与方的深圳图书馆从 1993 年起就开始研究图书馆多媒体管理系统,1995 年已完成"导读多媒体系统"、"视听资料多媒体管理系统",1996 年开始研制和开发"图书馆多媒体制作系统",并已经在考虑将重要文物资料、图片、图像等转换成数字化多媒体信息这一问题[96];上海图书馆、广东中山图书馆都具有较为先进的设备,在图书馆馆藏的数字化等方面都有设想或计划。因此,此项目若能尽快开展试验性研究,将会对日后我国发展电子图书馆起到较大的推动作用,并有助于缩小我国图书馆在应用高新信息技术方面与国外的差距。

从电子图书馆试验性建设的内容来看,国外的研究内容无疑十分广泛,如通过网络订购电子图书、电子期刊,馆藏数字化转换,集成工作站研制,联机全文数据库检索,电子文献传递,电子版权管理系统,多媒体信息系统,以及软件工程、信息压缩等多方面。我国图书馆界开展有关试验性研究时需慎重地选择研究内容,量力而行。在此,我们有以下两点很不成熟的看法:

(1)馆藏数字化转换。首先体现在经费方面。美国国会图书馆实施数字化项目时获得了 1300 万美元的捐资和国会拨款,预计整个图书馆资料的数字化需数亿美元,日本国立国会图书馆的有关经费也达 1700 万美元(主要是政府拨款),类似的项目无不耗资甚巨(即使是试验规模甚小的美国南方学院联盟的项目也是从 Andrew W. Mellon 基金会争取到 120 万美元资助)。这一方面说明依我国政府对图书馆的投入根本无力进行数字化转换,只能想方设法从各种渠道募集资金,通过在政府有关部门立项只能解决一小部分经费,其余恐怕要争取社会帮助、捐资,尤其是通过与国外大型信息技术企业(IBM 即是一例)的合作引进技术和资金;另一方面要求我国图书馆界在馆藏数字化转换方面需要认真地选择转换对象,进行小规模的转换试验。日本国立国会图书馆(NDL)在经费充足的情况下选择数字化转换的对象和方法是[97]:①珍善本书(将摄影胶片扫描成 5000×4000 点的高清晰度彩色图像);②明治时代图书(从缩微胶片扫描成黑白图像);③二战时期出版的图书(先将图书缩微化,而后扫描成黑白图像);④有代表性的日文政治经济杂志(共 24 种,直接从期刊扫描成黑白图像);⑤向国会提交的研究报告(直接扫描生成黑白图像,用 OCR 生成文本);⑥近代日本政治史文献(扫描缩微胶片生成黑白图像)等等。当然,我国图书馆馆藏文献与其它国家不同,有自己的特点,但这种选择性转换及其思路是我国需要借鉴的。我们建议,协调各方面力量先将珍贵易损的古籍善本、珍贵史料等进行转换,以数字化形式存储、处理,并通过 Internet 网络供用户远程存取;其次,有经济条件、技术设备和力量的图书馆可考虑将特色馆藏进行数字化转换(彼此之间绝对避免重复),以全文数据库、图形图像数据库或多媒体数据库等形式上网提供服务。如上海图书馆正在准备组织 19 世纪末、20 世纪初上海作为中外交流主要口岸时期的图片资料,进行数字化存储管理并提供检索传递服务。总之,馆藏印本资料的选择性数字化转换是一个非常重大的问题,从理论上讲可以按馆藏文献内容的使用价值区分轻重缓急,用全文扫描、录入、OCR 等技术手段将其转换为电子图像文献存贮在计算机硬盘或光盘 Jukebox 系统中,并通过网络传输,但在实践中,尤其是开展试验时,务需认真对待和深入研究。

(2)就目前我国已与 Internet 联网的图书馆来说,如何利用 Internet 网络资源为联网用户服务,如何将本馆已有电子信息资源加以组织整合、提高印本馆藏利用率是非常现实的问题。作为尝试办法,在 Internet 网上建立 WWW 服务器站点,通过 3W Home Page 组织馆内外资源是国外比较普遍的做法。在我国由于上网图书馆不多,开通 3W 服务系统的并不多,如北大、清华、北邮、上海交大等大学图书馆以及中科院文献情报中心等单位。其中,中科院文献情报中心 1996 年 8 月开通的 3W 服务系统被诸多国内外专家认为达到国际水平[98],网上用户可全面访问该中心建成的各种数据库,包括院中心和四个地区中心的中西文书目数据库,中科院、北大、清华合作的中西文联合书目数据库,中英日俄文期刊联合目录数据库,中科院科技成果数据库,中国物理文献、数学文献数据库等,此外该服务器还与中科院其它单位开发的数据库建立了丰富的链接。这样的 WWW 服务器不仅有力地展示了图书馆的形象,而且也极大地方便了用户获取信息资源。

我们认为,WWW 服务系统的重要性更在于其中所包含的信息,因为唯有丰富且品质优良的信息才能吸引广大用户并满足其需求。国外许多电子图书馆试验项目都把构建内容丰富的 WWW 作为重要内容之一,在此方面,我国图书馆的技术设备与其差距并不大,关键在于要尽可能丰富所能提供的信息资源。一般而言,图书馆 WWW Home Page 涉猎的信息种类应包括:①馆内信息资源:图书馆可收集馆内信息并建立本地资料库。比如以下项目:a. 图书馆导览,可介绍图书馆组织概况、馆舍建筑与设施(附平面图)、馆藏概况并标明各类资料存放地点、排架情况;介绍图书馆服务项目、有关服务人员、开放时间、借阅规则等用户使用图书馆各种资源的权利与义务;通过介绍馆藏资料的组织方法,各类参考工具书、目录、数据库检索的方法,网络资源的利用方法以及介绍研究方法与论文写作等,达到帮助和教育用户利用各种资源、提高信息获取能力的目的。b. 图书馆简讯:向网络用户发布各种动态性的消息,如新书目录、各种学术活动安排等。c. 联机公共书目查询(OPAC)。d. 经常被使用的参考工具书与联机参考咨询。e. 联机数据库查询,上文中中科院文献情报中心的 3W 系统即是成功的一例。f. 期刊目次查询,除提供浏览期刊目次页,还可按刊名、篇名、作者等项目进行检索。g.其它方面,诸如读者意见、读者新书推荐等项目。②馆外信息资源:可以收集整理馆外的信息并与之链接,为用户提供更加广泛的信息资源。我国图书馆对于收集整理 Internet 上的资源尚未给予重视,其实,在广大用户尚不熟悉网络资源而且网上信息日益庞杂的情况下,我国已上网的图书馆非常有必要通过创建 WWW Home Page 对网上资源加以分类整理。国外图书馆以及港台的大学图书馆通常都指派专人组成工作组负责选择和评论 Internet 资源,并把有关信息按主题分类整理组织到 Home Page 中。如前文讨论过的香港科技大学图书馆,按本校科学、工程、工商管理、人文社科四大学院加以组织网上资源。图书馆用户不管是在馆内,还是在办公室、家中,通过图书馆 3W Home Page 不仅可以实时存取 Internet 资源,而且由于经过专业馆员的筛选,所获得的信息在质量和相关性方面都有一定的保证,从而使用户不致陷身于信息海洋而无所适从。由于网上资源异常丰富且与日俱增,所以探索整理网上资源不是少数人、个别馆可以完成的,需要通过上网图书馆的馆际合作,分层负责,分工处理。

除上述两方面以外,电子文献传递试验在我国也有一定的现实基础[99]。由于前文不同地方均有涉及,此处不再赘述。

总之,虽然发展电子图书馆在我国还面临着很多困难,它的实现还需要相当长的时间,但图书馆界围绕这一大方向积极进行试验性研究,加强各方面的基础建设,努力应用新技术组织各种资源,开拓面向用户和社会的各种信息服务,无疑将有助于图书馆以新的面貌执行其使命,图书馆在推动经济发展、促进教育科技文化进步、丰富人民群众精神生活等方面必将发挥更大的作用。

第6章引用和参考文献

1　宇文.我国图书馆事业蓬勃发展.法制日报,1996 年 8 月 25 日第 3 版

2　孟广均.我国图书馆中期未来展望.见:周文骏等编.图书馆学研究论文

集. 北京：书目文献出版社,1996:104~112

3 周士虎. 逆境中的图书馆. 图书情报工作,1996(1):29~32

4 宋健主编. 现代科学技术基础知识. 北京：科学出版社,中共中央党校出版社,1996:189

5 Buhle Mbambo. Virtual libraries in Africa:a dream,or a knight in shining armour? In:Proceedings of '95 Istanbul IFLA General Conference(Booklet 0), Istanbul,Turkey. August 20–25,1995:36~41

6 汪冰等. 国家信息基础设施(NII)建设的热潮与我国的进展和对策. 情报学报,1995,14(4):265~275,282

7 郭诚忠. 计算机产业回顾与展望. 经济日报,1996 年 4 月 16 日第 8 版

8 石晓华. 论电子图书馆的建设与发展. 北京大学在职人员申请硕士学位论文,1995:37

9 莫少强. 广东省新世纪电子图书馆的建设与发展. 北京图书馆馆刊,1995(3/4):85~89

10 吴慰慈等编著. 蓬勃发展的中国图书馆事业. 北京：书目文献出版社,1996:101

11 乌家培. 关于我国发展信息产业的若干思考. 情报学报,1996,15(5):350~353

12 钱宗珏等. 国际"信息高速公路"的发展和建设中国国家信息基础设施的对策. 见：国家自然科学基金委主编. 高速信息网络与并行处理研讨会论文集. 北京,1994:13~20

13 江启航. 电子出版物的重要通道——CHINAPAC 数据网的性能及应用. 中国电子出版,1996(1):34~35

14 刘昭东等. 信息与信息化社会. 北京：科学技术文献出版社,1994:152

15 周小璞. 抓住机遇,推动我国图书馆自动化的发展. 在'96 北京全国图书馆自动化研讨会上的发言,北京,1996 年 5 月

16 计算机世界报,1996 年 10 月 14 日第 135 版

17 我国计算机国际联网发展迅速. 中国电子报,1996 年 11 月 26 日第 2 版

18 法制日报,1996 年 2 月 12 日第 3 版

19 马影琳. NCFC 及其与 Internet 的连接. 现代图书情报技术,1995(1):2~7

20 王行刚等.利用公用通信网实现中科院"百所联网".现代图书情报技术,1996(5):3~5

21 转引自晏章军、沈英.中国信息网络和信息服务的进展.现代图书情报技术,1995(2):3~6

22 清华大学 CERNET 网络中心.中国教育与科研计算机网络介绍.清华大学,1995:3~5

23 Lin Haoming et al. China Education and Research Network(CERNET)with document and information service in libraries. In:Proceedings of ISAL '96, Shanghai,Sept. 1~4,1996:14~22

24 赵仲儒.Internet 在中国.中国信息导报,1996(4):16

25 杨宗英等.中国教育科研计算机网络与图书馆的文献信息服务.大学图书馆学报,1996(1):7~11

26 孙坦.世纪之交我国图书馆文献信息开发利用和服务研究.中国科学院文献情报中心硕士学位论文,1997:13

27 徐如镜.我国科技信息计算机服务发展的回顾与展望.情报学报,1996, 15(5):359~364

28 张钟.我国科技信息系统与网络的回顾与展望.情报学报,1996,15(5): 365~370

29 国家计委等编.中国数据库大全.北京:中国计划出版社,1996:1~4

30 谢明清.加强管理,促进繁荣.中国电子出版,1996(1):7~9

31 《中国学术期刊(光盘版)》全文检索管理系统通过鉴定.现代图书情报技术,1996(3):62

32 于友先.努力发展与繁荣中国的电子出版事业.中国电子出版,1996 (1):4~6

33 张丽宏.我国电子出版业的现状与未来.新闻出版报,1996 年 2 月 10 日第 3 版

34 Zhang Xuejun,Fytton Rowland. Chinese electronic journals. In:Proceedings of '96 Beijing IFLA General Conference(Booklet 5),Beijing,China,August 25 ~31,1996:58~63
    张学军:电子期刊.情报理论与实践,1996,19(3):58~60

35 郭红梅.电子出版物及其对图书情报工作影响的研究.中国科学院文献

情报中心硕士学位论文,1996:35

36　刘昭东等编著. 信息工作理论与实践. 北京:科学技术文献出版社, 1995:365

37　张炘中.汉字识别系统——汉字文本自动录入概论.见:'94北京国际电子出版研讨会论文集.北京:科学出版社,1994:192~197

38　吴文虎.汉语语音识别的现状与展望.计算机世界报,1992(13):7~9

39　王宏达.电子出版物与中文字库,见:'94北京国际电子出版研讨会论文集.北京:科学出版社,1994:189~191

40　William Saffady. Digital library concepts and technologies for the manage-ment of libray collections:an analysis of methods and costs. Library Technology Reports,1995,31(3):228

41　陈光祚等.利用全文检索技术制作电子出版物.情报学报,1993(4):1~7 邵品洪.全文数据库的技术进展和应用.现代图书情报技术,1993 (4):6~10,22

42　同36,226页

43　Gao Hong,et al. An SGML application. 见:'94北京国际电子出版研讨会论文集.北京:科学出版社,1994:109~118

44　邓楠.抓住机遇,再创辉煌.情报学报,1996,15(5):325~326

45　国家计委编.国民经济和社会发展"九五"计划和2010年远景目标纲要讲话.北京:中国计划出版社,1996

46　同2,111页

47　图书馆科技"九五"计划及2010年长远规划。川图导报,1995年11月总第10期,第1版,第4版

48　同15

49　沈英.中国科学院计算机网上文献信息共享系统的建设.'96北京全国图书馆自动化研讨会论文,1996:1~5

50　国家科委科技信息司."九五"国家科技信息服务业发展计划.1996年2月,1~29页

51　刘昭东.关于发展我国科技信息事业的一些思考.情报学报,1996,15 (5):330~333

52　周文骏.编后——我们研究些什么?见:周文骏等编. 图书馆学研究论

282

文集.北京:书目文献出版社,1996:368

53 李明明.中国图书馆自动化系统.图书馆学、信息科学、资料工作(复印报刊资料 G9),1996(7):34～40

54 同 15

55 朱岩.中国图书馆自动化的现状与问题·国际电子报,1996 年 4 月 29 日第 53 版

56 张奇等.国内外图书馆自动化系统比较研究,情报学报,1996,15(1):29～39

57 沈英,张建勇.中国图书馆自动化网络化发展现状.图书情报工作,1996(3):24～27

58 许绶文.九十年代的图书馆与北京图书馆的电子信息开发近况.北京图书馆馆刊,1996(2):38～40

59 同 49

60 莫少强.以数据库建设为中心,推进 ZSLAIS 新发展.'96 北京全国图书馆自动化研讨会论文,1996:1～8

61 同 35

62 同 55

63 同 60

64 沈辅成,沈英.图书馆网络信息系统建设之研究.情报学报,1996,15(1):46～50

65 刘相吉等.军队院校图书馆信息网络化发展战略.见:杜克主编.中国图书馆发展战略研讨会论文集.北京:书目文献出版社,1996:225～235

66 耿骞,袁名敦.新形势下我国图书馆自动化的发展.情报学报,1996,15(1):51～56

67 陈源蒸.宏观图书馆学.北京:北京大学出版社,1989:6～7,26～30

68 同 8

69 林被甸.百年书城,时代新篇.北京图书馆馆刊,1996(2):26～30

70 侯竹筠.抓住机遇迎接变革的挑战.北京图书馆馆刊,1996(2):32～34

71 同 10,106 页

72 孙承鉴.电子图书馆的雏形,中国电子出版,1996(1):30～33
　孙承鉴.图书馆自动化与电子图书馆.'96 北京全国图书馆自动化研讨

会论文,1996:1～8

73　同8,34～35页

74　同70

75　安树兰.二十一世纪的电子化图书馆.'96北京全国图书馆自动化研讨会论文,1996:1～3

76　IBM中国研究中心,IBM中国公司有关技术资料

77　Zheng Qiaoying, et al. The development and perspective of library automa‐tion system and SJTU integrated library system. In:Proceedings of ISAL '96, Shanghai,Sept. 1～4,1996:401～407
杨宗英等.电子化图书馆的现实模型——上海交大计划建立数字化图书馆的雏型.'96北京全国图书馆自动化研讨会论文,1996:1～9

78　Miao Qihao. Automation, digitalization and the beyond:re‐engineering Shanghai Library. In:Proceedings of ISAL '96, Shanghai, Sept. 1～4, 1996:32～36

79　缪其浩.数字化图书馆:寻求中美图书馆界的共同兴趣点.'96中美图书馆合作会议论文,北京:1996:1～5

80　Lu Benfu, et al. Digitizing and networking:the scheme and practice of estab‐lishing the CASS Electronic Library. In:Proceedings of '96 Beijing IFLA Gen‐eral Conference(Booklet2),Beijing,China,August 25～31,1996:88～93

81　同9

82　同60

83　广东省中山图书馆,广东省信息中心.广东省新世纪电子图书馆可行性研究报告,1995年2月,1～42页

84　杨朝岭.文献资源何日才能共享.《瞭望》新闻周刊. 1996(31):36～37; 1996(32):28～29
李大庆.未来图书馆没有围墙.科技日报,1996年9月15日(社会文化周刊第1版)
景星.图书馆今后没围墙.中国青年报,1996年8月23日第1版

85　Brian Lang. The electronic library:implications for librarians, academics and publishers. Libri,1994,44(4):265～271

86　马自卫等.校园图书馆网络化建设.现代图书情报技术,1995(2):7～

12,23

87 马自卫.图书馆网络化发展的趋势.见:吴建中编.21世纪图书馆展望——访谈录.上海:上海科学技术文献出版社,1996:120~121

88 陈通宝.我国数据库产业和电子化信息资源.情报学报,1996,15(5):377~382

89 同上

90 K. R. MacGregor 著;肖宏编译.美国科学信息研究所的电子图书馆.中国科技期刊研究,1996,7(2):5~9

91 戚其秀等."科学教育计算机网络"前期研究——用户需求分析研究.情报学报,1995,14(6):401~409

92 曹树金.中文文献数据库国际研讨会综述.现代图书情报技术,1995(6):47~52

93 邱翔鸥.图书情报机构信息技术应用的功效评价研究.中国科学院文献情报中心硕士学位论文,1996:26~27

94 Leo Wieers. A Vision on the Library of the Future. Tilburg, Netherlands: Tilburg University Press, 1994:11

95 同10,106页

96 余光镇.多媒体技术发展与应用研究.'96北京全国图书馆自动化研讨会论文,1996:1~11

97 Kenji Uetsuki. Digital library projects in the National Diet Library. Paper Presented at '96 Beijing IFLA General conference, Beijing, China, August 25~31,1996:1~10

98 中国科学院文献情报中心的 WWW 服务器正式开通.现代图书情报技术,1996(6):59

99 吴慰慈·网络时代文献资源共享的新模式:电子文献传递.见:中国科技信息事业创建四十周年纪念文集,北京:科技文献出版社,1996:43~46

第7章 结语

　　电子图书馆是图书馆界多年来的一个理想,虽然这一理想尚未完全实现,但90年代以来信息技术的迅猛发展已经使电子图书馆的雏形初步展现在世人面前。在数字式电子计算机尚未问世的第二次世界大战前,图书馆界在对有关技术革新(如创建基于缩微技术的微型图书馆)保持浓厚兴趣的同时,令人惊讶地对我们现在所构想的21世纪电子图书馆所具有的特征——高密度存贮、容易再生产、可远程获取全文文献、有在复杂的索引系统中进行查找的设备支持能力等,都做了预见和讨论,奠定了电子图书馆宝贵的早期思想基础。V. Bush作为现代情报科学的先驱之一,被普遍认为是超文本技术的最早构思者,也被电子图书馆发展史上另一位重要人物F. W. Lancaster尊为“电子图书馆之父”。50—70年代,尤其是60年代以后,计算机开始在图书馆应用,图书馆进入了自动化发展阶段,图书馆界内外许多人士对图书馆间资源共享、通过网络提供信息存取、用数字存储技术和全文检索技术处理图书馆馆藏等进行了卓有远见的探索,并就改革图书馆的传统作业方式、提高面向用户的服务能力发出强烈的呼吁。80年代是电子图书馆发展史上的一个重要时期。1982年Lancaster出版了其代表作之一《电子时代的图书馆和图书馆员》,同年以“Electronic Library”为刊名的国际性专业杂志在英国诞生,1984年K. E. Dowlin在其著作中第一次将多年来一直比较模糊的电子图书馆思想加以

286

条理化,提出了电子图书馆的含义、特点和功能。80 年代图书馆自动化不仅范围更广、功能渐趋完善,而且朝着网络化的方向发展,同时 70 年代诞生的联机书目中心、联机信息检索服务得到了很大发展。进入 90 年代以后,CD - ROM 光盘数据库、电子文献传递、电子出版、Internet 网络等的迅猛发展,尤其是范围波及全球的信息高速公路建设热潮,使电子图书馆备受各方人士瞩目。电子图书馆也成为当代图书馆摆脱困境、寻求新信息环境中发展和壮大机会的努力方向。

电子图书馆方面的研究和探索吸引了大量图书馆界以外的专业人员,由于涉及的学科领域众多,所以不同领域的研究人员对电子图书馆持有不同的理解,而且电子图书馆的概念经常与数字图书馆、虚拟图书馆等混同在一起。对图书馆学研究者来说,电子图书馆将利用新技术、以新的方式执行图书馆的功能,包括新型信息资源、新的采访和馆藏发展方式、新的存储信息和保存文献的方法、新的分类标引方式、与用户新的交互模式、对电子设备和通讯网络更多的依赖性,以及图书馆在人员智力构成、组织结构、经济等方面的显著变化。

发达国家和地区 90 年代以来已经广泛开展了电子图书馆方面的试验性研究和探索,多数是从技术角度构建实用的系统,其技术路线、开发模式、探索内容等各有特点,而且经常是与电子出版试验、电子期刊远程传递试验、数字图书馆系统开发等相伴进行,参与试验的行业领域也为数众多,充分体现出电子图书馆作为 90 年代的研究热点,具有跨学科、多行业参与的特点,也表明电子图书馆的研究还很不成熟。目前可以从各具特色的试验中归纳出若干共性认识,如强调政府、研究机构、信息技术界、图书馆、教育部门、出版机构等众多部门广泛而紧密的合作;重视探索用户界面设计和新的数据模型;采用先进的计算机体系结构,注重完备的网络环境并把 Internet 作为最重要的网络支撑条件,注重标准协议的应用(如 TCP/IP、Z39.50 等);重点考察和试验图书馆传统印刷文献的数字化转换、存储、标引、检索和网络传递等方面的技术要求,等等。

电子图书馆建立在图书馆内部业务高度自动化基础之上,不仅能使本地和远程用户联机存取其 OPAC 以查询传统馆藏(非数字化的和经数字化转换的),而且也能让用户通过网络联机存取图书馆内外的广泛的电子信息资源。根据当前开展的电子图书馆试验项目的进展情况,可以从理论上把电子图书馆的特征初步归结为以下几方面:普遍利用计算机管理各种文献信息资源;馆藏文献数字化;面向用户或用户驱动的服务模式;广泛的可存取性;开放和实现高度资源共享等。从技术构成来看,用户终端、网络和通讯系统、信息资源、数据库管理和检索系统这四大部分是必不可少的,数字化技术、信息存贮技术、数据库技术、网络通讯技术以及多媒体技术(超文本、超媒体技术)等是实现电子图书馆功能的主要技术基础。这些技术将随着信息高速公路建设的深入而逐步走向成熟和实用,为电子图书馆的真正实现创造条件。

电子图书馆实现后将在许多方面与传统图书馆不同,诸如观念、深层特征、基本业务等方面都将发生很大的变化。即使是在从传统图书馆向电子图书馆转变的过渡阶段,它的发展也已经对当前的图书馆实践产生了重大影响,体现在图书馆馆藏发展、技术服务和读者服务方面都面临着许多新的问题,带来了图书馆工作重点、业务流程、服务手段与方式等方面的重大变化,更对图书馆员的心理、知识、技能等综合素质提出了更高的要求,推动着图书馆员角色的转变。

发展我国的电子图书馆将是一项长期的艰巨任务。作为世界上经济增长速度最快的国家之一,我国经济的快速发展势必将带来日益旺盛的信息需求,也将进一步推动社会信息意识的提高,同时国家信息基础设施的逐渐建立与完善,加上技术、政策以及图书馆自动化网络化等方面的基础,使我国图书馆事业有可能通过引进新技术和改变传统观念在各个方面迈上一个新的台阶,从而更好地发挥图书馆的作用。当前,针对世界范围内广泛兴起的电子图书馆建设热潮,我们应持一种"既不急躁冒进、又不消极保持"的态度,密切跟踪国外有关研究的进展,尽快开展电子图书馆方面的科学研究,尤其要重视电子图书馆可能带来的各方面影响和变化的理论探讨。需要结合国情进一步加快图书馆自动化网络化建设步伐,下大力气抓好信息资源建设,开拓新的信息服务并为电子图书馆时代的到来做好人才准备。同时,在有条件的地区的图书馆尽快开展电子图书馆有关技术内容的试验性研究。电子图书馆在我国的实现虽然道路漫长,但我们相信,围绕这一大的发展方向图书馆界在各方面所做的不懈努力,将有力地缩小我国图书馆事业与发达国家的差距,大大推动我国图书馆的现代化进程,电子图书馆的实现并非遥不可及。

在概括总结了本书的主要论点和研究结论之后,我们还想指出:信息技术的飞速发展和不断突破固然是当今电子图书馆出现雏形和未来全面实现的主要推动力之一,但电子图书馆的进一步发展并不唯一取决于技术因素,经济可行性和政策条件等因素自不必说,单是版权、标准等方面的问题也已成为世界各国电子图书馆试验从小范围实验走向大规模实用过程中急待解决的关键问题,也是当前包括图书馆学界在内的众多学术领域面对的极富挑战性的世界性难题。由于时间、精力以及本书范围所限,本书没有对版权、标准、电子信息服务的收费、电子信息的维护控制等非技术因素进行过多的讨论,有待于在以后的研究中进一步开展和深入。

在这里还应该指出,我们在关注国内外电子图书馆的理论与实践发展的同时,也注意到国外一些学者对"电子图书馆"持有不同的见解,比较有代表性的如美国学者 W. Crawford 和 M. Gor -

man 以及加拿大学者 W. F. Birdsall。Crawford 是美国 MARC 机读目录的创始人之一,Gorman 则是英美编目条例第 2 版(AACR2)的主要设计者,他们二人在合著的《未来的图书馆:梦想、疯狂与现实》一书中对围绕电子图书馆的一些流行的观点进行了猛烈的抨击[1]。他们公开地向那些认为"传统图书馆正在衰亡"、"专业图书馆员将被冲走"、"印刷出版将被电子出版取代"等的人挑战,认为那些所谓的"完全电子化的未来"和"虚拟图书馆"这样的大话,除了是不负责任、不合逻辑、不切实际的"恶梦"以外,什么都不是。两位学者甚至把那些断言"印刷是不相关的而且注定要消亡"的未来学家、那些看不到印刷出版物在保存人类文明记录中的作用的技术狂热者们、那些"勾结起来贬损图书馆专业的价值并从图书馆事业的旗帜和实践中逃跑"的图书馆员和图书馆教育者们,称为"图书馆的敌人"。他们也驳斥了"存取(access)但不拥有(ownership)"的观点,提出:"如果没有人拥有东西,那么就没有可供存取的东西。"他们认为"未来的图书馆是一个既非纯粹电子化的又非完全虚拟化的场所,是一个既是大厦又是界面的图书馆"。本书虽言辞尖刻、激烈,但两位图书馆界杰出人物的富有思想性的讨论,引起了人们的注意和进一步的思考[2,3]。加拿大 Dalhousie 大学图书馆馆长 W. F. Birdsall 的著作《电子图书馆的神话:图书馆事业与美国的社会变革》,则从政治学、社会学、文化学、历史学等人文角度研究了图书馆的价值和电子图书馆这一梦想之偏颇,书中最鲜明的一个论断是"所谓的电子图书馆实际上是美国电子革命诸神话中的一个组成部分"(59 页)[4]。他对"信息化社会"论者、奈斯比特这样的未来学家、F. W. Lancaster 和 K. E. Dowlin 等图书馆学界名流都给予了含蓄的批评。我们认为,Birdsall 对电子图书馆方面的批评态度,其实质是对美国文化精神中某些方面的批评。大约自 19 世纪中叶起,美国文化中就已孕育形成一种崇尚"精确、速度和新颖"的精神,各种关于信息、资料的

290

处理装置或机器一直在不断研制、更新中(本书第二章关于思想史的论述约略可以支持我们的这一认识),而这些研究和开发的装置或机器,又进一步推动了"美国电子信息文化"的繁荣。虽然电子信息文化与信息装置间没有什么滚雪球似的膨胀互动,但是两者的共生关系稳定地延续至今日美国社会。Birdsall 虽然与我们讨论的出发点并不一致,但他的确注意到"美国电子革命神话"的存在,电子图书馆只不过是这场全景式的、波及各领域的电子革命在图书馆方面的一个反映,只是其中的一个小角色。Birdsall 并不否认传统的图书馆正在越来越多地依靠电子技术和设备来提供服务,但他最为关注的是作为场所而存在的传统图书馆具有重要的政治、社会和文化价值,而这点往往为"电子图书馆神话"的"鼓吹者们"所忽略。Leonhardt[5] 和被此书含蓄批评的 Lancaster[6] 均对 Birdsall 的某些精辟观点表示了高度赞赏。在我们看来,Crawford 和 Gorman、Birdsall 的反面意见可集中表述为:在图书馆广泛利用电子信息技术完成社会赋予的多重使命的历史进程中,必须从政治、经济、文化、法律等人文角度进行整体思考和规划,必须充分认识到图书馆的人文价值,而不能陷入技术崇拜、技术狂热的简单化境地。本人在初拟写作大纲时曾专设一章准备对电子图书馆的有关问题进行人文角度的思考(1996 年 2 月提出大纲),写作中间几番意欲动笔,但终因资料所限、知识储备不足、研究范围太广等只能忍痛作罢。我对电子图书馆的发展和前景持有与上述三位学者不同的态度(相信也是大多数人的乐观态度),但也非常关注从人文角度对电子图书馆面临问题的探讨(相信本书第五章已可以部分体现出我的若干想法),关于这方面的研究,无疑将是我日后对电子图书馆进一步研究时的一个侧重点。

21 世纪即将来临。在这世纪交替的前夜,包括中国在内的世界各国图书馆界,都面对着持续向前的信息技术革命所带来的前所未有的巨大挑战。如何成功地把图书馆事业带入 21 世纪,并使之在人类文明的进步中发挥更大的作用,如何抓住信息技术革命同时呈现的新的发展机会以更好地完成社会赋予图书馆的多重使命,将使全世界的图书馆界经受一次智力上的重大考验。电子图书馆展现出来的前景固然美好,但从传统图书馆向电子图书馆的转变绝不是一帆风顺、唾手可得的,它需要图书馆界在观念、技术手段、服务、资源、人力等方面都有重大的变化,更需要图书馆界在与社会各界更密切的联系与合作中共同推进这一伟大目标的实现。

由于研究电子图书馆问题是一项探索性很强的工作,国内外都处于起步阶段,它所涉及的问题很多、学科领域很广,所以本书只对其中的若干问题在理论上从宏观角度进行了较深入的探讨。电子图书馆引发的问题,对图书馆事业、图书馆员、图书馆学等方面的可能影响也远非现在就能全面认识清楚的,它的构建技术、在我国的发展模式等问题也非个人力所能逮的,所以本书的不足之处肯定在所难免。希望能有更多的图书馆界人士和相关领域的研究人员投入到电子图书馆方面的研究中来,开展多学科、多侧面、多角度的理论探讨和技术研究与开发活动,共同为 21 世纪电子图书馆在我国的成长和发展奠定基础。

第 7 章引用和参考文献

1　Walt Crawford, Michael Gorman. Future Libraries: Dreams. Madness, & Reality. Chicago: American Library Association, 1995

2　James K. K. Ho. Book Review: Future Libraries: Dreams, Madiiess, & Reality. Journal of Information, Communication and Library Science, 1996, 2 (3):111~112

3　T. W. Leonhardt. Book Review: Future Libraries: Dreams, Madness, & Reality. Library Acquisitions: Practice & Theory, 1995, 19(4):487~489

4　William F. Birdsall. The Myth of the Electronic Library: Librarianship and Social Change in America. Westport, CT: Greenwood Press, 1994

5 T. W. Leonhardt. Book Review: the Myth of the Electronic Library: Librarianship and Social Change in America. Library Acquisitions: Practice & Theory, 1995, 19(4): 490~493

6 F. W. Lancaster. Book Review: The Myth of the Electronic Library: Librarianship and Social Change in America. Journal of Documentation, 1995, 51(2): 178~179

后　记

　　呈现在读者面前的这部书稿是在我的博士论文的基础上加工修改而成的。1991 年，我从武汉大学毕业，蒙母校恩师严怡民教授大力举荐，得以从师于中国科学院文献情报中心孟广均教授攻读硕士学位，而后又蒙恩师孟广均教授不弃，成为中国科学院文献情报中心及他本人的第一位博士研究生。弹指一挥，六年逝矣！回首往事，从做人、做事到对待工作的态度，从引我进入学术殿堂到治学心得毫无保留地言传身教，从指点学业到关怀我的家庭和事业未来发展，孟先生在我身上倾注了多少心血、关爱和照拂！在他的精心栽培和悉心指导下，我完成了攻读硕士和博士学位的艰辛历程。

　　在撰写博士论文期间，我有幸得到许多专家学者的指点和帮助，特别是北京文献服务处的曾民族教授，武汉大学的彭斐章教授、严怡民教授、马费成教授，北京大学的周文骏教授、吴慰慈教授，南京大学的倪波教授，文化部图书馆司司长杜克，中国图书馆学会秘书长刘湘生，北京图书馆的姜炳炘研究馆员、李以娣研究馆员和副馆长孙承鉴，上海交通大学的杨宗英教授，中科院上海文献情报中心的龚义台研究员，广东省中山图书馆副馆长莫少强，以及台湾师范大学的王振鹄教授，政治大学的林呈潢先生等，都对于我的博士论文给予了热情的支持、鼓励和帮助；本中心史鉴研究馆员、辛希孟教授、徐引篪教授、沈英教授、白国应教授、夏文正研究员、韩平研究馆员、陆长旭研究馆员、夏源研究员、孟连生副研究员、肖熙道副译审等提出了许多宝贵意见或给予具体的指导帮助，在此表示我衷心的感谢！

在中科院文献情报中心学习和工作六年的时间里，史鉴、徐引篪、李广山、贾宝琦、戴利华、周金龙等中心领导同志曾给予我很多的关怀和教导，在此深表谢忱。我还想向中心教育办公室主任王静珠女士致以深深的谢意，六年来她一直给予我无微不至的关怀，可以说，六年来我在学业和工作能力上能取得点滴进步，是和她的关心、照顾、鞭策、激励分不开的。此外，我的很多朋友、博士同窗都曾对本论文的写作给予过帮助和鼓励。

在求学的道路上，我的父母一直给予宽容、理解和无私的奉献，他们时时鼓励我要心无旁骛地刻苦钻研，正是他们的无私的爱和殷切的期待使我痴迷于自己所选择的学术领域；我的妻子曲晶晶女士在数年比较艰苦的生活条件下，毫无怨言地对我的研究和论文写作给予最大程度的理解、关心、支持和照顾。在此，我愿向我的妻子和所有关心我的亲友们道一声：谢谢！

最后，但绝非最不重要的，是我应该向北京图书馆出版社的有关领导表示衷心的谢意。1996 年 2 月我拟出本书的写作大纲时，曾向该社图书馆学编辑室主任宋安莉女士请教，得到她热情的鼓励。1997 年 6 月我将打印好的书稿呈送她及该室王燕来先生审阅指教时，她很快慨允出版拙著。几年来我虽正式出版著述近百万字，但这本书是我个人的第一部专著，宋安莉女士、王燕来先生及北京图书馆出版社有关领导在经济压力日重的情况下，如此厚爱一位初出茅庐的青年学子，实在令我敬佩和感激。

限于本人能力和学识，也由于电子图书馆这一研究课题跨越众多学科领域、国内外都处于起步探索阶段，以及时间、精力有限等原因，本书纰漏、不足之处在所难免，敬请专家学者和读者朋友批评指正。

汪冰

1997 年 6 月于北京